# L'Allemagne
et les migrants

## Minorités et Sociétés

Collection dirigée par Le Huu Tho et Jacques Barou

Déjà parus :

Monique GESSAIN, *De la cithare au portable*, 2012.

Babacar N'DONG, *Les Bassari du Sénégal à Tambacounda*, 2010.

Marie-Hélène RIGAUD, *Enfants de migrants lao*, 2010

Stéphanie MEYLON-REINETTE, *Haïtiens à New York City*, 2009.

Michel BELLIN, *Impotens Deus*, 2008.

La liste complète des parutions, avec une courte présentation du contenu des ouvrages, peut être consultée sur le site www.editions-harmattan.fr

Sous la direction de
**François Genton**
**et Susanne Berthier-Foglar**

# L'Allemagne et les migrants

Théories, stratégies
et regards croisés sur une réalité complexe

© L'Harmattan, 2018
5-7, rue de l'École-Polytechnique, 75005 Paris

http://www.editions-harmattan.fr

ISBN : 978-2-343-14727-7
EAN : 9782343147277

# SOMMAIRE

INTRODUCTION ........................................................................... 9

## 1. THÉORIES

1.1. L'Europe et la crise des réfugiés : le cadre juridique, les enjeux politiques ................................................................ 19
*Henri OBERDORFF*

1.2. Cosmopolitisme contre nationalisme : affrontements idéologiques à l'heure de la remise en cause des frontières ............ 39
*Jacques BAROU*

## 2. STRATÉGIES

2.3. Phénomènes migratoires en Côte d'Ivoire : une interrogation sur l'efficacité des politiques de communication de l'État ............... 53
*Dja André Ouréga Junior GOKRA*

2.4. Le bouleversement des projets migratoires de Marocains en Espagne ........................................................ 75
*Alberto CAPOTE*

2.5. Entre culture de l'accueil et crispation identitaire : l'Allemagne face à la crise des réfugiés ............................................ 91
*Marcel TAMBARIN*

2.6. Les exilés allemands aux États-Unis : « Ein ständiges Geben und Nehmen » ................................................ 115
*Isabelle TERREIN*

## 3. COLONIES

3.7. Identités et frontières en Syrie au prisme du Printemps arabe .. 143
*Zakaria TAHA*

3.8. Tracer les frontières au temps des colonies :
l'exemple du Togo allemand et du Dahomey français .................. 163
*Isabell SCHEELE*

## 4. IDENTITÉS

4.9. Nation, migration, narration : le renouveau du sentiment national allemand vu par les rappeurs allemands issus de l'immigration ....... 191
*David CHEMETA*

4.10. « Géographie personnelle » et identité allemande
chez Zafer Şenocak .................................................................. 209
*Marie-Noëlle FAURE*

LES DIRECTEURS DE L'OUVRAGE ........................................ 225

LES AUTEURS ............................................................................ 227

# INTRODUCTION

L'histoire de l'humanité est une histoire de migrations. Les époques moderne et contemporaine sont marquées par deux tendances apparemment contradictoires. La première concerne la fin des empires coloniaux ou autres, la naissance des mouvements nationaux et des États modernes, deux réalités qui tentent souvent de s'appuyer sur la représentation d'un « génie national » apparemment bien défini, mais en réalité des plus variables. Les États ont, à quelques exceptions près, des frontières stables, garanties par les traités internationaux, même si on assiste encore aujourd'hui, aussi en Europe, à la naissance douloureuse et violente d'États-nations aux frontières encore incertaines.

La seconde tendance porte sur la permanence, voire, à certaines époques, l'intensification des migrations entre les pays et à la coexistence, au sein même des États, de populations étrangères les unes aux autres, non seulement sur le plan social, mais aussi sur les plans culturel et ethnique. L'expansion coloniale a permis jusqu'au XX$^e$ siècle à certains peuples européens de soumettre des continents, de les peupler ou de bouleverser leur composition ethnique. Depuis la fin de l'ère coloniale, les pays développés exercent un attrait croissant sur les pays pauvres et attirent ainsi de nombreux migrants fuyant la misère, les dictatures et les guerres, la plupart des réfugiés s'établissant toutefois traditionnellement dans les pays les plus proches, comme c'est le cas en ce moment en Afrique et au Proche Orient. À ces migrations dictées à l'origine par le malheur et la misère s'ajoutent des phénomènes liés à la mondialisation, c'est-à-dire à l'émergence de pays traditionnellement considérés comme pauvres. Depuis la chute du Mur de Berlin, on assiste également, dans certains secteurs du globe, à l'association de différents États en vue de pacifier et de développer des régions ravagées par de longs siècles de guerres ou à un renforcement et élargissement d'associations déjà existantes, comme le montre l'histoire de l'Union européenne.

Cette pression migratoire, qui a donc des causes multiples, conduit les pays d'accueil du monde développé à s'interroger sur une identité « nationale » que la présence de populations issues d'autres traditions et cultures semble menacer. Des frontières ethniques d'un type nouveau sont-elles en train de menacer la cohésion même des États concernés par les migrations ? On assiste ici à une hybridation des identités, à l'affirmation, au sein d'une sphère nationale, d'identités multiples. Les réseaux dématérialisés, en particulier Internet, jouent ici un rôle de premier plan, mais aussi les circuits plus traditionnels, les médias et les maisons d'édition par exemple. La présence de différentes populations de migrants conduit d'ailleurs à donner à l'identité « nationale » une définition plus large et plus compatible avec les exigences de l'universalisme hérité des Lumières, si bien que la relecture de l'histoire nationale conduit à mainte révision, dans le cas de l'attitude adoptée traditionnellement à l'égard des premiers occupants du continent, par exemple en Amérique et en Australie, ou à l'égard des populations issues des esclaves, en Amérique et en Europe. La reconfiguration des identités nationales permet cependant d'interroger ou de contester en retour les pratiques des populations de migrants qui s'opposent aux exigences politiques et morales de l'universalisme du XXI$^e$ siècle. Ce nouvel universalisme est par ailleurs souvent mal accepté par une proportion importante de la population attachée à ce qu'elle pense relever du « génie national » et suscite sur le plan politique des oppositions de plus en plus ouvertes, voire un regain de nationalisme exclusif. On constate cette réaction aussi bien dans l'espace Schengen (et dans d'autres pays européens) qu'aux États-Unis d'Amérique.

Dans cet ouvrage sur *L'Allemagne et les migrants : théories, stratégies et regards croisés sur une réalité complexe*, nous proposons une analyse des théories et des dynamiques à l'œuvre dans le mouvement migratoire vers l'Europe et en particulier vers l'Allemagne, mais aussi une vision du questionnement identitaire en Allemagne[1]. En élargissant notre vision pour y inclure toutes les ramifications d'une vision de terrain, nous présentons la dynamique qui s'installe entre le Maroc et l'Espagne, dynamique qui n'est pas étrangère par ses facteurs *push-pull* à celle qui lie l'Afrique et l'Orient à l'Allemagne. Nous inversons plusieurs fois le regard, pour inclure la vision identitaire des immigrés en Allemagne—qui revendiquent leur statut d'Allemands—mais aussi la vision des Allemands qui ont quitté leur pays sous le régime nazi pour s'établir aux États-Unis. Il s'agit ici de rappeler qu'il n'y a pas si longtemps, le pays d'accueil était aussi un pays d'exil. Autre inversion du regard qui donne à voir des frontières souvent oubliées, celles de la Syrie, héritées de l'histoire ou récemment revendiquées, et celles de l'Afrique, fixées par les puissances coloniales européennes.

Dans une première partie, « Théorie », Henri OBERDORFF (Ch. 1 : *L'Europe et la crise des réfugiés : le cadre juridique, les enjeux politiques*) fait le point sur la législation européenne en matière de migrations et sur la transposition de cette législation dans les lois de chaque pays membre, transposition marquée par les conflits engendrés par la propre histoire migratoire de chaque pays. Ainsi, deux visions s'opposent au sein de l'Europe, celle d'une Europe forteresse et celle d'une Europe passoire. Dans ce contexte de crise, Henri OBERDORFF présente la dimension humaine de la gestion des frontières de l'Europe.

Jacques BARROU (Ch. 2 : *Cosmopolitisme contre nationalisme : affrontements idéologiques à l'heure de la remise en*

---

[1] Le présent ouvrage est le fruit d'un travail collectif et transdisciplinaire qui a commencé lors d'un colloque international en octobre 2016 (Migrations et Frontières : discours, représentations, imaginaires. Colloque organisé par Susanne Berthier-Foglar et François Genton (UGA-ILCEA4), du 12 au 14 octobre 2016 à l'Université Grenoble Alpes) et qui se poursuit depuis.

*cause des frontières*) interroge le concept même de frontière en traitant de la notion de cosmopolitisme apparue dans l'Antiquité et réemployée, sous diverses formes, par les grands empires dans leur mise en place de stratégies d'harmonisation interne, comme ce fut le cas pour la Chine et divers empires musulmans. En marge de cette harmonisation, ces empires toléraient, tolèrent parfois encore quelques enclaves de diversité mais ils le font selon leurs critères : la Chine folklorise ses minorités pour un besoin touristique, l'empire ottoman tolérait la présence des croyants des religions du livre mais demandait qu'ils restent entre eux et n'accèdent pas à certaines positions sociales. Aujourd'hui le cosmopolitisme est le produit d'une mondialisation des échanges qui va au-delà de l'économie. Ce qui nous intéresse particulièrement ici est l'opposition entre les élites, bénéficiant des effets positifs de la mondialisation, et des perdants de la mondialisation qui se sentent concurrencés dans leur emploi par une main d'œuvre à bas coût et forcés de cohabiter avec une population dont les codes sociétaux sont différents. Ces perdants sont réceptifs au discours nationaliste et la première protection qu'ils perçoivent et qui est celle de la frontière.

Cette deuxième partie « Stratégies », présente les dynamiques migratoires vers l'Europe en provenance d'Afrique. Dja André Ouréga Jr GOKRA (Ch. 3 : *Phénomènes migratoires en Côte d'Ivoire : Une interrogation sur l'efficacité des politiques de communication de l'État*) analyse les politiques ivoiriennes en matière de contrôle de l'hémorragie migratoire et en particulier la communication réaliste, mais pas toujours efficace, sur les dangers d'une migration en dehors du cadre légal. Il présente les facteurs de *push* et de *pull* qui poussent de nombreux jeunes Africains vers l'exil, vers une Europe qui devient le pays de tous leurs espoirs. Toutefois, il met en perspective cette dynamique en présentant la Côte d'Ivoire comme un nœud stratégique des migrations africaines qui ne sont pas toutes à destination de l'Europe.

Alberto CAPOTE (Ch. 4 : *Le bouleversement des projets migratoires de Marocains en Espagne*) présente la situation d'un pays d'Europe (l'Espagne) confronté à une crise économique qui influe sur les trajectoires des migrants du Maroc. Ces migrants ont souvent une stratégie européenne avec, pour certains, un rêve d'Allemagne, terre d'opportunités économiques, et parfois même un retour temporaire au Maroc.

Marcel TAMBARIN (Ch. 5 : *Entre culture de l'accueil et crispation identitaire : l'Allemagne face à la crise des réfugiés*) analyse la situation d'une Allemagne où le discours officiel sur l'accueil des migrants est parfois en contradiction avec un discours populaire spontanément occulté par les media qui souhaitaient mettre en avant une Allemagne « lumineuse » et accueillante. Il traite d'une évolution de la voix officielle optimiste—le fameux « Wir schaffen das » (Nous allons y arriver) de la chancelière Merkel—et montre comment des voix dissidentes se sont fait entendre, parfois avec succès.

Isabelle TERREIN (Ch. 6 : *Les exilés allemands aux États-Unis : « Ein ständiges Geben und Nehmen »*) choisit d'inverser le regard et propose la vision d'une émigration d'Allemands et d'Autrichiens fuyant le nazisme dans leur pays pour trouver refuge aux États-Unis. Elle traite de leurs stratégies d'intégration dans un pays encore marqué par les difficultés économiques de la Grande Dépression, de l'hybridation de la culture des migrants et de leur influence sur le pays d'accueil et rappelle que le chemin à parcourir est aujourd'hui similaire pour les nouveaux venus en Allemagne.

La partie 3, « Colonies », revient sur un passé colonial, à une époque où l'Europe traçait sans scrupules des frontières loin de ses métropoles, au Moyen-Orient et en Afrique. Ce rappel est nécessaire, voire salutaire, dans le débat contemporain sur la sécurisation et le renforcement des frontières de l'Europe. Les deux zones géographiques présentées ici, le Moyen-Orient et l'Afrique, sont aujourd'hui des régions d'émigration vers l'Europe dont on a parfois oublié le rôle involontaire dans la géopolitique européenne.

Zakaria TAHA (Ch. 7 : *Identités et frontières en Syrie au prisme du Printemps arabe*) nous donne une vision historique de la Syrie que la voix populaire européenne a souvent tendance à considérer seulement comme une source de migrants ayant fui Daech. Il analyse la formation des frontières dans une région du monde marquée par la colonisation et un renouveau des particularismes locaux, ethniques ou religieux. Il décrypte l'histoire complexe de la cohabitation entre les peuples qui composent le pays, ou s'étendent par-delà ses frontières, ainsi que les dynamiques d'inclusion et d'exclusion qui y sont liés.

Autre exemple de l'inversion du regard, celui d'Isabell SCHEELE (Ch. 8 : *Tracer les frontières au temps des colonies : l'exemple du Togo allemand et du Dahomey français*) qui analyse le tracé, largement arbitraire, de la frontière entre le Togo allemand et le Dahomey français. Cette prise de possession européenne du territoire africain ne prenait en compte que de façon marginale la volonté des élites locales. Les colonisés n'étaient que très rarement consultés dans le tracé d'une ligne de partage artificielle où seules comptaient les voix de Paris et de Berlin.

Avec la partie 4, « Identités », le regard revient sur l'Europe, et en particulier sur l'Allemagne, avec une étude du questionnement des immigrés de longue date en quête de leur *germanitude*, qu'ils soient écrivains ou rappeurs.

David CHEMETA (Ch. 9 : *Nation, migration, narration : le renouveau du sentiment national allemand vu par les rappeurs allemands issus de l'immigration*) propose l'analyse inhabituelle d'un medium populaire et d'un discours non-élitiste à l'attention des jeunes afin de discerner l'existence, voire le renouveau du sentiment national chez les Allemands issus de l'immigration. Il étudie un vaste corpus de rap allemand issu de l'immigration (20 rappeurs avec 2501 chansons) dont un quart évoque la question de l'immigration ou de l'identité nationale en Allemagne, avec 104 textes prenant une position claire sur l'identité allemande. Il ressort de son corpus un véritable souhait d'intégration, parfois rageur, parfois moqueur, de ces immigrants qui n'ont pas le phénotype de l'Allemand d'origine.

Une problématique similaire se retrouve chez Marie-Noëlle FAURE (Ch. 10 : « Géographie personnelle » et identité allemande chez Zafer Şenocak). Pour cette spécialiste de la littérature allemande, les écrits produits par les auteurs immigrés ont une signification sociale et sociologique. Cette littérature d'immigrés est un espace où s'affirment les contradictions de la société allemande mais aussi un champ d'expérimentation, souvent en avance sur le réel. À partir de cette hypothèse, Marie-Noëlle Faure s'attache à analyser les écrits de l'auteur allemand d'origine turque, Zafer Şenocak, qui construit son identité à partir de sa propre « géographie personnelle » qui intériorise les frontières géographiques dans son monde romanesque.

# 1. THÉORIES

# 1.1. L'Europe et la crise des réfugiés : le cadre juridique, les enjeux politiques

Henri OBERDORFF,
Université Grenoble Alpes, CESICE

Les frontières extérieures de l'Union européenne, surtout au sud-est, ont été, en 2015 et un peu moins en 2016, submergées par des migrants et des demandeurs d'asile, comme cela n'était plus arrivé depuis de longues années. On se souvient des énormes files d'attente aux frontières de la Hongrie, de la Croatie ou de la Slovénie et des arrivées des bateaux vers des îles grecques ou les côtes italiennes. Il ne faut pas oublier les nombreux morts à l'entrée de l'Europe, soit au large de l'île de Lampedusa, soit sur les plages turques, grecques ou libyennes soit en Sicile. Cela a évidemment entraîné à s'interroger sur les politiques migratoires des États européens comme de l'Union européenne, mais aussi sur l'accueil réel des réfugiés. Des accusations ont fusé, pendant cette période, sur un manque d'humanité ou de solidarité, c'est à dire une Europe forteresse ou au contraire sur la facilité de rentrer illégalement sur le territoire de l'Union, une Europe passoire.

Un sentiment se développe alors, autour d'une Europe en grandes difficultés devant ce nouveau défi d'une immigration massive. Que fait l'Europe ? Que doit-elle faire ? La surveillance des frontières européennes est-elle assurée de manière satisfaisante ? La Hongrie a réagi en construisant une nouvelle barrière entre elle et ses voisins non membres de l'Union européenne comme la Serbie, mais plus aussi. Elle a, depuis, organisé un référendum pour refuser la relocalisation des migrants souhaitée par les institutions européennes. Des murs sont apparus aussi en Bulgarie à la frontière turque. La Slovénie a fait de même entre elle et la Croatie. Des contrôles aux frontières intérieures de l'Union européenne se sont à nouveau mis en place, par exemple à Vintimille entre la France et l'Italie.

Ce nouveau défi pour l'Union européenne est arrivé à un moment de fort doute sur l'intérêt même de cette intégration européenne, après la crise économique et monétaire ou l'accroissement du chômage. Les mouvements populistes ont dénoncé la construction européenne et son insuffisante capacité à contrôler ses frontières. Le populisme prospère en Europe sur la question migratoire, comme on a pu le voir à l'occasion des élections présidentielles françaises en 2017. Au Royaume-Uni, la question de l'immigration a aussi joué un rôle assez déterminant pour le Brexit en 2016. En Allemagne, la question de l'accueil des migrants et des réfugiés a même entraîné, à l'époque, une remise en cause politique des démocrates-chrétiens et de la chancelière. Pour la France, ce défi migratoire s'est produit au moment d'une multiplication des attentats fomentés, en 2015 et en 2016, à distance par l'État islamique contre lequel une coalition est en action.

De nombreuses réunions d'urgence ont été réalisées, tout au long des années 2015 et 2016, soit au niveau des chefs d'État ou de gouvernement des États membres, soit au niveau des ministres de l'intérieur ou ministres de la justice pour organiser un traitement de ces flux migratoires et prévoir des solutions sur le long terme. En effet, cette question n'est pas nouvelle pour l'Europe, même si, à cette période, l'urgence est plus importante compte tenu des volumes des flux de migrants venant vers l'Europe, surtout depuis des zones de conflit.

Il est important de faire une analyse aussi bien juridique que politique de cette question des flux de migrants qui concernent largement des réfugiés et des demandeurs d'asile vers l'Europe et voir quelles sont les réponses des États comme de l'Union européenne.

## I. Les flux migratoires d'hier et d'aujourd'hui

L'Union européenne est un territoire de 4,5 millions de km² avec 510 millions d'habitants pour 28 États[1]. Elle dispose de 66 810 km de côtes dont 13 678 km pour la seule Grèce, 24 858 km de frontières internes et 14 000 km de frontières extérieures en plus des côtes.

Les nouveaux flux migratoires sont très importants. Ils ont été et sont souvent très médiatisés avec des images terribles de morts en mer ou d'enfants morts sur des plages, comme en 2015 celle du petit Aylan Kurdi dont la famille a été depuis accueillie au Canada. D'autres images ont marqué les esprits comme celles des manifestations de solidarité généreuse, par exemple dans plusieurs gares allemandes à la fin de l'été 2015, ou au contraire des images de violence aux frontières hongroises et croates. L'importance de ces flux migratoires représentait bien d'un véritable défi pour le système de contrôle des frontières extérieures de l'Union, comme pour le principe de solidarité entre les États membres de l'Union.

Dans son discours sur l'état de l'Union en septembre 2015, le président de la Commission européenne Jean-Claude Juncker a pris la peine de rappeler, en quelque sorte, la longue histoire des migrations en Europe. Il a donné de nombreux exemples comme : « les Huguenots fuyant la France au XVII$^e$ siècle, lors de la révocation de l'édit de Nantes en 1685; les républicains espagnols fuyant l'Espagne vers la France en 1930 ; les Juifs, les Roms fuyant l'Allemagne dans les années 1930 et 1940 pour échapper au régime nazi; les 60 millions de personnes réfugiées après la deuxième guerre mondiale; les Hongrois en 1956 ; les retours vers la France des français d'Algérie, presqu'un million de personnes au cours des années 1961-1962 ; les Tchèques et les Slovaques en 1968 ; les Yougoslaves et les guerres civiles dans les années 90... ».[2]

---

[1] Le Royaume-Uni est toujours à ce jour un État membre de l'Union européenne.
[2] Extraits du discours de Jean-Claude Juncker, « l'état de l'Union en 2015 : le moment de l'honnêteté, de l'unité et de la solidarité», Strasbourg, 9 septembre 2015.

Le Conseil de l'Europe a aussi réalisé des travaux sur les migrations notamment les migrations économiques, par exemple vers la France en 1917 avec le recrutement de plus de 340 000 travailleurs dans d'autres pays (23 000 Portugais, 24 000 Italiens, 24 000 grecs, 33 000 Tchèques, 67 000 russes, 67 000 Arméniens, 86 000 Algériens, 55 000 Marocains et Tunisiens, 46 000 Polonais). Cela a été aussi des migrations forcées par exemple des Espagnols presque 140 000 entre 1936 et 1939, sans oublier les Catalans (20 000) et les Basques (50 000) entre 1920 et 1930. Il faut aussi évoquer les 65 000 Arméniens venant en France en 1926 depuis la Turquie. Ce regard rétrospectif est essentiel pour replacer les migrations actuelles au regard du temps long.

L'Europe attire compte tenu de son niveau de vie et surtout des conditions de vie : la paix, les droits de l'homme, la démocratie, la protection sociale, la santé, l'éducation. Elle attire chaque année 1,4 million d'immigrés légaux, plus que les États-Unis, le Canada ou l'Australie. L'Europe a été longtemps plus un territoire d'émigration—c'est le cas actuel de la Hongrie, de la Bulgarie ou de la Pologne—que d'immigration, sauf pour la France. Cela explique en partie la mise en avant de la question de l'identité. En plus, cet afflux arrive à un moment où l'Europe a des taux de natalité faible, d'où l'émergence d'autres craintes, notamment en Allemagne. Les comportements différents des États membres de l'Union européenne découlent, en partie, de leur histoire migratoire.

Les migrations ont toujours des justifications très diverses : professionnelles ou économiques ; politiques ou sécuritaires (trouver la paix, fuir les zones de guerre et de conflit, les menaces pour sa vie comme c'était le cas pendant le conflit où la Syrie se vide d'une partie de ses populations) c'est dans cette catégorie qu'on peut effectivement parler de demandeurs d'asile ; personnelle (vouloir vivre autrement dans un autre pays) ; familiales (le fameux regroupement familial) ; fiscale (pour ne plus être soumis à certaines exigences fiscales dans son pays (acteurs, sportifs).

Les quatre routes de l'immigration très médiatisée : la Méditerranée centrale via l'Italie (Lampedusa, Sicile) ou Malte en provenance de la Libye ; la méditerranée occidentale via le Maroc et l'Espagne au travers de Ceuta et Mellila, en forte diminution ; la Méditerranée orientale via la Turquie et la Grèce, très importante compte-tenu des difficultés grecques de contrôler ses multiples frontières des îles (13 678 km, par comparaison la France n'en a que 4 668 km) ; la route des Balkans via la Macédoine, le Kosovo, la Croatie, la Slovénie. Les entrées les plus fortes en 2015 et 2016 ont été par l'Italie, la Grèce, mais aussi la Slovénie et la Croatie. Les choses ont évolué depuis, néanmoins la place de l'Italie demeure cruciale.

Les raisons les plus fortes pour les demandeurs d'asile sont réparties de la manière suivante : quitter des pays en guerre (Syrie, Irak, Afghanistan) ; quitter des dictatures (Erythrée) ; quitter des pays en déliquescence (Libye) ; fuir les désastres humanitaires ou les difficultés économiques (Somalie, mais aussi Kosovo, Albanie, Ukraine et, dans une certaine mesure, la Russie). Il est important de se reporter aux statistiques d'Eurostat en ce qui concerne les primo demandeurs d'asile en 2016 : 28% venant de Syrie, 15% d'Afghanistan, 11% d'Irak, 5% du Kosovo, 5% d'Albanie, 4% du Pakistan, 4% du Nigéria, sans oublier l'Erythrée, l'Albanie et la Russie.[3]

Ces fuites de pays se réalisent par tous les moyens, y compris les plus risqués et les plus chers. Cela se traduit par des morts, donc des moments dramatiques. Des trafics d'êtres humains sont organisés par des passeurs sans scrupules. En effet, l'immigration est aussi un marché très rentable. Ces traversées par tous les moyens aboutissent au fameux secours en mer, selon les lois maritimes, dont les passeurs savent bien qu'il facilite l'immigration clandestine. Il est alors très difficile de faire vraiment la distinction, dans la pratique, à cette occasion, entre l'immigration illégale et la demande potentielle, mais réelle d'asile.

Si en 2014, il y avait eu 562 680 demandeurs d'asile, ce chiffre est passé en 2016, à 1 204 300, un nombre record avec 722 300 demandes en Allemagne (60% des demandes), 121 200 en Italie, 156 110, 76 000 en France. Il faut rappeler que la

---

[3] Eurostat, communiqué de presse, 46/2017, 16 mars 2017.

Turquie accueille de son côté plus de 2,2 millions des personnes réfugiées (essentiellement des Syriens), le Liban plus de 1,2 million de personnes. Les provenances concernent surtout la Syrie, l'Irak, la Libye, l'Erythrée, ou l'Afghanistan.

## II. Le cadre juridique de la question des réfugiés

Le dispositif juridique concernant les réfugiés est relativement complet. Il combine plusieurs niveaux de droit, celui des Nations Unies et du Haut-commissariat des Nations Unies pour les réfugiés (HCR), celui de l'Union européenne et celui des États membres de l'Union européenne, notamment en ce qui concerne les demandeurs d'asile. Sont traités ici surtout les dispositions concernant les réfugiés et moins l'immigration en général qui est d'une autre nature dans laquelle on distingue l'immigration régulière et l'immigration irrégulière.

La convention de Genève relative au statut des réfugiés du 28 juillet 1951, et son protocole de 1967, que les États membres de l'Union européenne ont ratifiés sont les textes essentiels. Il donne un statut au réfugié en vertu de l'article 1 de la Convention de Genève qui stipule que : « le terme de réfugié s'applique à toute personne craignant avec raison d'être persécutée du fait de sa race, de sa religion, de sa nationalité, de son appartenance à un certain groupe social ou de ses opinions politiques, se trouve hors du pays dont elle a la nationalité et qui ne peut ou, du fait de cette crainte, ne veut se réclamer de la protection de ce pays; ou qui, si elle n'a pas de nationalité et se trouve hors du pays dans lequel elle avait sa résidence habituelle à la suite de tels évènements, ne peut ou, en raison de ladite crainte, ne veut y retourner ». En France, l'interprétation de cet article est réalisée à la lumière de la jurisprudence du Conseil d'État et de la Cour nationale du droit d'asile. La législation française sur l'asile précise que les actes de persécution et les motifs de persécution visés par cet article doivent également être appréciés dans les conditions prévues par les directives européennes.

À côté du statut principal de réfugié, il existe aussi ce qu'on appelle une protection subsidiaire. Le bénéfice de la protection subsidiaire est accordé à toute personne dont la situation ne répond pas à la définition du statut de réfugié mais pour laquelle il existe des motifs sérieux et avérés de croire qu'elle courrait dans son pays un risque réel de subir l'une des atteintes aves suivantes : la peine de mort ou une exécution; la torture ou des peines ou des traitements inhumains ou dégradants; pour des civils, une menace grave et individuelle contre sa vie ou sa personne en raison d'une violence aveugle résultant d'une situation de conflit armé interne ou international.

De son côté, l'Union européenne a construit un droit spécifique relatif aux contrôles aux frontières, à l'asile et à l'immigration. Il prend place dans plusieurs articles du Traité sur le fonctionnement de l'Union européenne (articles 77 à 80 du TFUE). Ils définissent la surveillance des frontières extérieures avec un système intégré de surveillance par les États membres de type Frontex pour permettre une entrée régulière des non-européens, c'est-à-dire une immigration régulière. Cela induit l'absence de tout contrôle des personnes lorsqu'elles franchissent les frontières intérieures. Ils prévoient le développement d'une politique commune d'asile, de protection subsidiaire et de protection internationale en vertu de la Convention de Genève de 1951, mais aussi une coopération avec les États tiers pour gérer les flux de personnes demandant l'asile ou une protection temporaire. Ces articles prévoient aussi une politique d'immigration afin d'assurer, à tous les stades, une gestion efficace des flux migratoires, un traitement équitable des ressortissants de pays tiers en séjour régulier dans les États membres, ainsi qu'une prévention de l'immigration illégale et de la traite des êtres humains et une lutte contre cette activité. Il en découle la définition des conditions des entrées et des séjours, par l'attribution de visas et titres de séjour de longue durée, mais aussi des droits des ressortissants des États tiers en terme de libre circulation, d'aide aux politiques d'intégration, de lutte contre l'immigration clandestine et les séjours irréguliers et de conditions de réadmission dans les pays d'origine ou de provenance ... mais cela ne modifie pas la liberté des États de fixer les volumes d'entrée des ressortissants des États tiers dans le but d'y chercher un travail salarié ou non-salarié. Il y a donc à la fois une démarche commune pour la politique migratoire reposant d'une part largement sur la surveillance des frontières, d'autre part sur la souveraineté des États de fixer des volumes des entrées. Les États tiennent à leur souveraineté en cette matière.

Ces dispositions du TFUE sont complétées par de nombreux textes de droit secondaire : la directive de 2013 relative aux procédures d'asile ; la directive de 2013 relative aux conditions d'accueil ; le règlement (DE) n° 60412013 du Parlement européen et du Conseil du 26 juin 2013, règlement dit de Dublin III de 2013 sur le principe selon lequel la responsabilité de l'examen d'une demande d'asile incombe, en premier lieu, à l'État membre qui a joué le rôle principal dans l'entrée ou le séjour du demandeur sur le territoire de l'Union; le règlement Eurodac de 2000, modifié en 2013, créant une base de données dactyloscopiques de l'UE en matière d'asile. D'autres textes fixent les droits des ressortissants des États tiers rentrés dans l'Union européenne : le droit au regroupement familial : la directive 2003/86/CE du Conseil du 22 septembre 2003 ; le statut des ressortissants de pays tiers résidents de longue durée en séjour régulier : la directive 20031109/CE du Conseil du 25 novembre 2003 ; le retour des ressortissants de pays tiers en séjour irrégulier ; la directive 2008/115/CE du Parlement européen et du Conseil du 16 décembre 2008.

Ces directives ont été transposées en droit français par des lois ou des décrets : la loi n° 2011-672 du 16 juin 2011 relative à l'immigration, à l'intégration et à la nationalité ; le décret n° 2011-820 du 8 juillet 2011, pris pour l'application de la loi n° 2011-672 du 16 juin 2011, portant sur les procédures d'éloignement des étrangers. C'est aussi le cas pour le droit des autres membres de l'Union européenne.

Face à ce flux inhabituel de ressortissants d'États tiers souhaitant venir en Europe, comment se présentent les réponses des États européens au regard des différents droits en cause ?

Le contrôle des frontières extérieures relève d'abord des États concernés. Ils se doivent de contrôler leurs frontières extérieures à la fois pour eux-mêmes et pour l'Union. Ils restent souverains. Ils peuvent bénéficier de l'assistance par les moyens européens avec l'agence dite Frontex. Afin de les aider, la décision a récemment été prise d'aller plus vers la création de gardes-frontières au niveau européen.

En fonction du droit international et européen, les États doivent traiter différemment les demandeurs d'asile et les immigrants irréguliers. Cela suppose de pouvoir faire effectivement le tri de manière sérieuse. Au nom de Dublin III, c'est donc le pays d'entrée du demandeur qui doit traiter les demandes et donc accorder ou pas le droit d'asile ou au moins une protection internationale. Mais les demandeurs voulant aller surtout vers d'autres pays, ne souhaitent pas rester à ce niveau, et rejoindre au plus vite par exemple l'Allemagne. Normalement ce dernier pays doit renvoyer ces personnes vers le pays d'entrée. Devant le flux, l'Allemagne a indiqué en 2015 dans un premier temps, qu'elle ne renverrait pas ces personnes vers le pays d'entrée. Cela ne semble plus être vraiment le cas aujourd'hui compte tenu des afflux précédents.

Pour le traitement juridique des demandes d'asile, les procédures se sont rapprochées à partir des textes internationaux et européens et sur la justification des demandes, en particulier en ce qui concerne la persécution et le risque pour la vie. Les États membres ont progressivement réussi à s'accorder sur un régime d'asile européen commun, c'est-à-dire une coopération afin de garantir aux demandeurs d'asile un traitement égal quel que soit l'État membre dans lequel ils présentent leur demande. Le régime d'asile européen commun a pour objectif que l'asile ne soit pas une loterie. « Les États membres partagent la responsabilité d'accueillir les demandeurs d'asile dans la dignité, en veillant à ce qu'ils soient traités équitablement et à ce que l'examen de leur demande obéisse à des normes uniformes afin qu'ils puissent compter sur l'obtention d'une réponse similaire, quel que soit le lieu où ils introduisent leur demande. »[4] Il s'agit alors de procéder au tri des demandes et de les différentier de l'immigration illégale.

En France, l'Office français de protection des réfugiés et des apatrides (OFPRA) a cette compétence. Une juridiction spécia-

---

[4] Document de la Commission européenne (affaires intérieures) sur le régime d'asile européen commun, 2014, p. 3.

lisée intervient aussi en cas de contestation, la Cour nationale d'asile. Pendant longtemps, la France a été perçue comme la première terre d'asile. Depuis 2015, elle est largement devancée par d'autres pays européens, notamment l'Allemagne et l'Italie en 2016. En effet, en Allemagne, la chancelière a indiqué, dès 2015, que son pays pouvait accueillir de nombreux demandeurs d'asile. Cela a entrainé une augmentation très significative des demandes d'asile.

Si les procédures sont très proches pour l'octroi de l'asile dans tous les États, car l'harmonisation est réelle, les pratiques sont différentes sur le traitement du réfugié. C'est le cas pour les allocations pour adulte hébergé (Allemagne 140 euros/mois, France 91 euros/mois, Suède 75 euros/mois) ou pour l'allocation pour adulte non hébergé (Allemagne 346 euros/mois, France 343 euros/mois, Suède 225 euros/mois). La différence est plus significative pour le délai pour pouvoir travailler (Allemagne, 3 mois après l'attribution du statut ; France, 9 mois après l'attribution du statut ; Suède, le lendemain de la demande de travailler après l'attribution du statut).

### III. Les enjeux politiques pour l'Union européenne

Cette crise des réfugiés, c'est-à-dire une arrivée massive, surtout en 2015, de personnes fuyant les combats dans leur pays et venant vers l'Europe par tous les moyens, s'est présentée et se présente encore aujourd'hui comme un défi pour l'Union européenne, ses valeurs et ses États. Le président Juncker déclarait lors de son discours sur l'état de l'Union en 2015 : « Nous devrions en être fier et non pas en avoir peur de cette arrivée vers notre havre de paix, ... Il nous faut plus d'Europe dans notre politique d'asile. Il nous faut plus d'Union dans notre politique des réfugiés ... »

Le Sommet de Bratislava, en septembre 2016, a fixé les objectifs suivants pour la question des migrations et des frontières extérieures : Ne jamais permettre que se reproduisent les flux incontrôlés que nous avons connus l'année dernière et réduire encore le nombre de migrants en situation irrégulière ; Assurer un contrôle total de nos frontières extérieures et revenir à

Schengen ; élargir le consensus de l'UE sur la politique migratoire à long terme et appliquer les principes de responsabilité et de solidarité

Les enjeux politiques de cette crise migratoire sont de trois ordres : l'urgence, la solidarité, la prospective.

### l. Faire face aux urgences de manière efficace pour éviter des flux incontrôlés

En 2015 et 2016, il y a eu de nombreuses réunions d'urgence, soit au niveau du Conseil européen, soit à celui du Conseil, pour arriver à faire face justement à l'urgence de réponses à ce nouveau défi. Concrètement, cela s'est traduit, à l'initiative de la Commission européenne par la mise en place de centres d'enregistrement des migrants, dit « hotspots », notamment en Grèce ou en Slovénie, afin de procéder à l'identification, à l'enregistrement, au relevé des empreintes digitales et à l'accueil des personnes demandant une protection internationale et des autres migrants. De manière assez classique, ces flux migratoires ont aussi entraîné la mise en place de camps spécifiques au moins pour un temps [5]. C'est aussi la mise en œuvre plus rapide d'une pleine capacité de réaction rapide du corps européen de garde-frontières et de garde-côtes, dont l'existence est à présent consacrée par un instrument législatif.

Il est aussi essentiel de lutter contre l'immigration irrégulière et surtout son organisation par des passeurs à la solde d'organisations criminelles très structurées surchargeant des navires avec tous les risques, y compris pour susciter le sauvetage. En effet, la majorité des arrivants vient par des voies maritimes. Le dilemme se trouve alors entre le contrôle de ces déplacements et le sauvetage en mer en appliquant justement le droit de la mer. On peut observer régulièrement des opérations de sauvetage par des marines nationales, notamment au sud de l'Italie. Cela s'est traduit aussi par un renforcement de la présence en mer, prenant aussi le relais des seuls marines nationales de proximité, avec des opérations spécifiques comme

---

[5] Arbogast Ludie, *La détention des migrants dans l'Union européenne : un business florissant*, Migreurop, bureau de Bruxelles, 2016.

Triton, Poséidon ou plus récemment Sofia. Cela se combine avec le renforcement de Frontex par la mise en place d'un corps de garde-frontières et garde-côtes européens et des équipes d'intervention rapides.[6]

Il s'agit aussi de lutter contre les trafiquants pour aller vers le démantèlement des réseaux de passeurs au travers des initiatives d'Europol et d'Eurojust. Cela peut se traduire par la capture des embarcations avant leur usage. Cette démarche est facilitée par une résolution du Conseil de sécurité des Nations Unies du 9 octobre 2015 autorisant de procéder militairement à ces prises de bateau avant leur usage et leur destruction.[7]

Afin de limiter les flux et par conséquent de mieux les contrôler, des négociations ont été menées avec la Turquie, fin 2015, pour qu'elle limite les flux et garde sur son territoire une majorité de réfugiés syriens. Ces discussions ont été délicates compte tenu des enjeux de cette négociation, chaque partie recherchant à défendre ses intérêts. On a pu aussi considérer que l'Union européenne, d'une certaine manière, a acheté sa tranquillité pour 3 milliards d'euros. De son côté, la Turquie s'est placée ainsi dans une meilleure position pour la négociation de sa potentielle adhésion à l'Union.

> « La Turquie et l'Union européenne ont confirmé une nouvelle fois leur attachement à la mise en œuvre de leur plan d'action commun, activé le 29 novembre 2015. De nombreux progrès ont déjà été réalisés, dont l'ouverture par la Turquie de son marché du travail aux Syriens bénéficiant d'une protection temporaire, l'établissement de nouvelles exigences en matière de visa pour les Syriens et les ressortissants d'autres pays, l'intensification des efforts en matière de sécurité par les garde-côtes et policiers turcs et le renforcement de l'échange d'informations. Par ailleurs, l'Union européenne a commencé à verser les trois milliards d'euros de la facilité en faveur des réfugiés en Turquie aux fins de projets concrets, et les travaux ont avancé en ce qui concerne la libéralisation du régime des visas et les négociations d'adhésion,

---

[6] Voir la décision du Conseil européen du 15 octobre 2015 ; voir aussi le communiqué de presse de la Commission européenne, un corps européen de gardes-frontières et de garde-côtes pour protéger les frontières extérieures de l'Europe, 15 décembre 2015.
[7] Résolution 2240 (2015) adoptée le 9 octobre 2015.

dont l'ouverture du chapitre 17 en décembre dernier. Le 7 mars 2016, la Turquie est en outre convenue d'accepter le retour rapide de tous les migrants, n'ayant pas besoin d'une protection internationale, qui partent de la Turquie pour gagner la Grèce, et de reprendre tous les migrants en situation irrégulière interceptés dans les eaux turques. La Turquie et l'UE sont également convenues de continuer à renforcer les mesures contre les passeurs et se sont félicitées de l'action que l'OTAN mène en mer Égée. Dans le même temps, la Turquie et l'UE reconnaissent que des efforts supplémentaires et résolus doivent être déployés rapidement »[8].

## 2. Mieux organiser la solidarité européenne

Face aux flux des migrations et des demandes d'asile, la Commission européenne a suggéré la mise en place de procédures de relocalisation avec l'idée de quotas d'accueil en fonction des capacités des États. Il s'agissait de définir des quotas d'accueil, notamment des demandeurs d'asile afin de répartir la charge face aux flux. Cela supposait de recourir à des relocalisations face aux entrées massives dans certains États, notamment la Grèce ou l'Italie. Cette répartition des réfugiés devait se faire, de manière adaptée aux États membres, en fonction de la taille de l'État, de sa population, de son PIB, du nombre de demandes et de son taux de chômage. La proposition du président Juncker, était en termes de relocalisation de 160 000 personnes[9].

Cette proposition d'organisation de quotas, faite par la Commission européenne, et adoptée à la majorité qualifiée, n'est malheureusement pas vraiment acceptée dans les faits par tous les États. Certains se sont montrés accueillant, comme l'Allemagne, d'autres plus modestement ouvert, comme la France.

En revanche, des États ont manifesté une réelle opposition à cette politique de quotas. La Hongrie a surtout voulu sécuriser ses frontières en dressant des barrières avec ses voisins immé-

---

[8] Déclaration UE-Turquie, 18 mars 2016.
[9] Extraits du discours du Président Junker sur l'état de l'union du 9 septembre 2015.

diats. Elle a même indiqué ses choix pour des immigrés chrétiens. Un référendum a été organisé, le 2 octobre 2016, pour s'y opposer. Même si ce référendum a été invalidé du fait d'un nombre insuffisant de votants (40%), le non à la relocalisation a recueilli 98% des voix. Par ailleurs, le Premier ministre a souhaité une révision de la Constitution hongroise pour ne pas respecter la décision européenne, avec cette formulation : « Les ressortissants étrangers (hors citoyens de l'Union européenne) ne peuvent vivre en Hongrie que sur la base de requêtes individuelles examinées par les autorités hongroises dans le respect des dispositions fixées par le Parlement ». De son côté la Pologne a eu la même attitude de refus surtout après les résultats des élections de fin octobre 2015.

Un processus de relocalisation, qui concerne près 160 000 personnes, ne s'est réalisé, à ce jour, que pour 14 000 réfugiés dont 10 000 transférés depuis la Grèce et 4 000 depuis l'Italie. Les pays d'accueil sont la France, les Pays-Bas et la Finlande.

Ce manque de solidarité est un nouveau défi pour l'Europe. Le vice-président de la Commission européenne, Frans Timmermans, a déclaré pourtant que « chaque fois qu'un État membre est débordé, la solidarité doit s'exprimer et les responsabilités doivent être partagées équitablement au sein de l'UE »[10].

Le président Hollande, a souligné, de son côté, les divergences européennes sur cette question migratoire, y compris pour des réfugiés : « Puis nous avons connu une crise beaucoup plus profonde, parce qu'elle touche aux valeurs, la crise des réfugiés. C'est là que les divisions n'ont plus été simplement entre les grands et les petits pays, le Sud ou le Nord, ou les pays en excédent par rapport aux pays en déficit. Non, les clivages sont apparus beaucoup plus fondamentaux au sens où certains pays étaient prêts à accueillir et d'autres s'y refusaient. Certains pays étaient prêts à renforcer le contrôle des frontières quand d'autres pensaient que c'était à chacun de se débrouiller. Quand il a fallu répartir des réfugiés comme on répartit ou comme on

---

[10] Communique de presse, « Vers un régime d'asile européen commun durable et équitable », Bruxelles, 4 mai 2016.

répartissait autrefois des enveloppes budgétaires ou des montants compensatoires, quand il a fallu répartir ce qu'étaient des êtres humains, c'est là que l'on a compris - que j'ai compris - que l'Europe était à ce moment-là devant une crise de sens et qu'il ne s'agissait plus simplement de négocier toute une nuit, et qu'il y avait sans doute à refonder le cadre commun, l'esprit qui devait nous unir. »[11]

### 3. Préparer l'avenir des politiques migratoires par des accords internationaux

La politique migratoire de l'Union européenne est complexe car elle repose, d'une part sur des choix communs par exemple en termes d'harmonisation des documents nécessaires pour entrer et vivre sur le territoire européen, d'autre part sur le choix des États de fixer les volumes d'entrée de migrants réguliers. Pourtant l'article 79 du TFUE fixe le cadre : « L'Union développe une politique commune de l'immigration visant à assurer, à tous les stades, une gestion efficace des flux migratoires, un traitement équitable des ressortissants de pays tiers en séjour régulier dans les États membres, ainsi qu'une prévention de l'immigration illégale et de la traite des êtres humains et une lutte renforcée contre celles-ci. »

L'Union européenne met progressivement en place une politique commune de l'immigration[12] ou au moins une harmonisation des politiques des États membres en matière de délivrance des titres de séjour. Depuis l'entrée en vigueur des accords de Schengen, les visas de court séjour sont communs à tous les États parties à cet espace. Deux règlements ont été élaborés pour établir une liste de 135 États dont les ressortissants doivent être munis d'un visa lors du franchissement des frontières extérieures de l'espace Schengen[13] et un modèle type de

---

[11] Son discours pour les 20 ans de Notre Europe, le 7 octobre 2016.
[12] Wihtol De Wenden Catherine *L'immigration en Europe*, DF, 1999 ; Migreurop, *Atlas des migrants en Europe, Géographie critique des politiques migratoires*, Armand Colin, 2009.
[13] Règlement (CE) n° 574/99 du Conseil, du 12 mars 1999, déterminant les pays tiers dont les ressortissants doivent être munis d'un visa lors du franchissement des frontières extérieures des Etats membres.

visa[14] Ce visa uniforme peut être délivré par les autorités consulaires de chacun des États membres. Il est valable pour l'ensemble de l'espace Schengen.

Par ailleurs, un Pacte européen sur l'immigration et l'asile a été adopté, en 2008, par le Conseil de l'Union européenne, sous présidence française avec comme objectifs fondamentaux : « organiser l'immigration légale en tenant compte des priorités, des besoins et des capacités d'accueil déterminés par chaque État membre et favoriser l'intégration; contre l'immigration irrégulière, notamment en assurant le retour dans leur pays d'origine ou vers un pays de transit, des étrangers en situation irrégulière ; renforcer l'efficacité des contrôles aux frontières ; bâtir une Europe de l'asile ; créer un partenariat global avec les pays d'origine et de transit favorisant les synergies entre les migrations et le développement. » Plus, en juin 2016, la Commission européenne a présenté « un plan d'action destiné à aider les États membres à intégrer les ressortissants des pays tiers et à assimiler la contribution économique et sociale qu'ils apportent à l'Union »[15].

Plusieurs accords internationaux ont été passés pour conforter cette politique migratoire européenne. On peut en citer plusieurs d'entre eux.

Rassemblant plus de 50 pays et dix organisations internationales, le Processus de Budapest offre, depuis 1991, un cadre informel de dialogue intergouvernemental en matière de migrations. Le Processus de Budapest vise à instaurer des systèmes de migration pérennes et à encourager les États participants de la zone Europe-Asie à partager des informations et des exemples de bonnes pratiques sur toute une série de questions : la migration légale et illégale, l'asile, les visas, la protection des frontières, la traite d'êtres humains, le trafic de migrants, la réadmission et le retour.

Depuis 2006, le Processus euro-africain sur la migration et le développement, dit Processus de Rabat, a pour objectif de créer

---

[14] Règlement (CE) n° 1683/95 du Conseil, du 19 mai 1995 établissant un modèle de visa.
[15] Communiqué de presse de la Commission européenne, mise en œuvre de l'agenda européen en matière de migration, 7 juin 2016.

un cadre de dialogue et de consultation pour répondre aux enjeux liés à la route migratoire ouest-africaine. Ce processus réunit plus d'une cinquantaine de pays européens et africains de l'Afrique du Nord, de l'Ouest et du Centre, mais également la Commission européenne et la Communauté économique des États de l'Afrique de l'Ouest (CEDEAO). Ce processus permet de renforcer le dialogue migratoire entre l'Union européenne comme et les États africains pour : organiser la migration légale ; lutter contre la migration irrégulière ; renforcer les synergies entre immigration et développement.

Enfin, le sommet de La Vallette sur l'immigration, qui s'est tenu les 11 et 12 novembre 2015, a adopté une déclaration politique et un plan d'action visant à : s'attaquer aux causes profondes de la migration irrégulière et des déplacements forcés de population ; intensifier la coopération concernant les migrations et la mobilité légales ; renforcer la protection des migrants et des demandeurs d'asile ; prévenir la migration irrégulière, le trafic de migrants et la traite des êtres humains et lutter contre ces phénomènes ; coopérer plus étroitement pour améliorer la coopération en matière de retour, de réadmission et de réintégration

Ce nouveau défi force l'Union européenne à avoir une réelle politique d'immigration et pas seulement à réagir à l'urgence d'un moment particulier de son histoire. Cette politique ne peut se passer d'un système commun d'asile et se contenter de la juxtaposition de systèmes nationaux. Cela devrait entraîner une réelle répartition de la charge, donc des formes de quotas par pays en fonction de ses capacités d'accueil. La frontière extérieure de l'Union européenne devrait être mieux gérée collectivement. Cela a supposé aussi de transformer l'agence Frontex en un corps de gardes-frontières européens. Cela permettra en même temps de mieux lutter contre les passeurs et les filières clandestines. Il s'agit aussi de dresser, à nouveau, collectivement la liste des États sûrs et celle des autres.

L'Union européenne devrait plus clairement contribuer au développement des États économiquement faibles pour réduire l'immigration clandestine. De même, elle devrait prendre part, avec d'autres, à la résolution des conflits pour les pays en guerre dont proviennent les réfugiés.

C'est en relevant collectivement ce grand défi de l'immigration ou de l'afflux de réfugiés que l'Union européenne donnera la preuve réelle qu'elle constitue aussi un projet politique pour un espace réellement commun de paix et de liberté.

Cela suppose plus d'Europe pour traiter collectivement cette difficile question dans le respect de ses valeurs fondamentales européennes. Il s'agit de respecter le traité sur le fonctionnement de l'Union européenne, comme le prévoit l'article 80 du TFUE : « Les politiques de l'Union visées au présent chapitre et leur mise en œuvre sont régies par le principe de solidarité et de, partage équitable de responsabilités entre les États membres, y compris sur le plan financier. »

Frans Timmermans, premier vice-président de la Commission européenne rappelle un propos de Victor Hugo de 1875 : « la liberté c'est le droit, l'égalité c'est le fait un fait, la fraternité, c'est le devoir »[16] Les Européens devraient aujourd'hui se souvenir des exigences de la solidarité.

## Bibliographie

**Sources primaires**

Communiqué de presse de la Commission européenne, La mise en œuvre de l'agenda européen en matière de migration, 7 juin 2016.

Communiqué de presse de la Commission européenne, *Un corps européen de gardes-frontières et de garde-côtes pour protéger les frontières extérieures de l'Europe*, 15 décembre 2015.

Communique de presse, *Vers un régime d'asile européen commun durable et équitable*, Bruxelles, 4 mai 2016.

Décision du Conseil européen du 15 octobre 2015.

Déclaration UE-Turquie, 18 mars 2016.

---

[16] Timmermans Frans, *Fraternité, retisser nos liens ?* Philippe Rey, 2016 p. 6

Document de la Commission européenne (affaires intérieures) sur le régime d'asile européen commun, 2014.

Eurostat, *Communiqué de presse, 46/2017*, 16 mars 2017.

Règlement (CE) n° 1683/95 du Conseil, du 19 mai 1995 établissant un modèle de visa.

Règlement (CE) n° 574/99 du Conseil, du 12 mars 1999, déterminant les pays tiers dont les ressortissants doivent être munis d'un visa lors du franchissement des frontières extérieures des Etats membres.

Résolution 2240 (2015).

**Sources secondaires**

Arbogast, Ludie, « La détention des migrants dans l'Union européenne : un business florissant », *Migreurop*, bureau de Bruxelles, 2016.

Hollande, François, *Discours pour les 20 ans de Notre Europe*, le 7 octobre 2016.

Juncker, Jean-Claude, discours sur « L'état de l'Union en 2015 : le moment de l'honnêteté, de l'unité et de la solidarité », Strasbourg, 9 septembre 2015.

Migreurop, *Atlas des migrants en Europe*, Géographie critique des politiques migratoires, Armand Colin, 2009.

Timmermans, Frans, *Fraternité, retisser nos liens ?* Philippe Rey, 2016.

Wihtol De Wenden, Catherine, *L'immigration en Europe*, DF, 1999.

# 1.2. Cosmopolitisme contre nationalisme : affrontements idéologiques à l'heure de la remise en cause des frontières

Jacques BAROU,
Université Grenoble Alpes – CNRS, PACTE

**Aux origines des concepts**

À l'heure où le débat politique se concentre autour de la question des frontières, condamnées à disparaître pour certains ou au contraire à se renforcer pour d'autres, il peut être intéressant d'interroger deux philosophies de la nation qui ont développé des conceptions différentes à propos de la fonction des frontières. Le cosmopolitisme apparaît a priori non pas comme hostile par principe à la notion de frontière mais comme adepte d'une notion de frontière en perpétuelle extension destinée à être dépassée sans pour autant disparaître. Le nationalisme, idéologie en fait plus tardivement apparue dans l'histoire et parfois en réaction au cosmopolitisme, insiste sur le rôle de la frontière par rapport à la définition de la nation et à la construction de l'identité de ceux qui s'en réclament.

Le cosmopolitisme est un concept créé par le philosophe cynique Diogène de Sinope (- 413 à – 327 av J.C), célèbre pour la rusticité de ses mœurs et son insolence à l'égard des puissants. Il a été forgé à partir des mots grecs *cosmos*, l'univers, et *polítes*, citoyen. Le fait que Diogène ait été contemporain de Philippe II de Macédoine, unificateur de la Grèce et de son fils, Alexandre le Grand, parti à la conquête du monde antique, explique son intérêt pour l'idée de cosmopolitisme qui exprime la possibilité de se sentir membre d'une communauté en extension aspirant à l'universalité. Mais plus largement, le philosophe, remettant tout en cause, ne pouvait manquer de s'en prendre à la cité qui enveloppait ses citoyens dans des lois trop étroitement définies. Il rejetait aussi l'opposition établie de longue date entre Grecs et barbares qui limitait la connaissance du monde à ce que l'on pouvait en savoir en restant entre soi[1]. Ce concept de cosmopolitisme a été par la suite repris, approfondi et diffusé dans l'ensemble du monde antique par les philosophes stoïciens et c'est à travers leurs textes qu'il nous est parvenu. Ils le définissent comme fondé sur la conscience d'appartenir à l'ensemble de l'Humanité et non pas à sa seule patrie d'origine. Le fondateur du stoïcisme Zénon de Cition avait été l'élève du cynique Cratès de Thèbes lui-même successeur de Diogène de Sinope. Il reprit l'ouvrage de ce dernier *Politeia* en le développant et le complétant. Ses successeurs à l'école du Portique abordent longuement la notion de cosmopolitisme. Pour eux, le monde est une cité universelle à laquelle tout homme aspire à participer tout simplement parce que la nature a fait de l'homme un être sociable qui ressent une empathie instinctive pour ses semblables. Ce postulat repose sur une vision très optimiste de la nature humaine qui culmine à l'apogée de l'empire romain, quand la « pax romana » règne sur l'ensemble du monde méditerranéen. La dimension essentiellement morale et métaphysique qu'avait le concept de cosmopolitisme chez les philosophes grecs prend alors une dimension politique. Il n'est pas étonnant que ce soit Marc Aurèle, « le philosophe couronné », lui-même stoïcien, qui fasse du cosmopolitisme l'idéologie de l'empire, représenté comme « la cité universelle ». Pour lui le destin auquel sont soumis les hommes en fait des êtres raisonnables, la cité universelle dont ils sont membres s'impose à eux, les unit et les pousse à s'aimer les uns les autres par inclination naturelle. Cette vision positive de l'homme qui, par rationalité autant que par instinct naturel n'aspire qu'à s'unir au sein d'un monde fraternel, a été développée par l'empereur au cours de ses campagnes militaires destinées à

---

[1] Diogène Laërce, *Vie, doctrines et sentences des philosophes illustres* (traduction et notes de Robert Grenaille), GF-Flammarion, 1965, tome 2, « Diogène de Sinope ».

maintenir par la force l'unité de l'empire. Le recueil de ses « pensées pour moi-même » qu'il n'imaginait pas de voir diffuser après sa mort est avant tout une réflexion sur ses devoirs en tant qu'homme de pouvoir afin d'assurer la permanence d'un empire qu'il voyait comme seul capable d'assurer la paix universelle alors même qu'il avait été construit pas des conquêtes militaires[2].

On peut considérer que ce cosmopolitisme constituait un idéal pour assurer une unité politique qui n'allait pas de soi. L'universel était porté par la puissance dominante, même si en tant qu'idéal de paix et de prospérité il pouvait être partagé par nombre des pays dominés. L'empire n'était pas pour autant en perpétuelle extension. Au fil du temps, s'établirent des frontières, précisément des « limites » pluriel du mot latin *limes* qui représentait l'horizon qu'il fallait garder pour maintenir l'unité et l'intégrité de l'empire quitte à le protéger par des fortifications qui, dans le cas de l'Écosse, se traduisaient déjà par l'érection d'un mur, sous Hadrien puis sous Antonin. À partir du moment où les frontières ont besoin d'être protégées, et ne sont plus à repousser toujours plus loin, cela signifie que l'ambition cosmopolite qui animait et justifiait l'expansion impériale a cessé d'être pertinente et que le cosmopolitisme redevient une utopie irréalisable qui peut, tout au plus fournir un modèle inaccessible mais permettant de mesurer les avancées vers l'universel.

### Une idéologie impérialiste ?

D'autres empires ont tenté de se construire à partir d'une idéologie cosmopolite. Elle est toutefois fort éloignée de l'idéal des philosophes de l'antiquité. Il s'agit non pas de faire progresser les peuples soumis vers la conscience qu'il existe des valeurs universelles susceptibles d'unifier le genre humain et que la raison, partagée par tous, est le seul vecteur qui peut y conduire. Il s'agit d'imposer la culture du conquérant et de re-

---

[2] Marc-Aurèle, Pensées pour moi-même, éd. Flammarion, coll. GF, 1984, traduit et préfacé par Mario Meunier.

jeter les peuples conquis qui ne veulent ou ne peuvent assimiler cette culture en les assignant à une place marginale ou en les faisant éventuellement disparaître. En ce sens, au lieu d'unir ceux qui se disent civilisés et ceux que l'on dit barbares, en faisant disparaître cette distinction comme le voulaient les cyniques et les stoïciens, il s'agit de créer de nouvelles limites non pas entre l'empire et ce qui l'entoure mais à l'intérieur même de l'empire. L'expansion de « l'empire du milieu » s'est faite par la progression de la culture des Han, l'ethnie fondatrice des premiers royaumes de la Chine centrale au détriment des cultures des peuples voisins. Pour les Chinois, ceux-ci étaient des *miao* c'est-à-dire des sauvages. Ils distinguaient toutefois les *Shu Miao*, littéralement les *miao* cuits des *shen miao*, les *miao* crus. Les notions de cru et de cuit symboliques du processus de civilisation étaient utilisés ici pour distinguer les peuples sinisés de ceux qui refusaient la sinisation et étaient condamnés à demeurer des sauvages méprisés. Ceux qui supportaient mal la sinisation forcée se sont enfuis au-delà des limites de l'empire du milieu comme les Hmongs et autres Yao qui au XVIIIe siècle ont quitté le sud de la Chine pour s'installer sur les hauts plateaux du Laos ou sur la cordillère annamitique.

    La politique chinoise n'a pas vraiment changé depuis. Aujourd'hui 90 % de la population chinoise est composée de Han, la plupart étant les descendants des minorités sinisées dans le passé. L'État chinois reconnaît cinquante-deux minorités qui jouissent en principe de droits culturels, peuvent transmettre leurs langues et leurs coutumes et ont même des avantages par rapport à la grande masse des citoyens, comme celui de ne pas être soumis à la politique de l'enfant unique. Mais la plupart de ces minorités sont de petits peuples ne comptant parfois seulement que quelques milliers d'individus. L'État chinois cherche à folkloriser leurs cultures pour en faire un produit touristique. Les minorités plus nombreuses et concentrées dans des territoires plus stratégiques subissent une sinisation forcée et sont sous la menace d'une politique de « remplacement ». Les Mandchous ont pratiquement disparu noyés sous le flot des Han venus s'installer dans les provinces du nord. Les Mongols sont minoritaires dans la province autonome de Mongolie intérieure.

Les Ouïgours du Sin Kiang, turcophones et musulmans, s'efforcent de résister au besoin par le terrorisme à l'installation massive de Han dans leur région. Les Tibétains peuvent compter sur un gouvernement en exil et sur la popularité de leur leader traditionnel le Dalaï Lama pour maintenir la conscience de leur identité culturelle et religieuse mais depuis l'achèvement de la voie ferrée Pékin Lhassa, ils sont eux-aussi menacés de devenir minoritaires dans leur région du fait de l'arrivée de nombreux Han auxquels l'État accorde des facilités pour s'installer. Ce processus impérial par assimilation forcée ou exclusion n'a rien à voir avec le cosmopolitisme. Il s'agit d'une domination culturelle imposée par le groupe le plus fort qui renforce l'unité politique du pays mais ne produit aucune convergence entre des peuples différents autour de l'idée d'universel. Pour renforcer une unité politique forgée par la contrainte, le pays a besoin d'ennemis extérieurs. La frontière joue aussi un rôle important dans le processus d'affirmation impériale. Les conflits territoriaux entretenus avec les voisins du sud autour de certaines îles, le rappel des méfaits de l'invasion japonaise du siècle dernier, la volonté de réintégrer Taïwan sont destinés avant tout à entretenir un nationalisme qui fasse oublier les fractures internes et les inégalités.

Les divers empires musulmans qui se sont succédé depuis l'apparition et l'expansion de l'islam ont-ils été plus proches de l'utopie cosmopolite que les empires asiatiques ? Convaincus que la révélation faite à Muhammad était l'ultime message divin et que tout ce qui concerne le gouvernement de la cité devait s'en inspirer, les conquérants musulmans se sont efforcés d'imposer un système ayant valeur universelle à leurs yeux. Toutefois, les réticences rencontrées chez les peuples soumis les ont amenés à des compromis. Si les religions perçues comme païennes ne pouvaient être tolérées, les gens du livre : chrétiens, juifs et zoroastriens, se voyaient attribuer un statut de *dhimmis* protégés par le khalife et pouvant s'administrer eux-mêmes selon leurs dogmes religieux. L'empire ottoman en établissant le système des *milet* mettait en place une forme de multiculturalisme qui n'est en rien cosmopolite au sens de la philosophie du politique. Au lieu d'aller librement vers des valeurs communes pouvant permettre la satisfaction de tous à l'égalité et à la concorde, chaque nation interne à l'empire était incitée à cultiver son particularisme et à vivre dans l'entre soi. De plus les minorités devaient supporter des discriminations légales qui leur interdisaient l'accès à diverses fonctions et leur rappelaient, souvent de façon mesquine, leur statut de groupes uniquement tolérés. Cela n'a certes pas empêché un certain nombre de chrétiens et de juifs convertis, par opportunisme ou par conviction, de jouer un rôle politique éminent, ni la montée en puissance de leurs communautés d'appartenance plus tôt ouvertes aux échanges avec l'occident et atteignant de ce fait un niveau de prospérité économique qui les mettait au-dessus de la majorité musulmane. A la fin du XIX$^e$ siècle, ces minorités aspirent à l'égalité. L'empire ottoman aurait-il pu devenir cosmopolite à ce moment-là ?

La période du *Tanzimat,* terme signifiant réorganisation en turc, va de 1839 à 1876. Elle est marquée par de nombreuses innovations inspirées des modèles européens dans l'administration, l'éducation et l'armée et elle se termine par la promulgation d'une constitution reconnaissant l'égalité de tous les habitants de l'empire indépendamment de leur appartenance ethnique ou religieuse. Toutefois cette constitution est suspendue deux ans après par le sultan Abdulhamid II qui mène pendant trente ans une restauration conservatrice marquée entre autres par des massacres de populations chrétiennes soupçonnées de connivences avec les puissances étrangères. Elle fut rétablie en 1908 sous la pression du mouvement des Jeunes Turcs qui pendant quelques années donna l'impression de vouloir instaurer à nouveau l'égalité entre les citoyens et abandonner les références à l'islam. Mais devant la rétractation des frontières de l'empire du fait des mouvements de libération nationale dans les Balkans et de la poussée de la Russie dans le Caucase, le mouvement évolua vers un nationalisme de plus en plus radical engageant la « turquisation » de l'Anatolie et planifiant le génocide des Arméniens. Aux yeux de la plupart des historiens, il était impensable que l'empire ottoman puisse aller vers une forme de cosmopolitisme totalement incompatible avec le multiculturalisme qu'il avait développé. Selon Norbert Von Bischoff, il était impossible pour les réformistes de réunir Grecs,

Turcs, Arméniens, Arabes et Kurdes dans un même État, « chacun de ces hommes vivant dans un univers physique et spirituel différent de ses voisins et n'ayant avec ses collègues aucune idée commune quant à la forme et à la mission de l'État à créer »[3]. Le nationalisme turc né en réaction à l'échec de l'ottomanisme s'installa durablement au pouvoir en Turquie procédant à un nettoyage ethnique de grande envergure en chassant près d'un million et demi de Grecs d'Anatolie et de la mer Égée avec l'approbation des puissances européennes épuisées par la première guerre mondiale et empêtrées dans les recompositions territoriales qu'elle avait entraînées. Au lieu d'être dans une logique d'extension des frontières par le rassemblement volontaire de peuples différents autour d'une même loi, on est dans la rétractation des frontières autour de peuples « purifiés » de toute présence étrangère. On a là une belle illustration de l'incompatibilité entre multiculturalisme et universalisme cosmopolitique.

**Mondialisation et cosmopolitisme**

Le cosmopolitisme a-t-il guidé le projet de construction d'États unis dans le cadre d'un nouveau continent vierge de tout État nation ? Il y a bien initialement, au moment de la création des États-Unis d'Amérique, un projet de créer un pays reposant sur des principes universels de liberté individuelle et de gestion démocratique des affaires communes. Ce pays se définit comme un pays d'immigration qui offre à ceux qui viennent s'y installer les mêmes possibilités de libre réalisation de soi. Ce pays se perçoit comme en extension continue avec des frontières sans cesse repoussées jusqu'à l'Océan Pacifique. Il est dans la logique cosmopolite des empires fondés non pas sur la prédominance d'un peuple sur d'autres mais dans la libre acceptation par les citoyens des mêmes principes universels. Certes, il y a de terribles contradictions entre ce projet et certains aspects de la réalité américaine : les guerres de conquête, l'accaparement des territoires

---

[3] *« 1930 à Ankara, avec les yeux de l'ambassadeur d'Autriche, Norbert Von Bischoff ».*

occupés par les Amérindiens et la marginalisation de ceux-ci en font partie tout comme l'esclavage longtemps maintenu dans un certain nombre d'États et la sélection des immigrants à partir de critères ethniques et religieux. Néanmoins, le dynamisme du projet a persisté au-delà de l'accomplissement du rêve d'unité territoriale et de l'égalité entre les citoyens, tardivement inscrite dans la réalité. Cela donne aux États-Unis une propension au messianisme démocratique et une tendance à intervenir dans les affaires du monde en faveur de la liberté et des droits de l'homme, quitte à s'accommoder là aussi de lourdes contradictions quand des intérêts nationaux sont en jeu. Cette propension à l'ingérence, au nom des valeurs universelles, est une manière de repousser les frontières symboliques de la liberté et de la démocratie, en restant dans la logique de l'extension continue. Ce n'est plus le territoire qui s'élargit quand les frontières sont repoussées, c'est une influence qui gagne en diffusion et contribue à transformer dans son sens d'autres sociétés, à « américaniser » le monde. Ce sont toutefois moins les valeurs de liberté politique qui sont diffusées que les valeurs de libéralisme stimulant l'activité économique.

La mondialisation ou la globalisation, créées par le libéralisme économique ne sont pas à confondre avec le cosmopolitisme. Selon Ulrich Beck : « La mondialisation est un terme ambivalent qui est en général appréhendé d'un point de vue économique. Il renvoie à l'idée d'un marché mondial où les hommes et les capitaux jouiraient d'une liberté sans entraves. Bref, la mondialisation est liée à une conception économique libérale. La cosmopolitisation au contraire renvoie à un processus multidimensionnel et complexe caractérisé par les interdépendances qui relient de fait les hommes les uns aux autres, de gré ou de force. Le cosmopolitisme survient au cœur de notre vie. Notre vie quotidienne, notre travail, nos rapports amoureux deviennent cosmopolitiques au sens où ils sont le mélange de différentes cultures. La distinction analytique entre nous et les autres est désormais brouillée. Nous faisons partie, que nous le voulions ou non, de la constellation cosmopolite. »[4]

---

[4] *Sciences Humaines*, n° 176, novembre 2006. Qu'est-ce que le cosmopolitisme ? : Entretien avec Ulrich Beck.

Ainsi défini, le cosmopolitisme n'est plus un idéal pensé d'en-haut, une utopie à mettre en œuvre pour se rapprocher d'un modèle d'État susceptible de satisfaire les aspirations à l'universel. Il est une réalité concrète dont on n'a pas forcément conscience et il est quelque part le produit de la mondialisation. Son inscription dans la réalité n'est toutefois pas associée pour tous au sentiment d'un bien être qui va croissant. C'est ce qui le rend fragile et toujours susceptible de provoquer des réactions nationalistes. Selon la plupart des travaux récents en sociologie et sciences politiques, ce sont les « perdants de la mondialisation » qui sont les plus réceptifs aux sirènes nationalistes déclenchées par certains effets de la mondialisation. Ceux qui craignent pour leur emploi en raison de la concurrence déloyale d'économies étrangères à faible coût de main d'œuvre, ceux qui s'inquiètent de devoir cohabiter dans leurs villes, dans leurs quartiers avec des migrants d'arrivée récente n'ayant pas les mêmes codes de communication culturelle, ni les mêmes valeurs sociétales et familiales, se dressent contre les élites qui bénéficient des avantages de la mondialisation tout en ayant soin de s'en épargner les inconvénients. Dans ce contexte, ils se raccrochent à ce qui peut les protéger de cette intrusion des effets indésirables de la globalisation économique et la première protection qu'ils perçoivent est celle de la frontière. Quand le cosmopolitisme n'est plus en expansion, la frontière qui marquait la limite de ses avancées redevient le moyen principal de protection de la nation. Le protectionnisme douanier et le renforcement des obstacles aux mouvements migratoires apparaissent comme les recours les plus efficaces contre les ravages de la mondialisation et toutes les formes d'insécurité économique, sociale et culturelle qu'ils peuvent générer chez les citoyens les plus exposés. La montée des mouvements populistes en Europe au cours des dernières années, le « brexit », l'élection aux États-Unis de Donald Trump sur un programme protectionniste qui ne sera sans doute pas mis en œuvre tant il est irréaliste, tout cela n'a pas d'autres causes que la répartition inégale des bienfaits et des méfaits de la mondialisation que les peuples ont souvent tendance à confondre avec le cosmopolitisme, dans un vieux réflexe d'attachement à leurs traditions menacées, de rejet des élites mondialisées qui sont de partout et de nulle part. Ce réflexe ne peut plus, comme dans les crises de la fin du XIX$^e$ siècle et du milieu du XX$^e$ siècle se cristalliser sur la figure du Juif, ce déraciné cosmopolite dont la seule patrie est l'argent. La globalisation est mue aujourd'hui par des phénomènes trop abstraits pour être incarnés par un personnage ou un groupe social ou culturel. C'est le « système » qui est montré du doigt et bien sûr les « produits du système » que sont les élites économiques, politiques et culturelles. Dans un processus de récupération démagogique des frustrations, des angoisses et des souffrances, rien n'est plus payant que de se proclamer « antisystème ».

### L'Europe, lieu de réalisation du cosmopolitisme ?

Plutôt que de déplorer les réactions nationalistes et de stigmatiser ceux qui peuvent les exprimer, il est préférable de redéfinir le cosmopolitisme et de montrer en quoi il n'est pas incompatible avec une forme de patriotisme qui exprime l'attachement à des traditions et à un cadre national sans rejet de ceux qui ne lui appartiennent pas. Comme l'exprime remarquablement bien le poète lorrain Jean-Yves Masson, traducteur de grands auteurs allemands : « Le cosmopolitisme, qui implique qu'on appartienne profondément à une seule culture et que, par un patient travail, on amène cette culture au point d'universalité où elle peut rencontrer les autres, est le contraire exact du multiculturalisme qui consiste dans une simple juxtaposition de réalités hétérogènes. Si on lisait bien Hofmannsthal, on y trouverait bien une Europe cosmopolite et non pas multiculturelle. »[5]

La référence à Hugo Von Hofmannsthal éclaire particulièrement bien le propos. Cet écrivain a passé l'essentiel de sa vie dans la Vienne cosmopolite de la fin de l'empire austro-hongrois, une ville marquée par les influences allemande, italienne et française qui pouvait évoquer un microcosme de l'Europe à venir. Obsédé par la décadence de cet empire qui allait laisser la

---

[5] J.Y Masson. *Hofmannsthal, renoncement et métamorphose*, Verdier, 2006.

place aux nationalismes les plus virulents et les plus anti-cosmopolites, Hofmannsthal mettait au-dessus de tout la part d'humanité commune à tous les hommes, ce qu'il résume bien dans un propos consigné parmi ses plus fameuses citations : « Cela ne veut rien dire d'être exceptionnel par ce qui nous distingue du reste de l'humanité, car le seul critère de grandeur réside dans la manière et la puissance de ce que l'on partage avec l'humanité tout entière »[6].

L'Union Européenne est la seule entité supranationale durable que l'humanité ait réussi à créer jusque-là. Et c'est parce qu'elle est composée d'États nations qui ont pour la plupart une longue histoire qu'elle peut exister, se renforcer et fournir aux différents peuples qui la composent un cadre dans lequel ils pourront se retrouver sans rien perdre de leurs richesses respectives. Jusqu'aux années 2008, ses frontières étaient en expansion, intégrant de nouveaux pays et permettant à ceux-ci d'évoluer vers plus de prospérité. La crise économique survenue dans les années qui ont suivi a remis en cause ce dynamisme intégrateur et certains démagogues n'ont pas manqué de pointer le gouvernement, il est vrai lointain et complexe de l'entité européenne, comme responsable de tous les maux. On ne peut non plus minimiser les risques que courent les pays européens dans un monde globalisé où le chaos qui sévit à l'extérieur produit des effets même dans les pays les plus stables. Le terrorisme, les vagues migratoires incontrôlées et les crises économiques sont des risques qui peuvent être mieux gérés dans une grande entité qu'au niveau d'États nations qui ne pourront longtemps se protéger derrière des frontières illusoires. Comme le dit encore Ulrich Beck, « ce qui manque à l'Europe, c'est une idée de l'Europe »[7]. Il ne s'agit pas de vouloir une société européanisée et uniforme, mais d'organiser une structure cosmopolite, qui reconnaisse ses membres dans leurs différences. Il n'est pas pensable d'abandonner la démocratie nationale pour une démocratie européenne. Il faut construire une combinaison nouvelle de la démocratie nationale et de la

---

[6] H. Von Hofmannsthal, Jederman, postface, traduction de Daniel Hürstel, Verdier poche, 2010.
[7] Op cit

démocratie européenne. Il s'agit de comprendre que l'Europe peut résoudre les problèmes nationaux mieux qu'à une échelle nationale.

La construction européenne peut marquer le pas mais il faut que les Européens comprennent que leur intérêt supérieur est toujours de la relancer en tenant compte de ses insuffisances en particulier au niveau de la prise en compte des particularités locales. Elle peut reprendre son processus d'extension après s'être renforcée dans son unité car c'est cette extension qui fait son dynamisme et son attrait. Il est probable que l'extension ne sera pas continue et butera sur des limites en se confrontant avec des sociétés appartenant à d'autres aires culturelles. Il sera alors préférable de se donner le temps se rapprocher plutôt que de vouloir s'unir à tout prix et au plus vite. La vocation profonde de l'Europe est d'aller vers une réalité cosmopolite englobant une part croissante de l'humanité.

**Bibliographie**

Diogène Laërce, *Vie, doctrines et sentences des philosophes illustres*, traduction et notes de Robert Grenaille, Flammarion, coll. GF, 1965, tome 2, « Diogène de Sinope ».
Halpern, Catherine, « Qu'est-ce que le cosmopolitisme ? : Entretien avec Ulrich Beck », *Sciences Humaines*, n° 176, novembre 2006.
Marc-Aurèle, *Pensées pour moi-même*, traduit et préfacé par Mario Meunier, Flammarion, coll. GF, 1984.
Masson, Jean-Yves, *Hofmannsthal, renoncement et métamorphose*, Verdier, 2006.
Von Bischoff, Norbert, *« 1930 à Ankara, avec les yeux de l'ambassadeur d'Autriche, Norbert Von Bischoff »*.
Von Hofmannsthal, Hugo, *Jederman,* postface, traduction de Daniel Hürstel, Verdier poche, 2010.

# 2. STRATÉGIES

## 2.3. Phénomènes migratoires en Côte d'Ivoire : une interrogation sur l'efficacité des politiques de communication de l'État

Dja André Ouréga Junior GOKRA,
Université Alassane Ouattara, Côte d'Ivoire

Le phénomène migratoire, longtemps centré sur la représentation sociale du migrant, repose désormais sur le processus migratoire lui-même. Bien que ce soit un phénomène ancien, la mutation subie par l'émigration préoccupe les États dont la Côte d'Ivoire. Ce pays traditionnellement migratoire depuis l'époque coloniale, n'a cessé d'accueillir sur son territoire de la main d'œuvre qui a favorisé son développement socioéconomique. À ce sujet, le Haut-Commissariat des Nations Unies pour les Réfugiés (UNIHCR) soutenait en 2008 que : « l'Afrique de l'Ouest est un espace de brassage de populations qui a toujours attiré de nombreuses populations migrantes de par sa position géographique privilégiée, tournée à la fois vers l'Atlantique et vers le Maghreb. Le commerce transsaharien puis le commerce transatlantique ont favorisé l'émergence de réseaux de commerçants très mobiles (diola, soninké, haoussa, peul), organisés autour de réseaux et de solidarités ethniques et religieux » (UNHCR, 2008 :8). L'avantage climatique et la position géographique de la Côte d'Ivoire constituent donc un ensemble de raisons qui attirent les migrants vers cette destination.

### I. Problématique et méthodologie

Dans un entretien que nous avons eu avec le Directeur Général des Ivoiriens de l'Extérieur le 29 août 2016, celui-ci affirmait que : « Il y a 24% de migrants en Côte d'Ivoire dont

85% se dirigent vers les pays d'Afrique de l'Ouest et 15% vers l'Europe ». Il révèle que l'émigration de la Côte d'Ivoire vers l'Europe est minoritaire. En revanche, ce qui suscite la curiosité et soulève des inquiétudes, ce sont les moyens illégaux auxquels ont recours les migrants pour rejoindre l'Europe. Jacques Bichot rejoint cette idée quand écrit qu'« il convient de ne pas confondre l'immigration subsaharienne vers Europe avec l'arrivée des pauvres hères sur des embarcations surchargées. Ces filières illégales et dangereuses—beaucoup perdent leur vie au cours de leur tentative de traversée—font les choux gras des médias » (Bichot, 2009 :95).

Bien que nous ne disposions pas de statistiques exactes, nous pouvons affirmer que l'émigration clandestine des forces vives de la Côte d'Ivoire connait ces dernières années une recrudescence due notamment à « la saturation foncière et à la pression démographique » (Merabet, 2006 :43), à la crise chronique qu'a connue ce pays depuis les années 90 jusqu'à la crise postélectorale de 2011. Malgré les performances économiques réalisées par le gouvernement à partir de 2011, les émigrants privilégient les pays d'accueil caractérisés par leur stabilité économique, politique et sociale. Car le processus de réconciliation nationale entrepris par le gouvernement ne suffit pas à lever les inquiétudes en raison de la suspicion qui règne dans l'esprit de certains Ivoiriens. Ces derniers doutent de la durée de la stabilité de leur pays en faisant référence à la succession des crises qui ont perturbé les activités socioéconomiques. Dans ce sens, les politiques de communication mises en œuvre par le gouvernement sont-elles efficaces pour sensibiliser les candidats à l'émigration clandestine et réduire par voie de conséquence le phénomène ? Notre hypothèse avance que les politiques de communication seraient inefficaces dans la mesure où malgré les actions de communications médiatiques sur le territoire national, la Côte d'Ivoire est passée de $10^{ème}$ au $4^{ème}$ rang des pays à forte émigration clandestine vers l'Europe. Autrement dit, le phénomène prend davantage d'ampleur au fil de la campagne de communication.

Ce chapitre a pour objectif de mesurer l'impact des politiques de communication du gouvernement ivoirien sur la réduction de l'émigration clandestine. Il s'agit, en fait, de relever le niveau d'implication des acteurs institutionnels et de mesurer la portée des campagnes de communication. Deux postures seront adoptées. D'abord, la politique de communication de la DGIE, structure de l'État chargée de penser et de mener la campagne de communication, sera analysée. Ensuite, le point de vue des populations sera utile afin de voir si les cibles ont été atteintes par la communication de l'État. Une telle ambition s'articule autour d'une analyse méthodologique.

La réalisation de cette étude a reposé sur des entretiens que nous avons eus avec le directeur général des Ivoiriens de l'extérieur à Abidjan, capitale économique. Nous nous sommes également rendus à Daloa située au Centre-ouest de la Côte d'Ivoire à environ 385 km d'Abidjan. Daloa est actuellement considérée par les autorités ivoiriennes et des organisations non gouvernementales comme la plaque tournante de l'émigration clandestine. Dans cette ville où nous avons séjourné 48 heures, nous avons répertorié les points de départ et nous nous sommes entretenus avec des voyageurs. Ceci a permis de mesurer le niveau d'efficacité de la campagne de sensibilisation menée par l'État à travers la Direction Général des Ivoiriens de l'Extérieur (DGIE). Des questionnaires ont été adressées par la suite à une population de 50 personnes à Bouaké en raison des risques liés à la mutinerie qui secouait le pays au moment de la réalisation de l'enquête. La recherche documentaire a consisté à consulter le rapport du Haut-Commissariat des Nations Unies pour les réfugiés, des numéros spéciaux n°15476 du mardi 12 juillet 2016, n°15477 du mercredi 13 juillet 2016 et n°15482 du mardi 19 juillet 2016 du quotidien ivoirien *Fraternité Matin*, des publications de l'Union Européenne sur la migration en Côte d'Ivoire et d'autres articles scientifiques sur le sujet.

Ce chapitre est structuré en deux parties. La première présente une cartographie de l'émigration irrégulière en Côte d'Ivoire en indiquant les zones de départ ainsi que le trajet susceptible d'être emprunté par les migrants. La deuxième partie analyse les politiques de communication de l'État en matière de lutte contre l'émigration clandestine.

## II. Cartographie de l'émigration clandestine en Côte d'Ivoire

### 1. Les lieux, les jours et les heures de départ

L'émigration clandestine a commencé timidement à Abidjan au cours de l'année 2006. Selon Merabet, à cette période, la Côte d'Ivoire n'apparaissait pas « comme une plate-forme pour l'émigration clandestine. La crise militaire explique en grande partie cela. En effet, la militarisation du territoire rend contraignante la traversée du territoire […] » (Merabet, 2006 : 57). Mais on a tout de même constaté « quelques cas d'Africains tentant de voyager comme passager clandestin sur les navires faisant escale dans les ports du Sénégal, du Liberia, du Nigeria et de la Côte d'Ivoire » (Merabet, 2006 :57). En 2016, le phénomène a pris des proportions inquiétantes avec des villes identifiées comme point de ravitaillement des candidats à l'émigration. En Côte d'Ivoire, la ville de Daloa est identifiée comme lieu de rassemblement. Selon une enquête réalisée par le quotidien *Fraternité Matin* n°15476 du mardi 12 juillet 2016, Daloa est une étape sur le parcours des migrants. Ce journal révèle que des intermédiaires résidant un peu partout sur le territoire national sont chargés d'abord, de recruter les candidats à l'aventure, ensuite, de les faire converger vers Daloa qui dispose des réseaux les plus sûrs. Pour le DGIE, « les responsables des filières sont à Daloa ». *Fraternité Matin* affirme qu'il existe « trois destinations en Libye et les candidats au voyage quittent Daloa en convoi toujours la nuit, à bord d'un mini car appelé dans le langage populaire ivoirien « gbaka ». Destination : Bouaké. Là, ils prennent un autre car pour Ouagadougou. De la capitale Burkinabè, un troisième car les conduits à Niamey. Puis de Niamey à la frontière de la Libye » (*Fraternité Matin*, 2016 : 12). Les figures ci-dessous donnent une visibilité sur le lieu de rencontre en Côte d'Ivoire (Figure 1) et sur le trajet des migrants d'Abidjan à Tripoli (figure 2).

Figure 1 : Point de convergence des migrants
avant leur départ à l'aventure en 2016

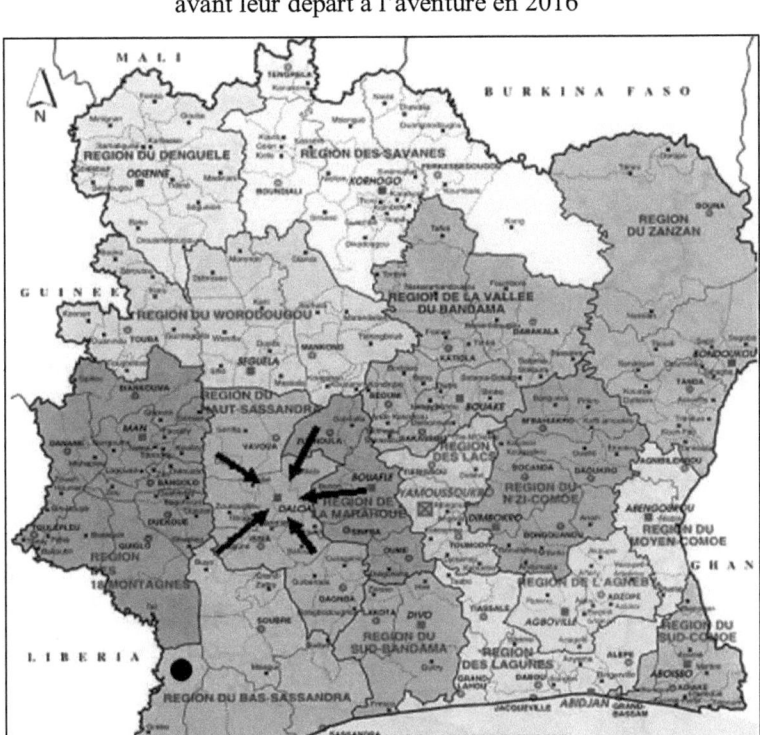

Source : Dja André Ouréga Junior GOKRA

Figure 2 : Trajet des migrants d'Abidjan à Tripoli en 2016

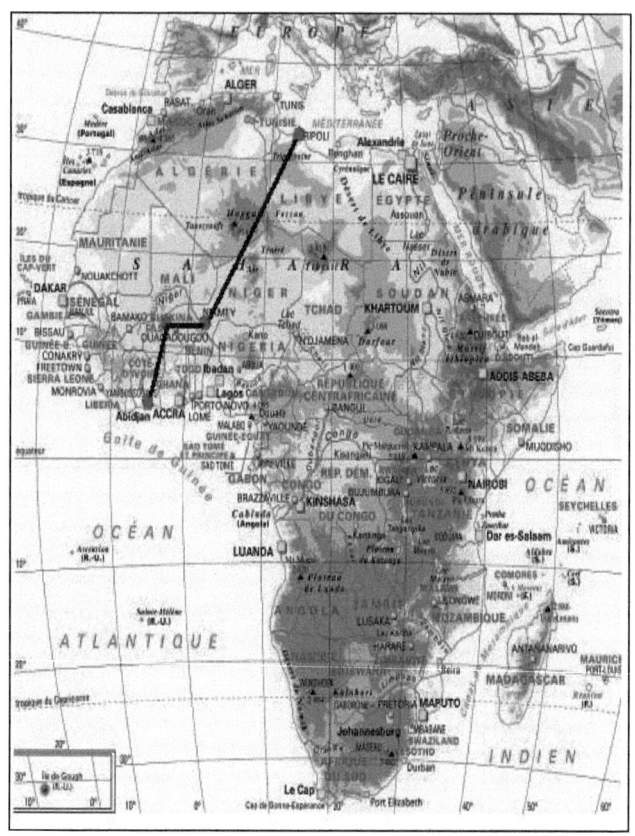

Source : Dja André Ouréga Junior GOKRA

## 2. L'émigration clandestine en chiffres

Il est difficile de donner des chiffres exacts tant ils varient d'un contact à un autre. Par exemple, lors de notre séjour à Daloa, une autre source nous a informé qu'il n'y avait pas de gare fixe en réalité. Lorsque les passagers sont nombreux, un autobus leur est affrété pour un départ direct sans escale jusqu'au Burkina Faso. En revanche, lorsqu'ils sont en nombre insuffisant, ils sont convoyés jusqu'à Yamoussoukro située à 137 km d'Abidjan ou un autre véhicule les attend pour le convoyage. Plus de 80% des migrants clandestins sont des ivoiriens. Quant aux non nationaux, ce sont en réalité des étrangers qui depuis des décennies vivent en Côte d'ivoire mais n'ont pas encore acquis la nationalité. Autrement dit l'émigration clandestine en Côte d'Ivoire concerne les Ivoiriens réels ou *de facto* dans la quasi-totalité des cas.

Les informations que nous avons recueillies, bien qu'elles soient diverses, ne sont pas contradictoires. Elles révèlent, à notre avis, le fait que l'émigration irrégulière subit des mutations dont on peut penser qu'elles servent à échapper au contrôle des autorités légales. Par exemple, « de janvier à mai 2016, 3.156 personnes sont arrivées en Italie par voie maritime, en provenance de Côte d'Ivoire. Soit environ 7% du nombre total de migrants. » (www.news.abidjan.net, 2016). En l'absence de chiffres officiels et sur la base des informations que nous avons recueillies à Port Bouet, commune située au sud d'Abidjan, nous pouvons avancer qu'il y a deux autocars de 43 places chacun qui partent tous les mercredis et samedis pour le Niger. Ainsi, pour une meilleure appréhension de nos arguments, nous dressons le tableau ci-dessous.

Tableau 1 : Récapitulatif des départs hebdomadaires d'Abidjan en août 2016

| Jours de départ | Effectifs de migrants/autocar | Nombre de départs | Total |
|---|---|---|---|
| Mardi | 43 | 2 | 86 |
| Mercredi | 43 | 2 | 86 |
| | | **Total Général** | **172** |

Sources : enquête réalisée par Dja André Ouréga Junior GOKRA

Le tableau indique clairement que 172 migrants quittent la seule commune de Port-Bouët soit environ 688 migrants/mois ou encore 8 256 migrants/an qui tentent de rejoindre l'Europe de façon illicite. Ce chiffre ne prend pas en compte la ville de Daloa et les autres localités qui n'ont pas été formellement identifiées. Ceci signifie que le phénomène s'étend à tout le territoire national. Nous pouvons nous interroger sur les motivations des migrants quand on sait que le taux de chômage est en baisse depuis 2013 : « le taux de chômage en Côte d'Ivoire est estimé à 5,3% conformément aux 'critères internationaux', mais peut atteindre 25% selon les 'réalités' locales marquées par le sous-emploi et l'emploi informel, a-t-on appris [...] auprès du gouvernement ivoirien rendant compte d'une enquête nationale menée en 2013 » (Abidjan.net, 2014). Cette performance a d'ailleurs reçu les encouragements de l'Union européenne lors du communiqué sur les migrations économiques tenu à Abidjan le 16 avril 2016 : « pour lutter contre les causes profondes de l'immigration, l'Union Européenne salue les résultats de la Côte d'Ivoire en termes de croissance économique ». Cependant, malgré l'embellie économiques, les migrants empruntent plusieurs voies pour rejoindre l'Europe ; la voie terrestre de la Côte d'Ivoire à la frontière libyenne (Afrique du nord) et la voie maritime jusqu'en Espagne.

Dans les années 2000, pourtant, les voies maritimes étaient les plus empruntées. Les migrants embarquaient sur des navires dans le port d'Abidjan à destination de l'Espagne principalement. Avec la crise postélectorale de 2010, certains déplacés interne et des exilés au Ghana et au Togo ont rejoint l'Europe par voie terrestre jusqu'à la frontière libyenne. Dans la ville de Daloa, par exemple, certains ex-combattants qui ont perçu une indemnité de 800 000 FCFA (environ 1219 €) de l'Autorité pour le Désarmement, la Démobilisation et la Réintégration des ex-combattants (ADDR) mise en œuvre par l'État, s'en sont servis pour payer les frais de transport pour rejoindre l'Europe plutôt que créer une PME comme le stipulait le projet. La crise post-électorale a donc véritablement accentué la migration clandestine qui dans certaines localités a suscité une flambée de l'insécurité.

### 3. Une perception sublimée de la réalité

En Côte d'Ivoire, l'émigration clandestine a aggravé le niveau d'insécurité dans certaines villes telles que Daloa et Bouaké. À Daloa par exemple, pour réunir les fonds nécessaire au départ—estimés entre 800 000 FCFA (environ 1219 €) et 850 000 FCFA (1295 €)—des jeunes s'adonnent parfois à des actes de vandalismes ou dépouillent leurs parents de leurs économies. Pour collecter les fonds, ces derniers font le calcul suivant : 2 motos de marque KTN (350 000 FCFA × 2 soit environ 1 076 €) + 1TV Ecran plasma (100 000 FCFA environ 152 €) + 1 Smartphone (50 000 FCFA environ 76 €) soit un total de 850 000 FCFA (soit environ 1 295 €). La figure ci-dessous, illustre cet état de fait.

Figure 3 : Collecte de fonds pour les candidats à l'émigration clandestine

1076 €  152 €  76 €

Source : enquête Dja André Ouréga Junior GOKRA

Devant l'insécurité grandissante, le Ministère de l'intérieur a pris des mesures liées notamment au renforcement de la sécurité des populations et à une rencontre avec les leaders de la jeunesse afin les sensibiliser.

Aussi, faut-il relever que la plupart des migrants sont des jeunes qui ont perdu tout espoir. Ils sont au chômage ou du moins n'arrivent pas à s'affirmer socialement et économiquement. De plus, la situation, marquée par une stabilité intermittente ces quinze dernières années en Côte d'Ivoire, ne rassure pas les candidats à l'émigration. Selon un passeur : « pour ces candidats au départ aucune politique n'est mise en place pour les aider à être autonomes. C'est pourquoi, chez eux, mieux vaut mourir en se cherchant que ne mourir ici à ne rien faire » (www.abidjan.net.news,2016). Ce propos fait ressortir la réalité sociale des jeunes qui, pour la plupart, sont en attente de leur premier emploi. Pourtant cet argumentaire relatif à la condition sociale semble ne pas être, à notre avis pertinent, d'autant plus que l'État a mis en place depuis 2011 « un programme de recherche appliquée ou fondamentale qui pourrait aider à combler toutes les lacunes et constituer un véritable instrument d'aide à la prise de décision des structures techniques (AEJ, AGEFOP, FDFP, PFS[1], Ministère chargé de l'emploi des jeunes) et des structures d'enseignement technique, de formation professionnelle et d'enseignement supérieur» (Kouakou et Koba,2015 :9). En mars 2015, les Nations Unies, à travers, la commission économique pour l'Afrique soutenait que : « selon l'enquête sur le niveau de vie des ménages réalisée en 2015, un recul de la pauvreté est observé en Côte d'Ivoire. En effet, le taux de pauvreté est estimé à 46,3 % alors qu'il était de 48,9 % en 2008 et de seulement 10 % en 1985. […] La pauvreté est plus accentuée en milieu rural (56,8 %) qu'en milieu urbain (35,9 %). Les zones abritant le plus de pauvres sont la ville d'Abidjan avec 9,3 % des pauvres, le Haut Sassandra (7,5 % des pauvres), le Gbèkè (5,3 %) et le Tonkpi (5,7 %). » (ONU, 2016 :16-17). Les illustrations et graphiques les illustrations ci-après renseignent davantage.

**Croissance économique**
Le dynamisme de l'activité économique de la Côte d'Ivoire au cours de ces dernières années s'explique par la performance des secteurs primaire et tertiaire. En 2014, le secteur primaire a enregistré une croissance de 12 % grâce à la bonne performance de l'agriculture vivrière. Le secteur primaire a contribué à hauteur de 22,4 % à la constitution du produit intérieur brut (PIB) et à 2,3 points de pourcentage à la croissance contre 22,1% et 1,3 point respectivement en 2013. Pour sa part, la croissance dans le secteur tertiaire en 2014 est estimée à 10,2 % contre 9,6 % un an auparavant.

**Pauvreté**
En 2015, le taux de pauvreté est estimé à 46,3 % alors qu'il était de 48,9 % en 2008 et seulement de 10 % en 1985. Cette baisse du niveau de pauvreté entre 2008 et 2015 s'est accompagnée par une augmentation du PIB par habitant. En effet, ce dernier est passé de 1231,9 dollars des États-Unis en 2011 à 1545,9 dollars des États-Unis en 2014.

**Emploi**
Le chômage touche 6,9 % de la population active en 2015, soit environ 554 008 chômeurs. Le taux de chômage est plus élevé à Abidjan (13,4 %) et dans les autres milieux urbains (7,7 %), ainsi que pour les femmes (10 %) et dans les tranches d'âge jeune (12,8 % pour les 14-24 ans et de 8 % pour les 25-35 ans).

Source : Nations Unies, Commission Economique pour l'Afrique, 2016

---

[1] AEJ (Agence Emploi Jeunes), AGEFOP (Agence Nationale De La Formation Professionnelle), FDFP (Fonds de Développement pour la Formation Professionnelle), PFS (Plate-Forme de Services).

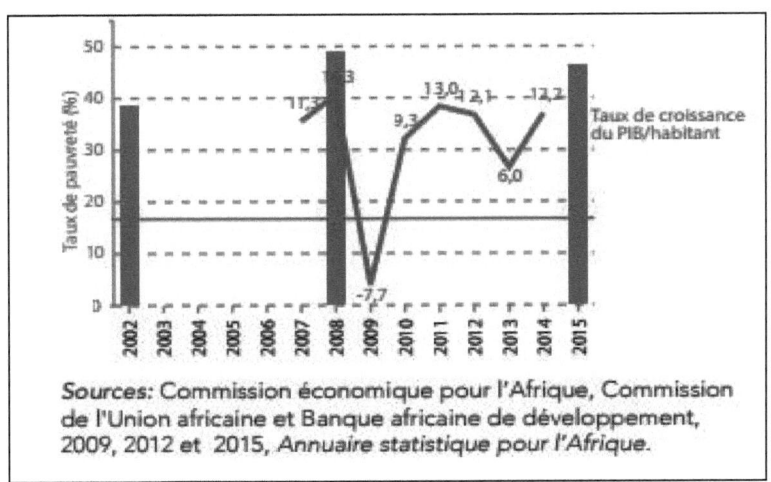

Sources: Commission économique pour l'Afrique, Commission de l'Union africaine et Banque africaine de développement, 2009, 2012 et 2015, Annuaire statistique pour l'Afrique.

Même si le taux de pauvreté a baissé, il faut reconnaître qu'il reste encore élevé malgré les performances économiques réalisées et l'amélioration du climat des affaires. L'on remarque, par ailleurs, que les régions abritant le plus de pauvres, identifiées par la commission économique sont, comme par hasard, les zones reconnues comme étant les points de ralliement et de départ des migrants. Il s'agit villes d'Abidjan (District d'Abidjan), de Daloa (Région du Haut Sassandra), Man (Région du Tonkpi). La ville de Bouaké (Région du Gbèkè) est un lieu de transit.

Figure 4 : Région abritant le plus de pauvres

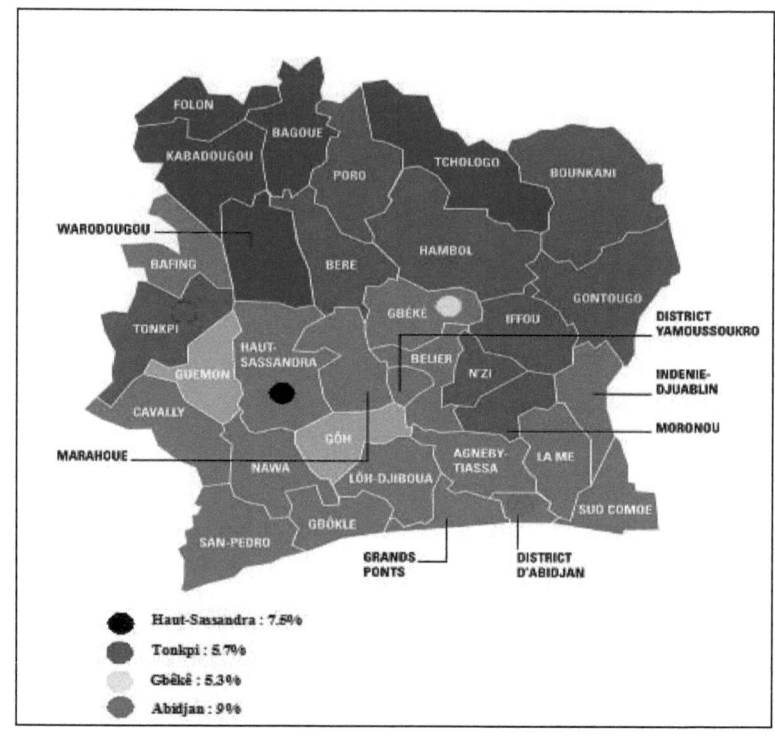

Source : Commission économique pour l'Afrique, 2016.

Les villes à taux de pauvreté élevé ont une forte concentration des candidats à l'émigration clandestine. Nous partageons dans ce sens l'avis de Victor Piché lorsqu'il écrit :

[qu']une théorie migratoire doit accomplir essentiellement deux choses : (1) expliquer pourquoi les gens migrent (les causes) ; (2) démontrer dans quelle mesure la migration atteint ses objectifs (les effets). Dans le premier cas, du point de vue des individus, on parle des raisons ou des motifs qui suscitent la décision de migrer ; d'un point de vue plus global, on recherche plutôt les facteurs sociaux et économiques qui poussent les gens soit à migrer, soit à rester sur place. Cette distinction individu-société ou micro-macro traverse le champ migratoire jusqu'à aujourd'hui. On la retrouve de façon encore plus marquée dans le deuxième volet de la théorie migratoire, soit l'étude des effets de la migration. S'il y a consensus sur l'aspect positif de la migration pour le migrant qui se déplace de façon volontaire (2), le débat sur l'impact social et économique de la migration dans les sociétés d'accueil a toujours été fort virulent et l'est encore aujourd'hui. » (Piché, 2013 :1).

La première cause relevée est significative et permet de mieux comprendre les motivations des migrants. En effet, pour des populations vulnérables par manque d'emploi et de revenu, la seule alternative semble être l'aventure qui doit leur permettre de se prendre en charge et de venir en aide à leur famille. Les facteurs sociaux et économiques des régions abritant le plus de pauvres obligent les habitants à rechercher un mieux-être sous d'autres cieux peu importe ce qui les y attends. Selon un habitant de Daloa, les jeunes sont motivés par « des photos de supposés amis qui ont réussi le voyage. Ceux-ci utilisent les réseaux sociaux pour les appâter. Ils postent des photos où ils sont dans de belles maisons, où ils conduisent des voitures de luxe. On les voit dans des boîtes de nuit, etc. Ces photos attirent leurs amis et les poussent à emprunter le même chemin. » (*L'intelligent d'Abidjan,* 2016). Grâce à leur source d'information et à des informations en Europe, les jeunes sont prêts à prendre le risque. Les photos présentées par ceux qui ont pu traverser toutes les péripéties renforcent le désir de ces derniers qui estiment que leur devenir se trouve dans les pays européens. La théorie d'Everett Lee développé en 1966 explique davantage cet état de fait dans la mesure où elle « se fonde sur les caractéristiques individuelles pour expliquer le volume de même que les courants et contre-courants migratoires. Partant également du postulat que la migration est le résultat d'un calcul individuel fondé sur les facteurs d'attraction (lieu de destination) et les facteurs de répulsion (lieu d'origine) […] Lee précise que ce ne sont pas tant les caractéristiques objectives que les perceptions individuelles des lieux d'origine et de destination qui provoquent la migration. Parmi les facteurs qui interviennent dans le processus migratoire, Lee mentionne les contacts personnels et les sources d'information existant dans le lieu de destination. » (Piché, 2013 : 22). Cette perception sublimée de la réalité invite à prendre en compte les réseaux d'informations extérieurs à leurs pays d'origines dans les campagnes de sensibilisation. Devant la montée de l'émigration clandestine, les médias et les organisations internationales pointent du doigt l'État ivoirien qui se voit contraint d'amplifier les communications relatives aux réalités migratoires.

### III. Les politiques de communication de l'État

En suivant de près l'actualité nationale, l'on remarque que la Côte d'Ivoire a fait de la lutte contre l'émigration clandestine un objectif majeur depuis quelques années. La réduction du phénomène constitue d'ailleurs l'une des priorités dans l'argumentaire de la candidature de ce pays au Conseil de Sécurité de l'Organisation des Nations Unies pour 2018-2019 (www.presidence.ci, 2017). La politique de communication de l'État qui vise à la réduction de l'émigration irrégulière se décline en plusieurs actions de communication mises en œuvre.

### 1. La stratégie de communication

La lutte contre l'émigration irrégulière en Côte d'Ivoire est récente. C'est véritablement à partir de 2014 que le Ministère de l'intégration a entrepris des campagnes de communication. La stratégie a consisté à rencontrer les chefs religieux, les femmes et des médias. Par exemple, le quotidien *Fraternité Matin*, média de service public, dans ses numéros des 12, 13 et 19 juillet 2016 a consacré des éditions spéciales aux conditions de départ et aux voyages des migrants. Cette campagne de communication a permis de recueillir les préoccupations des populations qui ont, par la suite, été transmise au gouvernement. De l'avis du directeur général des Ivoiriens de l'extérieur, la campagne de sensibilisation fragilise le réseau des passeurs et d'acteurs en permettant d'infiltrer des réseaux.

En effet, la communication publique initiée par ce Ministère sur les dangers de l'émigration clandestine était, au départ, timide dans la mesure où entre 2014 et 2015, seulement deux conférences ont été organisées sans aucun financement de l'État. En 2016, l'envergure de la campagne était nationale grâce à un début de financement de l'État. Ceci a permis des actions de communication réparties dans plusieurs villes de la Côte d'Ivoire notamment Daloa, San Pédro, Korhogo, Man, etc. Pour preuve, selon l'Agence Ivoirienne de Presse (AIP), le 11 juin 2016, « les populations de Daloa ont été sensibilisées sur les dangers de l'émigration clandestine à l'initiative de la Direction générale des Ivoiriens de l'Extérieur, qui entend ainsi amener les jeunes à rester dans leur pays en contribuant au développement par s'insertion dans le tissu socio-économique. Deux films intitulés « La Traversée clandestine » et « La Pirogue », ont été projetés, à cette occasion, sur la place de la grande Mosquée de Daloa, montrant les dangers de l'émigration clandestine notamment le naufrage des bateaux de fortune, la perte des vies humaines, l'escroquerie. ». Le même jour, environ 300 jeunes ont été sensibilisés à la jeune chambre internationale d'Abidjan lors d'une conférence organisée par le Ministère de l'intégration suivi d'une projection de film. Les actions de communication consistent, d'abord, à donner les informations réelles sur le fléau et à dissuader, ensuite, les jeunes à travers la projection de films. Parfois la stratégie consiste écouter le témoignage d'un rescapé. L'ensemble de ces activités ont été relayées par la Télévision nationale (RTI1), la presse écrite (*Fraternité Matin*, l'Agence Ivoirienne de Presse (AIP) et les médias en lignes tels qu'Abidjan.net. La plupart du temps, les autorités politiques et administratives prennent part aux activités. Selon le Ministère de l'intégration, la campagne de 2016 a connu beaucoup plus de succès et des retombées médiatiques contrairement à celles de 2014 et 2015. Ce qui atteste de l'effort qui est fait de la part de l'acteur institutionnel pour réduire ce fléau. La communication autour de l'émigration clandestine suscite une mutualisation des efforts de la part des gouvernements ouest-africains.

Malgré la médiatisation de la campagne, les candidats à l'émigration irrégulière sont de plus en plus nombreux et les espaces de rencontres sont repartis sur toute l'étendue du territoire. Pour les migrants, l'enjeu est énorme et il vaut la peine de prendre le risque car, à leurs avis, mourir en essayant clandestinement de rejoindre les côtes européennes serait un acte héroïque. Ils veulent s'affirmer socialement et économiquement pour éviter toutes les frustrations de la société. Par ailleurs, l'Europe a toujours été une destination de rêve pour les Africains. Ceux qui ont un emploi projettent de passer les vacances un jour en France, en Allemagne, en Italie, en Suisse, etc… tandis que ceux qui ont des conditions sociales défavorables y voient le moyen de changer leur statut social. Dans de telles conditions, les politiques de communication sont-elles véritablement efficaces ? Quelle tonalité donner à la communication pour dissuader davantage les populations ? Les résultats de l'enquête renseignent sur le niveau d'efficacité de la campagne de communication.

**2. Résultats de l'enquête**

Graphique 1

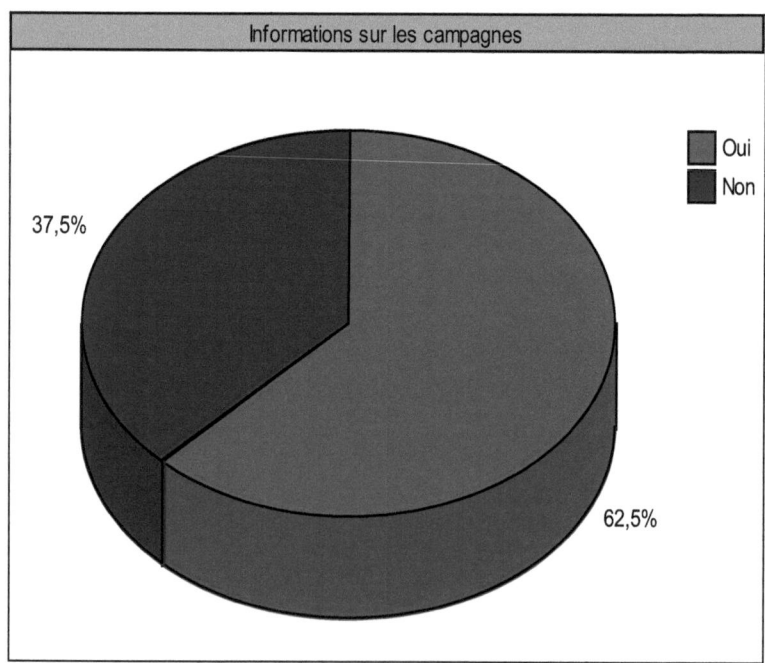

Source : enquête, 2017

Le graphique 1 ci-dessus nous renseigne sur le niveau d'information des populations ivoiriennes relativement à la campagne de communication menée par l'État pour les sensibiliser sur l'émigration clandestine. L'on remarque que 62,5 % des enquêtés sont informés des dangers de l'émigration clandestine grâce à la communication du gouvernement. En revanche, 37,5 % de répondants soutiennent ne pas être informés ou disent ne pas percevoir les actions de l'État.

Graphique 2

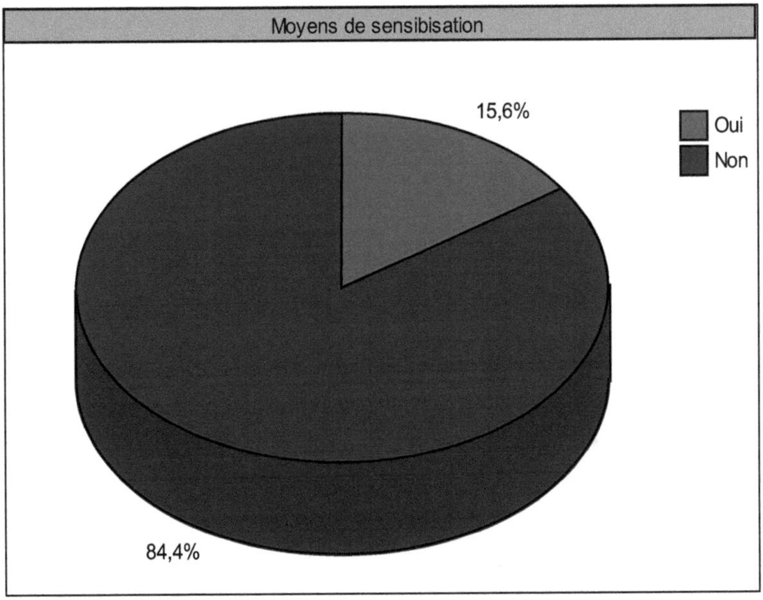

Moyens de sensibisation

15,6%
84,4%

Oui
Non

Source : enquête, 2017

L'enquête relative aux moyens de communication utilisés pour la campagne figure dans le graphique 2 ci-dessus. En effet, pour 84,4 % de répondants, les moyens de communication utilisés ne sont pas très efficaces parce que plus le gouvernement communique sur l'émigration clandestine et plus le nombre de migrants augmente. Autrement dit, le problème lié à la pertinence des actions ou du moins des outils de communication mobilisés pour cette campagne est posé. En revenant sur ce même graphique, l'on remarque que 15,6 % des enquêtés estiment que les moyens de communication sont efficaces.

## 3. Discussion

Les résultats des enquêtes attestent de l'effort (graphique 1) consenti par l'État pour sensibiliser les populations. Cependant dans le graphique 2, l'on remarque que malgré les efforts de communication, on assiste à une recrudescence de l'émigration clandestine. Ceci laisse supposer que les moyens de communication sont inefficaces dans la mesure où l'enjeu de cette campagne n'est pas seulement d'informer mais d'aboutir au changement de comportement c'est-à-dire d'amener les potentiels candidats à renoncer à leurs projets. Devant une telle situation, pour que les politiques de communication soient plus efficaces, il serait possible d'insérer dans le programme scolaire la thématique de l'émigration afin de présenter les dangers à la jeune génération. Le bouche-à-oreille peut être privilégié en mandatant des agents de sensibilisation dans les quartiers, à domicile. Cette communication permet de mieux expliquer les dangers de la migration clandestine.

Par ailleurs, en Côte d'Ivoire, le succès de campagnes de sensibilisation connait parfois quelques difficultés. À titre d'exemple, il est courant de voir une personne fumer dans les lieux publics malgré l'interdiction de fumer décrétée par le Ministère de la santé et de la lutte contre le sida. Il est aussi courant de voir des sachets d'emballage en plastique vendus sur le marché malgré la campagne de sensibilisation portant sur l'interdiction de la production, de la commercialisation et de l'usage des sachets plastiques par le Ministère de l'environnement et du développement durable. Le recours à la communication « engageante » permettrait alors d'améliorer façon significative toute campagne de sensibilisation. Dans la lutte contre l'émigration clandestine, l'enjeu doit être d'obtenir l'engagement des jeunes. À ce sujet, Joule et Beauvois, cités par Maxwell et Farmer, distinguent deux grandes caractéristiques de l'acte d'engagement : « la visibilité et l'importance de l'acte, d'une part, et les facteurs ayant trait aux raisons de l'acte, d'autre part (Joule et Beauvois, 1981 et 1998 ; Joule, 1999 ;

Kiesler, 1971). […] La visibilité de l'acte est déterminée par quatre facteurs : 1) le caractère public de l'acte (par opposition à l'acte anonyme), qui indique l'importance de rendre l'acte visible aux yeux des autres, car il devient dès lors plus difficile de se défausser devant témoins ; 2) le caractère explicite de l'acte (par opposition à ambigu), qui renvoie à l'affirmation sans détour d'une conviction ne laissant aucune place à l'interprétation ; 3) l'irrévocabilité de l'acte ; et 4) la répétition de l'acte ».

Nous partageons d'autant plus l'avis de ces auteurs que dans la société traditionnelle de la Côte d'Ivoire, la parole donnée publiquement engage son auteur. Ainsi, toute personne qui prend publiquement l'engagement de renoncer à affronter le danger de la migration illégale risque de se déshonorer et de se voir bannir de sa communauté si elle revient sur sa parole. Elle devient ainsi un vecteur de communication dans sa communauté car elle participe à l'élaboration des messages liés à la campagne de sensibilisation. La promesse ne souffre donc d'aucune ambigüité et celui qui l'a faite est prêt à respecter autant que possible l'acte d'engagement. Le message persuasif doit se muer en changement de comportement. Or, dans le cas de la communication liée à l'émigration irrégulière, certaines populations ont parfois pris à parti des représentants du gouvernement dans des localités comme Daloa. Dans une certaine mesure, ceci dénote le refus des populations concernées de se laisser convaincre par l'État de renoncer à leur voyage. Les quatre caractéristiques de Maxwell et Farmer sont intéressantes, mais il faut reconnaitre qu'en contexte africain il serait illusoire que cet engagement résiste bien longtemps à la pression sociale. En se référant à la déclaration commune du sommet de Lavalette en novembre 2015, on se rend compte que la lutte contre la pauvreté constitue la première priorité de tous les chefs d'États et de gouvernement présents. En d'autres termes, pour une communication engageante efficace, il faudrait, ce que nous pourrions appeler, un kit composé d'un projet de lutte contre la pauvreté auquel serait ajouté l'engagement des jeunes à sensibiliser les autres.

## Conclusion

Ce travail qui a porté sur l'émigration clandestine et la politique de communication de l'État ivoirien pour lutter contre ce phénomène, nous a permis de savoir que l'État a mis en place depuis quelques années des stratégies nationales de communication pour, d'abord, informer les populations du danger, ensuite, les sensibiliser.

Nous avions voulu analyser la politique de communication de l'État afin de mieux comprendre l'ampleur du phénomène. Ces campagnes de sensibilisation sont moyennement connues du grand public. Conséquemment, on assiste à une amplification du phénomène malgré le grand renfort médiatique de la campagne. Autrement dit, le dispositif d'information et de communication mis en œuvre dans le cadre de la lutte contre l'émigration irrégulière a montré ses limites dans la mesure où l'élaboration de la campagne de communication repose sur un acteur institutionnel : la Direction générale des Ivoiriens de l'extérieur. Ce qui, à notre avis, reste insuffisant parce que l'émigration irrégulière engendre des problèmes de santé publique, de sécurité, nécessite des actions sociales etc… La lutte efficace contre ce phénomène en Côte d'Ivoire ne saurait être l'apanage du seul Ministère de l'intégration. La politique de communication doit s'inscrire dans une approche pluridimensionnelle.

## Bibliographie

Bichot Jacques, 2009, « L'impact de l'immigration africaine sur la croissance et le développement en Europe », *Revue de l'Institut de géopolitique des populations*, n°18.

http://www.presidence.ci/, site de la présidence de la république de Côte d'Ivoire

Kouakou Clément et Koba Adébo, 2015, *L'emplois des jeunes en Côte d'Ivoire, une étude diagnostique*, Centre de Recherche pour le Développement International(CRDI).

Maxwell Thomas, Farmer Yanick, 2014 « La communication engageante au service des changements de comportement en matière d'éthique », *Communication* [En ligne], Vol.

32/2 | 2013, mis en ligne le 05 avril 2014, consulté le 07 octobre 2016. URL : http://communication.revues.org/4989 ; DOI : 10.4000/communication.4989

Merabet Omar, 2006, *Termes de Référence pour une étude sur le profil migratoire de la Côte d'Ivoire*, Rapport final.

Nations Unies, 2016, *Profil de pays : Côte d'Ivoire*, Commission Economique pour l'Afrique

Piché Victor, 2013, « Les fondements des théories migratoires contemporaines », Les théories de la migration, Ined, p.19-59.

*Fraternité Matin,* 2016, « Immigration clandestine en Europe, après la traversée », Reportage, n°15482.

UNIHCR, 2008, *L'Afrique de l'Ouest comme espace migratoire et espace de protection,* Rapport, p. 2-52, consulté le 10 août 2016, URL : http://www.unhcr.org/protect/483d0fb04.

www.news.abidjan.net, 2016, site d'information générale

# 2.4. Le bouleversement des projets migratoires de Marocains en Espagne

Alberto CAPOTE,
Université de Grenade, Espagne

## 1. Introduction

L'histoire récente de l'Espagne comme nouveau pays d'immigration en Europe, à partir de la fin des années 90, peut être caractérisée comme singulière, intense et imprévisible. Une histoire *singulière,* car l'Espagne a eu un solde migratoire très positif pour la première fois dans un contexte européen de restriction et de durcissement des mouvements migratoires (Arango, 2015 ; Cohen, 2009). Intense, parce que dans un court intervalle de temps, la présence de citoyens étrangers s'est rapidement multipliée sur le territoire : au cours des premières années de la décennie 2000, l'Espagne est devenue le principal récepteur européen et s'est positionnée parmi les dix premiers pays du monde en termes de volume de population immigrée présente. Le système espagnol s'est caractérisé par la grande hétérogénéité des origines migratoires et les différentes formes de circulation, ainsi que par les politiques migratoires mises en place (Arango, 2010). Une histoire *imprévisible* enfin, car à partir de l'année 2008, la crise économique a brutalement et durablement frappé l'Espagne : ses effets n'épargnant personne, y compris les immigrés. Le collectif marocain a été spécialement touché. En effet, une part importante de la population immigrée qui avait trouvé un certain degré de stabilité en Espagne (géographique, liée au travail, etc.), a connu une fragilisation économique accrue (perte de l'emploi, une précarisation des conditions de travail, des difficultés pour le regroupement familial, etc…), précipitant une redéfinition des projets migratoires.

La notion de « projet migratoire » comme instrument analytique des migrations internationales est assez récente et de plus en plus utilisée (Ma Mung, 2009 ; De Gourcy, 2013). Boyer (2005) souligne la dimension dynamique et versatile de tout projet migratoire : il s'intègre dans un continuum temporel et spatial dans lequel l'objectif de départ et les attentes peuvent inévitablement changer et se réadapter. Dans ce sens, les projets migratoires comme outil analytique nous permettent d'apprécier la migration dans toutes ses dimensions en ne se limitant pas à une simple étude schématique des déterminants de la migration. Comme le soutient De Gourcy (2013), il s'agit d'analyser les réponses inventives et inédites que les migrants mettent en place face aux contraintes qu'ils rencontrent au cours de leur parcours. Cette auteure distingue plusieurs étapes qui peuvent composer tout projet migratoire : la définition du départ au début de la migration, la phase consacrée à la préparation, sans oublier possibles étapes successives de redéfinition. Egalement, Ma Mung (2009) souligne que prendre pour outil méthodologique les projets migratoires signifie mettre l'accent sur les initiatives et les vécus des migrants afin de répondre aux conditions extérieures qui entrent en jeu dans leurs trajectoires. En effet, comme l'affirme Wihtol de Wenden (2013), dans les migrations internationales du XXI$^e$ siècle, les migrants peuvent vivre au cours de leur vie plusieurs situations migratoires. Ils adaptent leurs objectifs conformément à leur expérience migratoire qui suit son cours, aux difficultés ou aux opportunités qu'ils rencontrent, et aux nouvelles personnes qui s'incorporent à leur réseau social. Ils font ainsi face aux circonstances changeantes et inattendues qui se présentent et qui sont fréquemment en inadéquation avec les premières attentes.

Comment les migrants ont-ils réagi devant l'aggravation socio-économique qu'a connue l'Espagne ? Cette question est le point de départ de notre chapitre. Autrement dit, quelles ont été les réponses des migrants pour faire face au chômage, aux politiques d'austérité et à certaines formes de désespoir qui caractérisent les dernières années ? Selon différentes sources statistiques (INE et Ministère du Travail et la Sécurité Sociale), le nombre d'étrangers en Espagne s'est réduit depuis le commencement de la crise économique, notamment pour certaines nationalités de l'Amérique latine (López de Lera et Izquierdo Escribano, 2016 ; Gil Alonso y Vidal Coso, 2015). Or, leur part relative continue d'être assez importante. Nous sommes devant une nouvelle réalité de l'immigration en Espagne : il s'agit, en grand partie, de personnes ayant un parcours de vie remarquable, avec un certain degré d'enracinement dans la société espagnole et ils ont consolidé, pour la plupart, leur situation administrative avec une carte de séjour de longue durée (Mahía, 2016). Comme Miyar Busto (2017) le fait remarquer, il s'agit d'un nouveau scenario de l'immigration en Espagne dans lequel les immigrés ont été des agents actifs faisant face à la crise économique.

Notre analyse porte sur la communauté marocaine, principale nationalité étrangère en Espagne. Pour l'élaboration de ce chapitre, nous sommes appuyés sur une étude de terrain réalisée au Maroc et en Andalousie (Espagne) dans différentes communes et à divers moments, dans le but de connaître les décisions prises par les immigrés marocains touchés par la crise économique. Ne visant pas l'exhaustivité ni la représentativité, cette étude qualitative tente toutefois de refléter la diversité des profils de la migration marocaine en Espagne et celles des projets migratoires, prenant ainsi en compte des origines urbaines comme rurales, différents niveaux de formation et divers parcours migratoires.

## 2. Pourquoi centrer notre analyse sur les immigrés marocains en Espagne ?

Nous nous sommes intéressés aux immigrés de nationalité marocaine pour plusieurs raisons :

a) D'abord, parmi les différentes nationalités composant la population étrangère en Espagne, les Marocains constituent le groupe le plus nombreux, possédant en outre la trajectoire migratoire la plus ancienne. Nous pouvons distinguer quatre étapes dans l'histoire de l'immigration marocaine en Espagne : dans les années quatre-vingts, le nombre de Marocains était très réduit et se localisait principalement dans certaines villes (Barcelone, Madrid, Malaga, etc...) ; dans la décennie suivante, le solde migratoire devient positif en Espagne et le nombre de Marocains augmente, notamment à cause de son lien avec l'agriculture intensive ; dans les premières années du XX$^e$ siècle, durant le boom de l'immigration en Espagne, les Marocains constituent la principale nationalité étrangère finissant par trouver une certaine stabilité après les processus de régularisation mis en place. Peut-on alors dire que la crise économique de 2008 a été le début d'une nouvelle ère ?

b) La crise de 2008 a complètement bouleversé le scénario économique de l'Espagne. La destruction d'emplois a touché les secteurs les plus masculinisés tels la construction et certaines branches de l'industrie. L'agriculture et les services ont mieux supporté la crise. L'emploi le plus fréquent pour les immigrants marocains durant le cycle de croissance économique s'inscrivait dans des occupations peu qualifiées, avec des contrats à durée déterminée dans la construction, le commerce, l'hôtellerie et l'agriculture. C'est dire, étant donné la sur-masculinité de la population marocaine en Espagne, l'impact particulièrement marquant de la crise qu'elle a eu à subir.

c) Cependant, les statistiques de l'immigration en Espagne révèlent que, par rapport aux autres nationalités, le retour n'a pas été une stratégie massive chez les Marocains. Il est vrai que le solde migratoire marocain en Espagne a été négatif pendant quelques années (2012-2014), surtout en ce qui concerne les hommes. D'autre part, depuis 2016, il est à nouveau légèrement positif (Pumares, 2016). En fait, ces dernières années, le pourcentage de Marocains dans la population étrangère en Espagne a augmenté à cause des pertes chez les autres nationalités (notamment les immigrants originaires d'Amérique latine).

d) La proximité entre les deux pays peut donner lieu aussi à des stratégies combinées : des périodes plus longues passées au Maroc tout en conservant une possibilité juridico-légale de repartir en Espagne, ce que les entretiens analysés ci-après vont parfois mettre en évidence.

## 3. Le bouleversement des projets migratoires

« Il vaut mieux souffrir en Espagne, plutôt que retourner au Maroc »

La question de fond, lorsque nous avons commencé le travail de terrain, en Andalousie et au Maroc, était d'étudier si le retour faisait partie de la reformulation des projets migratoires des Marocains affectés par la crise économique en Espagne. Nous avions des doutes à ce sujet dans la mesure où très peu de Marocains avaient sollicité l'aide du Programme de Retour Volontaire mis en place par le gouvernement espagnol (Parella et Petroff, 2014). L'objectif de ce programme est d'aider le retour dans leur pays d'origine des immigrés ayant perdu leur travail en Espagne : ils peuvent alors avoir accès à la totalité des allocations chômage (en deux fois), s'ils accomplissent l'engagement de ne pas revenir en Espagne les années suivantes. L'impact de ce programme sur les Marocains a été presque inexistant. Quelques témoignages recueillis, tant au début de la crise en 2008 qu'en 2016, montraient une claire résistance à un éventuel retour au Maroc. Pour les personnes dont la situation socio-économique s'aggravait, il y avait une préférence pour une ré-émigration soit à l'intérieur de l'Espagne, soit dans un pays tiers. Les témoignages révèlent que le Maroc n'est pas encore perçu comme une source d'opportunités. En ce sens, Ranhi *et al.* (2015) soulignent que, malgré les efforts pour la diversification économique au Maroc et la diminution de la pauvreté au cours des dernières années, des fortes inégalités et de forts déséquilibres sociaux persistent encore. Malgré la détérioration socio-économique en Espagne, pour les personnes interviewées il y avait encore de la place pour improviser diverses actions pour tenter de sortir des difficultés. Selon le témoignage de Brahim[1] :

« Les gens préfèrent souffrir ici avant que de retourner au Maroc. Ici tu as plus d'aides, pour le loyer, pour manger, etc… Les gens préfèrent rester ici plutôt que de retourner. Au Maroc il y a des riches et des pauvres, mais il n'y a pas une classe moyenne comme

---

[1] Les prénoms sont fictifs.

ici. Il y a beaucoup de pauvreté et gens très riches. Ici vous avez la Croix-Rouge, Cáritas, etc.... Et il y a aussi les saisons de l'olive, de l'ail. Beaucoup de gens viennent du Maroc trois ou quatre mois pour la saison de l'olive et tout de suite ils retournent au Maroc. Ils sont des gens dans une situation légale ici. Pendant les périodes en chômage, ils retournent au Maroc parce qu'ils consomment moins là-bas. Au Maroc, tout est moins cher " (Grenade, 2016).

Le témoignage précédent nous donne quelques indices quant aux décisions adoptées face aux difficultés : le recours au travail saisonnier dans le secteur agricole, la mobilité intérieure en Espagne, les avantages de la proximité géographique entre l'Espagne et le Maroc, sans oublier l'accès au déploiement du tissu associatif pendant la crise économique. En ce sens, il y a un témoignage spécialement révélateur de l'un de nos interlocuteurs : il met en avant que ce savoir-faire selon lequel on improvise au jour le jour pour trouver une solution aux problèmes, n'est pas nouveau pour ces personnes, il fait partie de l'expérience de vie de nombreux Marocains avant qu'ils n'émigrent à l'étranger, ainsi que pendant les premières étapes en Espagne : la recherche quotidienne d'un travail, la manière de trouver un petit emploi journalier, la combinaison de plusieurs activités, etc.

« Dans leurs lieux d'origine, ils ont toujours été en crise ; les gens ont appris des stratégies avant d'émigrer. Ensuite, lorsque tu te retrouves au chômage, tu vas utiliser des stratégies pour t'en sortir. Le sujet de l'achat-vente est un classique, par exemple » (Grenade, 2016).

En fait, le commerce de divers matériels d'occasion a été une activité développée par beaucoup d'hommes qui ont perdu leur travail. Activité que certains ont commencé au Maroc avant d'émigrer et quand la crise éclate en Espagne et qu'ils mettent de nouveau en pratique. Khaled, interviewé à Grenade raconte son parcours : depuis son travail dans la construction jusqu'au commerce informel :

« Je suis arrivé ici il y a 15 ans. Je me suis marié en 2007. Avant la crise, j'ai travaillé dans le secteur de la construction. Ensuite, j'ai travaillé dans une usine et après dans la campagne agricole des oliviers. Il faut chercher pour gagner sa vie, bouger. Tu peux sortir le matin et trouver des choses à vendre et gagner 30 euros. Un jour, peut-être, je trouve une journée de travail dans la peinture, les dimanches je vais au marcher pour vendre du matériel... » (Grenade, 2016).

Une réponse très fréquente a été de souligner la proximité géographique entre l'Espagne et le Maroc, comme une situation d'avantage. Ce faisant, plutôt que d'interroger la concrétisation d'un retour *stricto sensu*, nous souhaitions questionner comment la proximité géographique entre l'Espagne et le Maroc pouvait jouer tel un « *recours* » pour faire face à la détérioration socio-économique des immigrants : autrement dit, si les migrants cherchaient à rentabiliser les opportunités offertes par cette mobilité interétatique. Les témoignages présentés - quand bien même ils mettent en évidence des projets migratoires et des profils différents -, ont un élément commun : une redéfinition des projets migratoires en cours et les avantages de la proximité géographique.

**La proximité géographique comme recours**

Comme nous l'avons souligné, la crise a eu un effet particulier dans la destruction d'emplois dans les secteurs les plus masculinisés et sans qualification, comme celui de la construction. Pour certains, le travail saisonnier dans l'agriculture a été à nouveau un refuge devant l'incertitude du marché du travail espagnol (Capote, 2015). La combinaison d'un emploi dans l'agriculture saisonnière en Espagne et de l'exercice d'une activité commerciale informelle entre le Maroc et l'Espagne est une pratique courante qui s'est développée ces dernières années dans un tel contexte. Nous pouvons affirmer que nous sommes en présence d'un « retour circulatoire pour deux motifs : d'une part, en raison de la combinaison de deux activités économiques liant les deux pays ; d'autre part, car cette pratique a conduit au retour de certains membres de la famille au Maroc (notamment les mères et les enfants), conduisant à un éclatement du noyau familial entre les deux pays.

Ces dernières années, la vente de produits d'occasion par les immigrés en provenance de l'Espagne a proliféré dans les souks ruraux de communes de la province de Beni Mellal. Bien qu'il ne s'agisse pas d'une nouvelle activité, celle-ci a commencé il y a peu à s'étendre et à devenir plus populaire. Dans le contexte de la crise économique en Espagne, elle est ainsi devenue une ressource essentielle pour certains travailleurs immigrés de Beni Mellal pour faire face à l'aggravation de leur situation économique en Espagne. Fouad, père de famille, originaire de la petite commune d'Afourar (Beni Mellal), montre en quoi cela a constitué un bouleversement dans sa vie quotidienne au cours des dernières années :

> « J'ai emmené ma femme et les enfants ici. Ainsi nous avons moins de dépenses. Je travaille à Almería. Lorsque la saison se termine là-bas, je vais à Lerida. Je dois toujours chercher. Avant, je vivais dans une petite commune d'Almeria, avec ma femme et mes enfants. Nous avions loué une maison. Nous étions bien, je travaillais toujours. Mais maintenant, ma femme et les enfants sont ici. Je leur envoie de l'argent. J'ai besoin d'être seul en Espagne pour pouvoir me déplacer plus facilement. Si je suis tout seul, je peux toujours trouver un endroit où dormir quand je travaille dans l'agriculture » (Beni Mellal, 2014).

On peut distinguer trois groupes de migrants qui pratiquent ce commerce ambulant entre l'Espagne et le Maroc : les immigrés qui pratiquent cette activité et qui la combinent avec le travail saisonnier dans l'agriculture ; ceux qui le font occasionnellement (par exemple, lorsqu'ils reviennent dans leurs lieux d'origine à l'occasion des vacances); et les personnes pour lesquelles cela est presque devenu une activité principale (Capote, 2015).

Nous constatons donc un double retour en un sens : d'une part, le retour d'une partie de la famille au Maroc, et d'autre part le retour à une mobilité incessante qui peut constituer un frein à la stabilité géographique et familiale. Comme dans les témoignages antérieurs, nous trouvons aussi chez ces personnes une claire opposition à un retour définitif au Maroc ; le Maroc rural est encore perçu comme un espace dépourvu d'opportunités pour l'avenir : un lieu sans travail ou qui offre une activité précaire permettant seulement de survivre. On déplore ainsi au travers ces témoignages une perte financière ici et là-bas, aussi bien en Espagne qu'au Maroc, comme souligne Momo :

« Les immigrants marocains qui sont arrivés en Espagne ont tout perdu, à la fois ici au Maroc, comme en Espagne. Ils n'ont pas d'emploi fixe ni en Espagne ni au Maroc. Avant, nous travaillions pour pouvoir acheter une maison, percevoir la retraite, etc. Nous avons tout perdu. Nous ne pouvons que résister » (Beni Mellal, 2014).

## Un retour inattendu au Maroc : la crise économique comme le point de départ de nouveaux projets

Un autre groupe est composé de personnes qui se sont orientées vers un retour indéfini au Maroc. Nous avons opté pour l'attribut « indéfini » et non « définitif » parce que malgré le caractère permanent qui s'exprime, la possibilité d'une re-émigration en Espagne est parfois latente dans les discours. La décision a été prise dans le contexte de la crise économique en Espagne. C'est-à-dire, qu'il ne s'agissait pas d'une décision prise à court terme, mais qui a commencé à prendre forme à cause de l'aggravation de la situation en Espagne. Les témoignages identifiés, peu nombreux, ne correspondent pas à un profil de retour « classique » : la décision n'a pas été prise dans un moment d'aboutissement du projet migratoire et avec le but d'investir dans une activité dans les lieux d'origine. Ce changement dans le parcours migratoire a été inattendu. Or, à travers certains témoignages, il a supposé un progrès dans la carrière professionnelle. Nous pouvons citer deux exemples qui, bien que différents, coïncident sur ce dernier point : dans un moment de difficulté, nos interlocuteurs ont pris des initiatives qui sont perçues comme un pas en avant.

Il s'agit de deux hommes avec un profil assez similaire. Ils sont arrivés en l'Espagne au début de la décennie passée, avec le projet de continuer leurs études supérieures. Ils étaient célibataires. Ils ont pris la nationalité espagnole en 2013. Après une courte période de plein engagement dans leurs études, ils ont pu obtenir un emploi, durant les années de croissance économique et de création d'emplois en Espagne, coïncidant avec l'arrivée de flux migratoires internationaux ; un contexte qui a interpellé nos interlocuteurs, et les a encouragés à poursuivre leur parcours en Espagne au-delà des études :

> « La première année ma famille m'envoyait de l'argent. Tout de suite j'ai commencé à travailler pour des entreprises d'intérimaires : Burger King, etc... En 2002 j'ai obtenu le permis de séjour et de travail. Alors, comme il y avait tant de travail dans le secteur de la construction, mes amis m'ont encouragé à travailler comme maçon. Les salaires étaient très bons. Jamais auparavant je n'avais fait un travail manuel. Je suis arrivé à gagner plus de 2000 euros par mois. Il y avait tant de travail que tu pouvais arrêter quelques mois quand tu voulais et reprendre aussitôt » (Abdel, Mohamedia, 2014).

> « J'étais content. Il y avait assez de travail avant la crise, surtout à Madrid, en traduction et en interprétation. Mon statut était toujours celui d'étudiant. Au début, je ne cherchais pas à travailler. Puis j'ai commencé la traduction. Je gagnais très bien ma vie » (Ben, Mohamedia, 2014).

Quelques années plus tard les deux se sont mariés en Espagne avec des femmes de nationalité marocaine et ont eu des enfants. La possibilité d'un retour au Maroc n'était pas envisagée. Au contraire, les signes d'enracinement en Espagne étaient assez évidents, jusqu'au point d'obtenir la nationalité espagnole en 2011. Mais en même temps, les doutes quant à un avenir possible en Espagne sont apparus en raison de la diminution de l'activité dans ce pays et d'une frustration latente due à l'impossibilité d'une ascension professionnelle. À ce moment-là, l'idée d'opter pour un poste comme professeurs d'espagnol au Maroc est apparue, malgré un certain découragement de prime abord :

> « Il y avait beaucoup d'insécurité dans le travail, les salaires avaient baissé. De 16 euros par heure initialement, on me payait ensuite 10 euros dans la traduction dans les tribunaux. Par mois 300 euros de moins. Même le gouvernement a cessé d'appeler les interprètes et a essayé de trouver des informations sans traduction. Je pensais tenir jusqu'à ce que la crise soit résolue mais en tant que père de deux enfants je ne pouvais pas attendre indéfiniment. Je désirais être professeur en Espagne, mais c'était impossible » (Ben, Mohamedia, 2014).

« Nous n'avions pas fixé de date pour repartir, même si nous savions qu'à un moment donné, nous aurions à le faire. Ma femme conservait l'espoir qu'un jour je pourrais travailler comme professeur en Espagne. Au début, elle a eu beaucoup de réserves à cause des enfants. Ce n'était pas une décision facile » (Abdel, Mohamedia, 2014).

Au moment de l'entretien, nos interlocuteurs étaient ainsi dans un processus de réadaptation au Maroc avec leurs familles. Le retour n'a pas eu lieu dans les villes d'origine, ce qui aurait pu faciliter cette nouvelle étape. Les préoccupations principales tournaient autour de l'éducation des enfants et de leur adaptation au Maroc, ainsi qu'au sujet du maintien de liens avec l'Espagne. La motivation d'en préserver était double : d'une part, conserver un contact avec l'Espagne lors de visites périodiques pour des raisons affectives ; d'autre, part, la possibilité d'une ré-émigration vers l'Espagne était toujours présente dans les projets migratoires. Sans doute, le fait de disposer de la double nationalité, espagnole et marocaine, suppose une condition qui permet cette disponibilité. Autrement dit, cette étape est perçue comme une nouvelle phase et non nécessairement le point de culmination d'un processus. Il s'ouvre une période de stabilité, mais avec toujours à l'esprit d'autres alternatives, y compris un retour en Espagne ou une vie qui s'articulerait entre les deux pays :

« S'il existe un jour la possibilité d'un bon emploi en Espagne, je penserais à revenir. Parce que la vie en Espagne m'a plu. Comme partout, il y a de bonnes et de mauvaises choses. Mes enfants sont nés en Espagne, ils étaient heureux. Ma femme aussi. Oui, je voudrais retourner en Espagne, mais avec un travail qui peut me permettre de subvenir aux besoins de ma famille, parce que je suis père. Je ne veux pas vivre comme un riche, mais je ne veux pas non plus que mes enfants vivent dans la pauvreté, comme c'est le cas de beaucoup d'enfants en Espagne maintenant. Ma situation économique est maintenant meilleure ici qu'en Espagne, parce que je suis fonctionnaire de l'État » (Abdel, Mohamedia, 2014).

« Nous allons avoir un contact permanent avec l'Espagne. Heureusement, nous avons encore le vol direct entre Rabat et Madrid. Nous avons aussi une maison familiale à Tanger et nous serons près de Ceuta, pour pouvoir acheter des choses pour les enfants.

Ma femme craint qu'au Maroc, elle ne puisse pas trouver les mêmes choses pour les enfants. Il y a des choses irremplaçables. Donc, nous aurons un contact vital avec l'Espagne » (Ben, Mohamedia, 2014).

## Un projet provisoire au Maroc avec une re-émigration dans l'horizon

À l'inverse du groupe que nous venons d'étudier, pour les autres le retour au Maroc est conçu clairement comme provisoire. L'initiative a été prise après avoir essayé plusieurs alternatives en Espagne (mobilité géographique interne) et même parfois une tentative de re-émigration vers un autre pays européen. Ce retour provisoire au Maroc est ainsi apparu comme l'ultime alternative. En effet, une résistance vers un séjour indéfini au Maroc est clairement perçue dans ces témoignages. Or, même s'il s'agit d'un « retour passager », il a impliqué une réadaptation aux lieux d'origine, à l'environnement familial et la configuration d'un nouveau réseau amical. Maintenir très active la liaison avec l'Espagne et même envisager la possibilité d'une ré-émigration vers un autre pays européen rend plus assimilable ce retour inattendu pour ce groupe de migrants. Il s'agit surtout d'hommes entre 30 et 40 ans, célibataires, d'origine urbaine et résidant dans des zones urbaines en Espagne. Arrivés en Espagne jeunes, avec une carrière professionnelle construite à l'extérieur du Maroc, leurs réactions face à la crise divergent néanmoins.

Mustapha, originaire de Casablanca, est arrivé en Espagne avec un visa d'études. Rapidement il a voulu le changer pour un permis de travail pour pouvoir travailler en Espagne pendant les vacances d'été dans le secteur de la restauration. Plus tard, il a commencé à travailler dans une entreprise d'installations électriques, mais la crise a alors touché le secteur de la construction. Dans ce contexte, il encourage son directeur à développer les affaires au Maroc. Il définit cette étape comme une aventure : « Mon retour s'est bien passé, parce que je le vis avec beaucoup d'intérêt et beaucoup d'espoir. Une aventure selon moi, c'est aller vers l'inconnu sans peur ».

Driss, originaire de Rabat, 29 ans, est arrivé aussi en Espagne dans le cadre de ses études, en 2001. Il a aussi travaillé dans le secteur de la restauration. Au cours des dernières années, il a passé de longues périodes au chômage. Durant ces périodes creuses, il voyageait au Maroc pour rendre visite à ses parents et économiser. Par hasard, il a trouvé un emploi dans un restaurant au Maroc comme chef de cuisine. L'adaptation fut difficile :

« Le fait d'être ici et de savoir que je peux retourner en Espagne quand je veux, me tranquillise : dans le cas contraire, je ne pourrais pas rester ici. Personne n'aime dire au revoir. L'adieu est toujours difficile. Il faut trouver un équilibre. Pour moi, c'est pouvoir être ici quand j'ai besoin et pouvoir retourner en Espagne. Ce n'est pas la meilleure situation, mais je n'ai pas le choix » (Rabat, 2014).

Au moment de l'entretien, notre interlocuteur avait un permis de séjour et de travail en Espagne valable jusqu'en 2018. Les problèmes d'adaptation aux lieux d'origines sont très présents. Pour autre jeune d'originaire de Casablanca, le retour a été spécialement difficile : son vécu comme adulte a eu lieu en Espagne, il avait perdu le contact avec ses anciennes amis car ils ont aussi émigré, etc. :

« Je ne suis pas comme une carte que tu peux changer d'un téléphone à l'autre automatiquement. Pour moi c'est difficile, peut-être est-ce parce que je suis têtu ou trop sensible. Je peux essayer de comprendre les gens qui sont rentrés au Maroc parce qu'il n'y a pas de travail en Espagne et recommencer au Maroc. Ils font comme si l'Espagne avait été un rêve passager et ils commencent à l'oublier. Mais ce n'est pas mon cas : je ne veux pas que mes années en Espagne deviennent un vague souvenir » (Casablanca, 2014).

## Conclusions

La population étrangère, et plus particulièrement marocaine, a été très touchée par la forte perte d'emploi depuis le début de la crise économique en Espagne de 2008. Ce qui est clair également, c'est que les ravages de la crise ont supposé une altération dans les projets migratoires de beaucoup d'immigrés en Espagne, y compris les Marocains. Étant donné la diversité des profils de l'immigration marocaine en Espagne (plus hétérogène par rapport à d'autres périodes et destinations, comme la Belgique ou la France), les réponses pour faire face à la crise ont également été très différentes. Les trajectoires des Marocains résidant en Espagne ont été spécialement caractérisées par la mobilité géographique, surtout celle des hommes, depuis le début des projets migratoires : migrations internes au Maroc comme étape préalable à la migration internationale ; mobilité interne en Espagne, notamment les premières années de résidence ; pour certains, même, étapes transitoires dans un tiers pays... Pour une partie d'entre eux, la mobilité est apparue à nouveau comme un recours dans cette nouvelle phase de leur vie en contexte de crise : on observe une augmentation des déplacements à l'intérieur de l'Espagne. Mais la proximité de l'Espagne avec le Maroc a aussi donné lieu à une diversité des stratégies de mobilité : des retours programmés pour une période définie, d'autres plus improvisés et incertains, des pratiques de mobilité transnationale entre les deux pays, selon les possibilités de contournement qu'offrent cette proximité et la possession d'un titre de séjour de longue durée ou de la nationalité espagnole. En effet, une situation administrative garantissant la stabilité favorise la mobilité entre les deux pays. Certaines personnes dans cette situation retournent au Maroc mais attendent un éventuel appel depuis l'Espagne qui leur proposerait un emploi, ce qui leur permettrait d'envisager une nouvelle émigration vers la péninsule.

Il semble probable que l'amélioration de la situation économique, bien que très lente, puisse être suffisante pour maintenir l'espoir parmi les immigrants les plus vulnérables, de pouvoir demeurer en Espagne, et pour ceux qui sont partis, éventuellement de pouvoir y revenir. Les témoignages recueillis n'écartent pas la re-émigration possible en Espagne depuis le Maroc et, pour certains, elle fait partie d'un objectif à court terme.

## Bibliographie

Arango, Joaquín, 2015, « España: una experiencia inmigratoria singular ». C. Torres Albero (Ed.), *España 2015: Situación social* (pp. 269-275). Madrid: Centro de Investigaciones Sociológicas.

Arango, Joaquín, 2010, « Después del gran "boom": la inmigración en la bisagra del cambio ». In E. Aja Fernández, J. Arango et J. Olivier Alonso (dir.), *La inmigración en tiempos de crisis* (pp. 52-73). Barcelona : CIBOB.

Boyer, Florence, 2005, « Le projet migratoire des migrants touaregs de la zone de Bankilaré : la pauvreté désavouée », *Stichproben*, No.8.

Capote, Alberto, 2015, « Transnacionalismo rural: el retorno a la movilidad de los marroquíes empleados en el sector agrario durante la crisis económica », *Revista de Estudios Internacionales Mediterráneos*, No. 19.

Cohen, Aron, 2009, « España en la encrucijada (trans)-mediterránea. Una visión sociogeográfica », *Cahiers de civilisation espagnole contemporaine*, No. 4.

De Gourcy, Constance, 2013, « Partir, rester, habiter : le projet migratoire dans la littérature exilaire », *Revue Européenne des Migrations Internationales*, No.29(4).

Gil Alonso, Fernando e Vidal Coso, Elena, 2015, « Inmigrantes extranjeros en el mercado de trabajo español: ¿más resilientes o más vulnerables al impacto de la crisis », *Migraciones*, 37, 97-123.

López de Lera, Diego et Izquierdo Escribano, Antonio, 2016, « Panorama de la inmigración internacional en España ». En C. Torres Alberto (Dir.), *España 2015. Situación social*. Madrid: Centro de Investigaciones Sociológicas.

Ma Mung, Emmanuel, 2009, « Le point de vue de l'autonomie dans l'étude des migrations internationales : penser de l'intérieur les phénomènes de mobilité ». In F. Dureau et M.F. Hily (dirs.), *Les mondes de la mobilité* (pp. 25-38). Rennes : Presses Universitaires de Rennes.

Mahía, Ramón, 2016), « Evolución de la inmigración en España y mercado de trabajo ». En J. Arango, R. Mahía, D. Moya y E. Sánchez-Montijano (Dir.), *El año de los refugiados*.

Anuario de la inmigración 2015-2016 (pp. 106-137). Barcelona: CIDOB.

Miyar Busto, María, 2017, « El nuevo escenario migratorio en España ». (coord.), *Panorama Social,* No. 24.

Parella, Sonia; Petroff, Alicia, 2014, « Migración de retorno en España: salidas de inmigrantes y problemas de retorno en un contexto de crisis ». In J. Arango, D. Moya Malapeira et J. Oliver Alonso (dir.), *Inmigración y emigración: mitos y realidades* (pp. 62-89). Barcelona : CIDOB.

Pumares, Pablo, 2016, « L'immigration marocaine face à la crise : impacts et stratégies ». In Hamdouch, Bachir (dir.), L'avenir des migrations transmediterranéennes (pp. 73-88). Rabat: Association Migration Internationale.

Rhani, Zakaria, Boutaleb, Asia et Ferrié, Jean Noël, 2015, « Introduction : Le Maroc eu présent ». En Dupret, B., Rhani, Z., Boutaleb, A. y Ferrié, J. N. (dir.), Le Maroc au présent : d'une époque à l'autre, une société en mutation (pp. 13-27). Rabat : Centre Jacques Berque.

Wihtol de Wenden, Catherine, 2010, *La question migratoire au XXI siècle : migrants, réfugiés et relations internationales.* Paris : Presses de Sciences Po.

## 2.5. Entre culture de l'accueil et crispation identitaire : l'Allemagne face à la crise des réfugiés

Marcel TAMBARIN,
Université de Bourgogne

Le 31 août 2015, lors de sa traditionnelle conférence de presse estivale, la chancelière Angela Merkel prononçait pour la première fois ce qui allait devenir le slogan de la culture allemande de l'accueil des réfugiés : « *Wir schaffen das* » (nous allons y arriver), avant d'ouvrir quelques jours plus tard la frontière avec l'Autriche et d'amplifier ainsi l'afflux de réfugiés (Merkel, 2015a). Cette culture de l'accueil dont on parlait jusque-là dans la perspective d'une immigration de travail (BAMF, 2013) en devenait subitement le marqueur le plus évident de cette Allemagne radieuse que le président Joachim Gauck venait d'opposer à la sombre Allemagne des agressions xénophobes (Gauck, 2015).

Moins d'un an plus tard, cette évidence n'était pourtant déjà plus de mise, et le 28 juillet 2016, à la même occasion, la chancelière se voyait contrainte de défendre son mot d'ordre et de reconnaître indirectement que les conséquences de ce vaste mouvement migratoire mettaient l'Allemagne et son mode de vie à l'épreuve (Merkel, 2016a). Si la chancelière se retrouvait sur la défensive et bientôt amenée à prendre ses distances avec ses propos de l'année précédente (Merkel, 2016b, 2016c), ce n'est pas uniquement parce que des migrants venaient de commettre à Würzburg et à Ansbach des attentats qui l'avaient certes obligée à avancer la date habituelle de cette conférence de presse, mais dont elle contestait le lien avec sa politique migratoire. C'est aussi et surtout parce que la culture de l'accueil avait déjà connu une altération notable, en particulier à cause de l'accord signé avec la Turquie sur l'échange de réfugiés et à cause du rétablissement des contrôles aux frontières intérieures de l'UE. Ces deux mesures, qui avaient entraîné une réduction drastique du nombre des nouveaux arrivants en 2016, n'avaient toutefois nullement enrayé la défection de l'opinion, puisqu'en cette fin du mois de juillet 2016, le slogan de la chancelière ne ralliait plus qu'environ un Allemand sur quatre (YouGov, 2016) tandis que l'AfD (Alternative für Deutschland), récent parti qui a fait de l'opposition à l'immigration son cheval de bataille, se voyait alors crédité de 12 % des voix aux élections législatives de 2017 (Infratest, 2016b, 13).

Cette dégradation de la culture de l'accueil, aussi rapide que l'avait été son avènement, amène à s'interroger sur la réalité de son ancrage et en particulier sur la présentation qui en a été faite dans les grands médias. La confrontation de l'information véhiculée par ces derniers avec les sondages d'opinion permet d'abord de réviser le poids respectif attribué à l'Allemagne lumineuse et à l'Allemagne obscure, puis de montrer que cette opposition alliée au déséquilibre dans l'affichage des opinions a contribué à étouffer le débat public sur la question des réfugiés, mais *de facto* aussi le débat sur l'immigration et l'identité, dont l'Allemagne ne peut pourtant pas faire l'économie.

## La nouvelle culture de l'accueil

Au début de l'automne 2015, tout semble indiquer que le mot d'ordre de la chancelière « *Wir schaffen das* » est partagé par la majorité de ses concitoyens, alors même que le nombre mensuel de demandes d'asile vient de franchir au mois de septembre la barre des 40 000 et que le nombre effectif d'arrivants dépasse le quadruple. En effet, les sondages comme le *Deutschlandtrend* mensuel de la première chaîne de télévision publique montraient déjà au début de l'été que 93 % des personnes interrogées approuvaient l'accueil de réfugiés fuyant leur pays pour raisons politiques ou pour échapper à une guerre civile (Infratest 2015a, 6), ce pourcentage culminant même à 96 % au début du mois de septembre (Infratest 2015b, 9 et 4).

Cette attitude hospitalière popularisée par des haies de bénévoles brandissant des pancartes « *Refugees Welcome* » se traduit de fait par la multiplication d'initiatives privées venant seconder la prise en charge par les autorités : don d'argent et de vêtements, participation à leur tri et à leur distribution, aide aux formalités administratives, cours d'allemand, création de brochures d'information en toutes sortes de langues, encadrement de mineurs non accompagnés, voire hébergement.

Si l'on en croit l'image projetée par les médias à la fin de l'été 2015, cet élan de solidarité avec les réfugiés est l'affaire du pays tout entier, médias compris, puisqu'un titre aussi en vue que *Die Zeit* joue un rôle moteur dans la propagation de cette nouvelle culture de l'accueil, en anticipant même le slogan de la chancelière (Lobenstein *et al.*, 2015). Que cet hebdomadaire politiquement libéral illustre sa une d'un « Bienvenue » aux réfugiés ou que le quotidien de gauche *taz* (Asmuth, 2015) parle d'une « fête de l'entente entre les peuples »[1] n'étonne guère, compte tenu de leur orientation respective. Mais il est plus surprenant de constater que même le *Bild-Zeitung* participe au mouvement en lançant dès la fin du mois d'août sa campagne d'aide aux réfugiés « *Wir helfen* », tandis que certains médias, comme ceux du groupe Bertelsmann, avec les chaînes de télévision *Vox*, *n-tv*, *RTL* et *RTL2*, se mettent explicitement mis au service de la culture de la bienvenue (Kloeppel, 2015)[2]. Encore simples demandeurs d'asile il y a peu, les nouveaux arrivants sont désormais présentés comme une « chance pour l'Allemagne » (Rückert, 2015), quand ce n'est pas tout bonnement, selon la ministre du travail sociale-démocrate (Nahles,

---

[1] « Es ist tatsächlich ein Fest der Völkerverständigung, das da gerade läuft ».
[2] Peter Kloeppel est le présentateur en chef et ancien rédacteur en chef de *RTL Aktuell*. Son communiqué s'inscrit dans la droite ligne des efforts de la fondation Bertelsmann pour promouvoir l'immigration en Allemagne (Bertelsmann, 2012).

2015), une « bénédiction »[3] pour un pays dont la population menace de décliner et où la main-d'œuvre qualifiée se raréfie[4].

Cette nouvelle dimension de la culture de l'accueil a suscité l'admiration et l'étonnement de l'étranger, frappé par cette Allemagne faisant si généreusement cavalier seul, mais aussi de façon plus inattendue en Allemagne même, où des commentateurs ont parlé de « miracle », comme le directeur de *Die Zeit* (Joffe, 2015), tout en décernant des satisfecits à la population pour son hospitalité (Knobbe *et al*, 2015 ). Il faut dire que pendant l'été les images consternantes d'une Allemagne hostile aux réfugiés avaient défilé sur les écrans de télévision et que le contraste avait donc de quoi susciter une certaine euphorie, et même une certaine fierté d'avoir accompli ce que les autres pays s'étaient refusés à faire : on a ainsi pu entendre la co-présidente du groupe parlementaire des Verts, Katrin Göring-Eckardt, déclarer en séance « Nous sommes soudain devenus les champions du monde de la serviabilité et de la philanthropie »[5].

Il est loisible de spéculer sur les motivations profondes de cette nouvelle culture de l'accueil, comme sur les raisons exactes de la décision prise par la chancelière d'ouvrir la frontière[6]. Le passé allemand a souvent été avancé comme facteur d'explication à l'étranger, mais aussi en Allemagne, par des historiens comme Heinrich August Winkler et en particulier par Jürgen Kocka qui voit le pays s'engager dans un nouveau *Sonderweg* (Kocka, 2016) et il semble bien que le tournant de l'été 2015 ne puisse être dissocié de ce passé, auquel le président

---

[3] Thèse également défendue e.a. par Marc Beise (Beise, 2015).
[4] Les premiers résultats du projet « Meinungsflut und Flüchtlingsstrom » de la Hamburg Media School (HMS), mené sous la dir. de Michael Haller et portant sur 34.000 articles d'information parus dans tous les quotidiens accessibles en ligne, montrent non seulement une attitude positive à plus de 80 %, mais une absence générale de recul dans le traitement de la question des réfugiés (publication en attente).
[5] « Wir sind plötzlich Weltmeister der Hilfsbereitschaft und Menschenliebe » (BT, 2015).
[6] Voir cependant l'analyse des tergiversations gouvernementales par R. Alexander, dont le livre s'est placé en tête des ventes au printemps 2017 (Alexander, 2017).

J. Gauck a été le premier à renvoyer en parlant de l'Allemagne obscure. Mais on peut supposer avec quelque raison que ces motivations tenaient au moins autant au drame du présent qui se déroulait aux frontières des pays bloquant le passage des réfugiés, et sans doute aussi aux agressions xénophobes. On conçoit en tout cas que dans un pays qui n'avait déjà pas bonne presse après l'affaire de la crise grecque, la honte pour les agressions contre les réfugiés autant que la peur de laisser s'enraciner une impression péjorative de l'Allemagne aient pu encourager le besoin sinon de compenser, du moins de contrer l'image projetée par cette Allemagne obscure.

## La face cachée de l'opinion

La propagation de la culture de l'accueil ne s'est en effet nullement traduite par une baisse des agressions xénophobes, bien au contraire, puisque les services de sécurité intérieure ont finalement constaté en 2015 un quasi-doublement par rapport à 2014 pour les seuls actes imputables à l'extrême-droite, dont une multiplication spectaculaire des attaques contre des centres d'accueil et en particulier des incendies criminels (BfV, 2016, 28). Indépendamment de toute attribution politique, c'est le chiffre de plus de 1 000 attaques en tout genre contre des centres d'accueil qui a fait le tour des médias. Et c'est seulement parce que ces attaques ont fortement régressé au second semestre 2016, après un paroxysme de violence au premier semestre, que leur nombre s'est finalement stabilisé au même niveau élevé qu'en 2015 (BT, 2017, 49). Cependant, bien que des exactions particulièrement brutales focalisent régulièrement l'attention sur les nouveaux Länder, on constate que les agressions se produisent à présent dans l'Ouest autant que dans l'Est de l'Allemagne.

Les sondages sur la question des réfugiés confirment qu'il y a toujours eu une part notable d'opinions négatives quant à la culture de l'accueil et que cette part a rapidement augmenté. Selon le *Politbarometer* de la *ZDF*, la deuxième chaîne publique allemande, on passe ainsi de 37 % de personnes interrogées doutant de la capacité d'accueil allemande en août

2015 à 51 % dès le début du mois d'octobre, et cette majorité se maintiendra à plus ou moins 1 % près jusqu'en décembre (Forschungsgruppe Wahlen, 2015)[7] alors même que des organes de presse aussi prééminents que *Die Zeit*, le *Frankfurter Allgemeine Zeitung* et *Der Spiegel* continuaient à alimenter l'image d'une population largement favorable à l'accueil des réfugiés (Erk *et al.*, 2015). Après les événements de Cologne, les agressions sexuelles commises par des migrants, aussi massives que sans précédent en Allemagne sous cette forme, le recul du degré d'acceptation se confirme nettement : toujours selon le *Politbarometer*, les personnes interrogées estimant que l'Allemagne ne peut pas accueillir tous les arrivants progressent à 60 % en janvier 2016, tandis que les opinions contraires tombent à 37 % (Forschungsgruppe Wahlen, 2016). Une étude fondée sur des sondages comparatifs respectivement arrêtés en janvier 2014 et en janvier 2016 montre à quel point la culture de la bienvenue s'est dégradée : le nombre de sondés se réjouissant de ce que les migrants se sentent chez eux en Allemagne tombe de près de 55 % à un peu plus de 43 % tandis qu'une nette majorité de près de 55 % souhaite à présent que les réfugiés soient renvoyés chez eux une fois la situation rétablie dans leur pays (Zick, Preuß, 2016, 4 et 21). Ce n'est que dans le courant du 1er semestre 2016 que l'on observe une légère remontée des opinions favorables aux réfugiés, du reste concomitante à la baisse sensible du nombre de nouveaux arrivants. Ceci n'empêche toutefois pas que 83 % des personnes interrogées au printemps 2016 plaçaient l'immigration en tête de leurs préoccupations, très loin devant la seconde, le chômage avec 13 % - soit l'ordre inverse et presque exactement les pourcentages inverses constatés dix ans auparavant (GfK, 2016) – et que les Allemands interrogés pour le *Deutschlandtrend* de juin 2016 restaient toujours plus nombreux à trouver des inconvénients (42 %) que des avantages (38 %) à cette immigration (Infratest, 2016a, 7). Enfin, après la série d'attentats ou d'actes violents en relation avec

---

[7] On renvoie ici en bloc aux enquêtes mensuelles ou bimensuelles menées par le *Forschungsgruppe Wahlen* dont les résultats sont également diffusés la deuxième chaîne de télévision publique *ZDF*.

l'immigration de la deuxième quinzaine de juillet 2016, le pourcentage de personnes se disant insatisfaites de la politique migratoire de la chancelière atteignait 65 %, son plus haut niveau depuis le début de la crise, au mois d'août 2015 (Infratest, 2016c, 11).

Cette Allemagne qui se distancie de la politique migratoire du gouvernement a longtemps été marginalisée et réduite dans la sphère publique à ses manifestations extrêmes dont témoignent les images de foules conspuant des réfugiés ou de foyers d'accueil en flammes. Elle se manifeste toutefois avec d'autant plus de force dans ce qu'on peut considérer comme une contre-opinion publique tendant à se substituer à celle qui s'exprime dans les médias traditionnels comme la presse (Lilienthal, 2013). Il s'agit là d'abord de toute une nébuleuse de sites internet, avec des blogs, des forums et des groupes Facebook en particulier, où circulent parfois les messages les plus haineux et les rumeurs les plus folles sur les réfugiés – même si les moyens d'expression traditionnels comme l'édition continuent de jouer un rôle, qu'il s'agisse de livres classiquement édités (Sarrazin, 2010 ; Pirinçci, 2014), ou de toutes ces publications auto-éditées qui prennent dès le titre le contre-pied du fameux « Wir schaffen das » (Berlach, 2015 ; Heinrich, 2015 ; Wagner, 2015). Mais même en restant dans l'espace public des grands médias, il suffit de lire les commentaires en ligne que suscitent par centaines les articles vantant l'Allemagne lumineuse : on y trouve presque toujours une majorité d'opinions au minimum sceptiques, et souvent franchement opposées à celle défendue par l'article, pour ne rien dire des commentaires effacés pour contenu inapproprié.

Sans minimiser l'influence des mouvements et partis populistes comme Pegida ou l'AfD ou encore des partis d'extrême-droite, qui ont tout intérêt à exploiter la xénophobie et par conséquent à organiser l'agitation contre les réfugiés (Dubslaff, 2016), les opinions défavorables à l'accueil des réfugiés se nourrissent aussi et avant tout d'inquiétudes tout à fait concrètes. Si les événements de Cologne et d'autres villes ont fait grimper dans les sondages la part de ceux qui déclarent avoir peur que la criminalité augmente à cause des réfugiés, les craintes exprimées dans quasiment tous les sondages depuis l'automne 2015 portent essentiellement sur des sujets touchant à la vie de tous les jours. Si les personnes interrogées s'inquiètent devant le nombre grandissant de réfugiés et aussi devant la difficulté, sinon l'incapacité des autorités à gérer le problème, c'est surtout parce qu'ils sont presque aussi nombreux à estimer que leurs conditions de vie vont se dégrader du fait de l'arrivée massive de migrants (Eisnecker, Schupp, 2016, 162) – rejoignant d'ailleurs en cela l'avis d'une bonne partie des économistes quant aux conséquences négatives de l'accueil des réfugiés (Jäger *et al.* 2016, 38).

Cette partie défavorable de l'opinion sait bien qui va supporter les conséquences de cet afflux de migrants, dont l'accueil et l'intégration demandent un investissement humain et financier important[8]. Même si cette charge supplémentaire pèse sur l'ensemble de la société allemande, ce sont les moins bien lotis qui craignent le plus d'en subir les effets, aussi bien sur le marché du travail et du logement que dans le domaine de la protection sociale. Autant dire que, pour la partie de l'opinion qui ne partageait déjà pas tous les fruits de la prospérité économique allemande, la campagne « *Deutschland kann das* », lancée par le gouvernement en juillet 2016 pour illustrer les succès de la politique migratoire, arrivait aussi tardivement que les publications se souciant à juste titre mais à contre-temps d'un basculement de l'opinion (Bohn, Alicke, 2016). Ceci vaut en particulier à l'Est où 40 ans de propagande, en particulier sur la solidarité internationale, ne sont pas restés sans conséquences négatives sur l'attitude face aux médias comme aux slogans et où les séquelles de la crise de 2008 viennent s'ajouter à celles de la réunification, ce qui peut aussi contribuer à expliquer les sondages systématiquement plus défavorables aux réfugiés dans les nouveaux Länder.

---

[8] Les estimations varient fortement selon les économistes, de 12 000 €/an et par réfugié à 55 milliards pour la seule année 2022 dans le pire des scénarios ; pour une approche, voir Brühl, 2016.

**Immigration et identité**

L'image de l'Allemagne prise toute entière d'un vaste élan de solidarité demande donc à être fortement relativisée, puisque même au moment de l'euphorie estivale de 2015, il existait une part de l'opinion qui ne se reconnaissait pas dans l'image que lui renvoyaient les médias vantant la culture de l'accueil. Il n'y avait donc pas une écrasante majorité lumineuse laissant dans l'ombre une petite minorité de personnes défavorablement disposées à l'égard des réfugiés et des migrants. Ces derniers représentaient au contraire une part tellement croissante de l'opinion qu'elle allait rapidement devenir majoritaire. Les grands médias, qu'il s'agisse de la presse ou de la télévision, ont cependant entretenu au moins jusqu'en décembre 2015 l'opposition frontale entre ces deux Allemagnes et surtout l'illusion d'un rapport de forces très largement favorable à la culture de l'accueil. Deux des principaux hebdomadaires allemands l'ont d'ailleurs reconnu : *a minima* pour le *Spiegel*, qui admettra seulement dans un éditorial avoir pratiqué la « critique empathique » (mitfühlende Kritik) dans le traitement de l'information sur les réfugiés (Brinkbäumer, 2015), sans détours pour *Die Zeit* dont le rédacteur en chef reconnaîtra que le ton adopté par sa rédaction avait été repris par tous les médias pendant des semaines sans que les voix divergentes puissent vraiment s'exprimer (Di Lorenzo, 2016). Dans une rétrospective de l'année écoulée diffusée le 30 décembre 2015 pendant le principal journal télévisé du soir, le présentateur vedette de la ZDF Claus Kleber a ainsi opposé « la serviabilité, l'empathie, la bienvenue » aux « xénophobes, aux nationalistes et à ceux qui doutent »[9], en reprenant la doxa officielle d'une Allemagne partagée entre le bien et le mal. Mais en mettant en quelque sorte dans le même sac les sceptiques et les néo-nazis, ses propos ne laissaient que le choix entre l'Allemagne lumineuse de la culture de l'accueil et l'Allemagne obscure des xénophobes violents. Les premiers se trouvaient donc contraints à se ranger

---

[9] « (...) in der Flüchtlingskrise merkt Deutschland verblüfft, wozu es fähig ist. Hilfsbereitschaft, Empathie, Willkommen stellen in den Schatten, was Fremdenfeinde, Nationalisten und Zweifler auf die Straße bringt."

dans un camp ou dans l'autre – ou à se taire, et de fait la polarisation créée par l'opposition fallacieuse entre une majorité adepte de la culture de l'accueil et une minorité xénophobe a réduit au silence cette part de l'opinion progressivement devenue majoritaire.

Cette majorité, dont les opinions divergentes ont été disqualifiées et escamotées en même temps, n'a véritablement eu voix au chapitre qu'après les événements de Cologne, mais entretemps le fait d'oublier ou d'ignorer ceux qui ne disaient rien mais n'en pensaient pas moins avait produit des effets ravageurs. La dichotomisation simpliste de la société semble en effet avoir poussé dans le camp des xénophobes une partie de cette opinion jusque-là sur la réserve, puisque que l'on retrouve parmi les personnes impliquées dans des actes contre des centres d'accueil ou des demandeurs d'asile de plus en plus de citoyens ordinaires sans le moindre antécédent. Il n'y a sans doute pas de quoi en tirer la conclusion alarmiste d'un centre « décomplexé », voire « déchaîné »[10], mais le centre politique de la société a manifestement subi un délitement qui se traduit non seulement par la radicalisation violente de la frange la plus à droite, mais aussi par le fait qu'une bien plus grande partie s'est laissé séduire par les discours populistes, comme l'ont montré les élections régionales dès mars 2016, avec une percée remarquable de l'AfD, qui a précisément fait du nationalisme et de la lutte contre l'immigration son principal argument de campagne – et ce non seulement à l'Est comme on pouvait s'y attendre, mais aussi à l'Ouest, ce qui change la donne politique (Wiesendahl, 2016).

Car autant l'on pouvait se contenter de reléguer les opposants à l'accueil des réfugiés aux marges de la société en les traitant de « populace » (« *mob* ») comme les députés du Bundestag (BT, 2016a), autant leur opinion ne pouvait plus être ignorée dès lors qu'elle s'exprimait de manière significative

---

[10] Comme le titre à sensation, démenti par le contenu, de l'édition 2016 de l'étude bisannuelle de l'université de Leipzig sur les attitudes extrémistes, qui constate certes une disposition à la violence accrue dans les milieux autoritaires (p. 109) et en même temps (p. 104) une extension des milieux démocratiques de 37 % à 60 % entre 2006 et 2016 (Decker *et al.*, 2016).

dans les urnes. Juste après les premières élections régionales de mars 2016, le président du groupe parlementaire SPD Thomas Oppermann a ainsi souligné la nécessité de réduire la fracture divisant la société allemande (BT, 2016b), tandis que ses homologues des Verts et de *Die Linke*, Andreas Hofreiter et Sahra Wagenknecht, amorçaient par la suite eux aussi une révision de leur position, l'un admettant que « tous les électeurs de l'AfD ne sont pas des nazis » (Hofreiter, 2016)[11], l'autre allant jusqu'à arguer des problèmes et des risques que la politique d'accueil de la chancelière entraînait pour la sécurité des Allemands (Wagenknecht, 2016). Le retour critique que la chancelière a opéré à la fin de l'été 2016 sur son « Wir schaffen das » s'inscrit donc dans une révision générale de l'attitude face à des électeurs rétifs à la culture de l'accueil, qu'il n'est plus question de réduire à un ramassis de racistes obtus.

**Un débat escamoté**

Un véritable débat public, aussi bien sur la question des réfugiés que plus généralement sur la politique migratoire, n'a pour autant pas eu lieu, ni avant ni au moment de l'ouverture de la frontière. Certes, il y a bien eu, à la suite des événements de la nuit de la Saint-Sylvestre, à Cologne et dans d'autres villes, une discussion sur le nombre, l'origine et le statut des réfugiés. Début janvier 2016, le chiffre de près de 1 100 000 personnes enregistrées à leur arrivée en 2015, donc bien davantage que les 800 000 annoncées à la mi-août, a ainsi relancé la discussion sur le nombre supportable de réfugiés et sur l'opportunité de limiter ou non ce nombre. Ensuite, la ventilation par pays d'origine a montré que les réfugiés syriens ne représentaient que près de 36 % des demandes d'asile en 2015, alors que par exemple les demandeurs en provenance des Balkans, aux très faibles perspectives d'acceptation, en représentaient plus d'un quart (BAMF, 2016, 91) – sans parler de tous les sans-papiers dont les autorités allemandes avaient manifestement du mal à déterminer la nationalité. La remise en cause, symboliquement la

---

[11] « Nicht alle AfD-Wähler sind Nazis ».

plus importante, a toutefois concerné le statut des arrivants : d'une part, Cologne a mis à mal une certaine image idéalisée du réfugié et du migrant – celle du Syrien qualifié, éduqué, soucieux de s'intégrer, qui est du reste le pendant de l'image fantasmée de l'Allemagne chez beaucoup de réfugiés. Et d'autre part, on a commencé à s'interroger sur la notion même de réfugié : il y avait déjà bien eu avant Cologne des interrogations sur certains arrivants animés par des mobiles discutables, voire avec un passé criminel, mais ce n'est qu'après Cologne, c'est-à-dire quand il est devenu flagrant que la notion de refugié permettait d'occulter des aspects négatifs de l'immigration, que commence à s'engager dans la sphère publique une réflexion sur le concept même de réfugié et sur les critères qui en déterminent le statut (Kaube, 2016; Soboczynski, 2016)[12].

Mais il n'y a pas eu, au plus fort de la crise, de débat de fond sur la question d'un accueil aussi massif de réfugiés ou de migrants - pas plus que le Bundestag, lieu privilégié pourtant de tous les débats politiques, n'a débattu de la décision d'ouvrir la frontière au mois de septembre 2015 – et même si tous les partis représentés au Bundestag ont adhéré à la décision de la chancelière, la discussion est restée cantonnée dans la sphère institutionnelle et personne n'a donc demandé aux Allemands s'ils voulaient « y arriver » avec elle. Au départ, le débat a pu être évacué à la faveur de l'urgence, et la question des réfugiés ramenée à une question d'organisation et de faisabilité, à des aspects techniques et administratifs. Même les partisans de toujours de l'immigration, qui envisageaient toutes les conséquences concrètes et les changements structurels qu'elle allait entraîner ont négligé les aspects culturels, linguistiques, religieux. En lieu et place, on relève une insistance sur l'apport bénéfique que représentent les nouveaux arrivants pour l'économie allemande comme pour la démographie, avec dans le cas des Syriens un accent particulier sur leur niveau de formation (dont on sait entre-temps qu'il n'était pas – loin s'en faut – celui de tous les migrants). C'est d'ailleurs dans cet esprit

---

[12] La question cruciale du nombre et de la nature des réfugiés à accueillir a même amené la *Gesellschaft für Analytische Philosophie* à en faire une question de concours et à publier les réponses (Grundmann, Stephan, 2016).

qu'a été conçu « Wir zusammen », la campagne massive pour l'intégration des étrangers lancée début 2016 par de grandes entreprises allemandes. À noter au passage que cet argument économique et rationnel a finalement été retourné par les milieux les plus hostiles aux migrants, qui voient dans cette nouvelle immigration la preuve du « grand remplacement » de la population allemande (Pirinçi, 2016). Ces théories complotistes sur l'extinction préméditée des Allemands restent pour l'instant confinée aux milieux les plus xénophobes, mais remontent aussi entretemps des tréfonds de l'Internet pour affleurer dans les médias ayant pignon sur rue (Höhler, 2016), voire sur le site d'une députée CDU qui a repris cette thèse dans un tweet du 24 septembre 2016[13].

La question qui préoccupe pourtant beaucoup d'Allemands, bien au-delà des cercles de Pegida ou de l'AfD, c'est celle de la compatibilité des nouveaux arrivants avec la culture allemande et le mode de vie allemand, celle de leur intégrabilité dans une société dont certains voient la culture et les traditions menacées. Or, pendant l'été et l'automne 2015, cette question est restée largement absente du débat public, si l'on fait abstraction de quelques dossiers de presse ou reportages confrontant les réfugiés à des photos jugées représentatives de l'Allemagne, de son mode de vie et de son histoire (femmes en bikini, Bavarois en tenue traditionnelle) et dont les réponses plus ou moins incongrues prêtaient plutôt à l'amusement qu'à la réflexion[14]. Il n'y a guère qu'après les événements de Cologne qu'une discussion s'est enflammée sur la compatibilité des représentations respectives de la vie sociale et de la coexistence des sexes en particulier, mais cette discussion sur « l'homme arabe » (Ulrich, 2016) a pris un tour tellement houleux et confus, (au point d'en arriver presque à une inversion des rôles,

---

[13] Bettina Kudla, qui a tweeté : BK #Merkel streitet es ab, #Tauber träumt. Die #Umvolkung #Deutschlands hat längst begonnen. Handlungsbedarf besteht!— Bettina Kudla (@KudlaLeipzig) 24. September 2016.
[14] Les *talk-shows*, s'ils ont abondamment couvert la crise des réfugiés, n'ont que tardivement abordé la question de l'influence de cette immigration sur la société allemande, avec une exception notable toutefois en octobre (Maischberger, 2015).

dans laquelle les Allemands, ou plus précisément. les Allemandes prennent la place de victime précédemment occupée par les réfugiés) qu'elle n'a pas permis de débattre sereinement – sans même parler de la tentative de déplacer le débat de la question des migrants vers celle de la « violence sexualisée » en général, ce qui est une autre façon d'évacuer le débat.

**Une identité désenchantée**

Mis à part un ouvrage collectif édité par le député et secrétaire d'État CDU Jens Spahn à l'automne 2015 (Spahn, 2015), dans lequel les écueils culturels sont brièvement mais tout de même vigoureusement pointés par le ministre bavarois des finances (Söder, 2015), la seule tentative d'ampleur de mettre sur la place publique, de thématiser et de théoriser la question de l'immigration est de fraîche date, puisqu'il s'agit du livre du politologue Herfried Münkler et de la germaniste Marina Münkler paru à la fin du mois d'août 2016 et qui propose une sorte de vade-mecum de l'intégration (Münkler, 2016). Mais autant l'ouvrage consacre-t-il de place à l'intégration et aux moyens de répondre – essentiellement par l'emploi – aux besoins des populations intégrables, autant reste-t-il parcimonieux quand il s'agit de donner une définition de l'identité allemande. Celle-ci, qui n'apparaît que dans les toutes dernières pages, repose essentiellement sur des valeurs économiques et évacue en grande partie ce qui relève de l'identité culturelle : est en effet compris comme allemand « tout individu qui est convaincu de devoir veiller lui-même à son bien-être et à celui de sa famille (...) et qui ne dépend qu'en situation d'exception ou de besoin du soutien de la communauté »[15]. S'y ajoutent, pour être complet, la confiance dans la solidarité collective, l'acceptation que la religion relève de la sphère privée et le mode de vie d'un

---

[15] « Als Deutscher soll ein jeder verstanden werden, der davon überzeugt ist, dass er für sich und seine Familie durch Arbeit (gegebenenfalls auch durch Vermögen) selbst sorgen kann und nur in Not- und Ausnahmefällen auf Unterstützung durch die Solidargemeinschaft angewiesen ist ». (Münkler, 2016, 287).

choix individuel, et enfin l'adhésion à la Loi fondamentale. Lors de son intervention au Bundestag le 7 septembre 2016 (BT, 2016c), la chancelière s'est exprimée quasiment dans les mêmes termes puisqu'elle définit ce qui fait l'Allemagne par son mode de vie libéral, la démocratie, l'État de droit, l'économie dite sociale de marché. Dans les deux cas, on constate en effet qu'il s'agit d'un ensemble de caractéristiques dont quasiment tout ce qui est culturel, ethnique, religieux etc. est retranché, et surtout dont rien ne rappelle les éléments qui ont pu fonder l'identité allemande par le passé, au XIX$^e$ siècle en particulier, comme le peuple, la patrie, ou la religion. Il est vrai la chancelière a terminé son intervention au Bundestag en assurant que « l'Allemagne restera l'Allemagne, avec tout ce qui nous est cher »[16], mais rien ou presque dans cette approche plutôt prosaïque ne répondait aux inquiétudes d'une population se montrant attachée aux valeurs et aux traditions allemandes (ZuGleich, 2016, p.12, 13) et doutant en majorité que les nouveaux arrivants enrichissent la culture allemande – quand elle ne craint pas qu'ils ne compromettent les valeurs centrales de la société allemande (Gerhards *et al.*, 2016, 471).

Si tous les éléments qui fâchent ont ainsi été évacués, c'est évidemment pour ne pas alimenter la propagande nationaliste de l'AfD et consorts, mais il y a peut-être encore un ressort plus profond. Il faut ici revenir sur le traitement de l'affaire de la Saint-Sylvestre, où certains médias parmi les plus influents comme les deux premières chaînes de télévision publiques, la *ZDF* en particulier, ont dans un premier temps gardé le silence sur les événements et surtout sur les hommes en cause, jusqu'à ce qu'il n'ait plus été possible de passer sous silence l'ampleur des agressions et l'origine de leurs auteurs. Dans sa défense du service public (Frey, 2016), le rédacteur en chef de la *ZDF* a fait part du dilemme que posaient les opposants à la culture de l'accueil : en tenir compte pour restituer une représentation objective de la réalité sociale, ou les ignorer parce qu'ils s'écartaient du consensus démocratique. Ce qu'il n'a pas ex-

---

[16] « Deutschland wird Deutschland bleiben, mit allem, was uns lieb und teuer ist ».

primé, mais qui l'a été par d'autres comme le rédacteur en chef adjoint de *Die Zeit* (Ulrich, 2016), c'est la crainte que les Allemands soient toujours un peuple à la fois « en danger et dangereux »[17], qu'il convenait donc de protéger contre lui-même pour ne pas risquer de réveiller de funestes pulsions. Sans doute faut-il voir là aussi la raison profonde de la volée de bois vert qu'ont reçue Botho Strauss et Peter Sloterdijk, l'un pour avoir dénoncé une submersion de la culture allemande et le caractère forcé, voire incantatoire de la culture de l'accueil (Strauss, 2015) l'autre pour avoir réclamé le contrôle des frontières et la limitation des réfugiés (Sloterdijk, 2016), mais tous deux taxés de propager le national-populisme et de faire le lit de l'extrême-droite – alors même que près des trois-quarts des personnes sondées pensent que l'on devrait parler des risques liés à l'immigration indépendamment des conséquences que cela pourrait avoir sur le climat politique et social (Allensbach, 2015). On peut concevoir que la prudence s'imposait devant une partie de l'opinion prête à faire ses choux gras de toute information préjudiciable aux réfugiés et même prête à passer à l'acte contre eux, mais il faut tout de même souligner que garder le silence dans l'affaire de Cologne pour ne pas alimenter un soupçon généralisé à l'ensemble des réfugiés et attiser la xénophobie, revenait aussi à exprimer un soupçon généralisé à l'ensemble des Allemands, ou du moins à une proportion jugée assez importante pour menacer l'ordre public. En tout état de cause, il y a dans cette hantise de rechute pour le moins une incohérence ou une fragilité au moment où l'Allemagne se félicitait de présenter le « visage amical » de la culture de l'accueil défendue par Angela Merkel (2015b)[18].

---

[17] « Dieses Nicht-sagen-Wollen enthüllt ein politisch fatales Vorurteil, das viele bei der Polizeiführung und in den Medien, man könnte auch sagen, das erhebliche Teile der Elite über das Volk der Deutschen hegen: dass es nämlich nach wie vor ein gefährliches und gefährdetes Volk ist ».
[18] « Ich bin dafür, dass wir ein freundliches Gesicht von Deutschland zeigen. Das ist meine Art von Willkommenskultur ».

## Conclusion

Ce qui a pu apparaître comme une dégradation de la culture de l'accueil se révèle finalement n'être pas tant le produit d'un revirement de l'opinion que d'un ajustement entre l'opinion publiée et l'opinion publique, dont la partie défavorable à l'accueil en masse des réfugiés et des migrants n'a cessé de prendre de l'importance après avoir été largement occultée à la faveur de l'ambiance quelque peu exaltée de l'été 2015. Ce qui a de fait changé, c'est le discours public sur la question des réfugiés : dans les grands médias, une fois que les événements de Cologne les ont contraints à admettre que le silence de la majorité ne valait pas consentement, mais aussi dans la sphère politique, une fois que les voix discordantes dont faisaient état les sondages ont commencé à s'exprimer de plus en plus fort dans les urnes. À cet égard, la représentation d'une population tout entière saisie par la culture de l'accueil s'est révélée être en grande partie le fruit d'une projection entretenue par les médias qui donnent le ton, mais qui en l'occurrence se trouvaient largement en porte-à-faux avec la réalité du terrain.

Cette image gratifiante d'une Allemagne lumineuse éclipsant l'Allemagne obscure des xénophobes a largement contribué à escamoter le débat public sur les enjeux sociaux et culturels de cette immigration aussi rapide que massive : abstraction faite de l'urgence humanitaire et des questions d'organisation, son intégration n'a le plus souvent été placée que sous le signe de l'apport démographique ou économique tandis que ses effets sur la société, ses valeurs et ses traditions se trouvaient marginalisés ou alors édulcorés en enrichissement culturel. La mise en avant de la culture de l'accueil alliée à la disqualification des opinions divergentes par leur assignation dans le camp adverse a également contribué à polariser et à radicaliser l'opinion publique. À cet égard, elle a contribué à renforcer les rangs des opposants les plus farouches à la culture de l'accueil et à augmenter la défiance non seulement à l'égard des médias, mais aussi des représentants politiques, comme l'ont encore montré les festivités du 3 octobre 2016, où les officiels, président et chancelière en tête, ont été accompagnés pendant toute leur journée à Dresde par les huées et les sifflets des manifestants de Pegida. Néanmoins, pendant que les opposants les plus radicaux campent sur un antagonisme irréductible excluant toute véritable discussion, le discours sur l'immigration autant que la politique migratoire ont connu une inflexion telle qu'elle permet à ceux qui n'étaient ni adeptes ni ennemis de la culture de l'accueil de se reconnaître davantage dans les paroles et les actes de ceux qui l'ont mise en œuvre, à l'exemple de la chancelière revenant à la fois sur sa décision d'ouvrir grand les frontières et sur son mot d'ordre « Wir schaffen das ». C'est ainsi que le Bundestag a voté le 7 juillet 2016 une loi sur l'intégration réputée améliorer l'accueil de nouveaux arrivants, mais comportant *de facto* des mesures restrictives destinées à la fois à en dissuader certains et à répondre en partie aux attentes de la population. Ensuite, les médias dominants ont en quelque sorte procédé à leur examen de conscience en opérant un retour critique sur leur traitement de la crise des réfugiés en 2015 et en revenant à une information ostensiblement plus équilibrée de la question[19]. Enfin, le ministre de l'intérieur Thomas de Maizière a présenté à la fin du mois d'avril 2017 dix thèses destinées à relancer la discussion sur la « culture de référence » (Leitkultur), dans lesquelles l'histoire, la nation, le patriotisme et la mémoire collective figurent en bonne place. Même si les arrière-pensées électorales ne sont pas à exclure de ces thèses exposées dans l'édition dominicale du plus grand quotidien populaire allemand sous le titre « Nous ne sommes pas burka » (De Maizière, 2017) et si les tentatives du début des années 2000 de poser une telle « culture de référence » pour asseoir une identité allemande n'ont pas laissé le meilleur souvenir, il n'est pas dit que cette dernière initiative en date ne soit pas celle qui permette enfin de mener un débat nécessaire mais trop longtemps éludé.

---

[19] Exemplaire à cet égard, un bilan du *Spiegel* sur la situation des réfugiés, distinguant pour chaque volet (logement, école, travail, etc.) « ce qui marche bien » et « ce qui marche mal » (Djahangard Susan *et al.*, 2017).

# Sources et bibliographie

## Sources officielles

Bundesamt für Migration und Flüchtlinge (BAMF), 2013, Willkommens- und Anerkennungskultur – Handlungsempfehlungen und Praxisbeispiele / Abschlussbericht Runder Tisch „Aufnahmegesellschaft", Bundesamt für Migration und Flüchtlinge, Berlin.

Bundesamt für Migration und Flüchtlinge (BAMF), 2016, Migrationsbericht 2015, Bundesministerium des Innern, Berlin.

Bundesamt für Verfassungsschutz (BfV), *Verfassungsschutzbericht 2015*, Bundesministerium des Innern, 2016, p. 28.

Deutscher Bundestag (BT), 2015, *Plenarprotokoll 18/120* (Stenographischer Bericht, 120. Sitzung), 9.9.2015, p. 11614.

Deutscher Bundestag (BT), 2016a, *Plenarprotokoll 18/157* (Stenographischer Bericht, 157. Sitzung), 24.2.2016, p. 15411 sqq.

Deutscher Bundestag (BT), 2016b, *Plenarprotokoll 18/160* (Stenographischer Bericht, 160. Sitzung), 16.3.2016, p. 15753.

Deutscher Bundestag (BT), 2016c, *Plenarprotokoll 18/186* (Stenographischer Bericht, 186. Sitzung), 7.9.2016, p. 18418.

Deutscher Bundestag (BT), 2017, Antwort der Bundesregierung auf die Kleine Anfrage der Abgeordneten Ulla Jelpke, Frank Tempel, Jan van Aken, weiterer Abgeordneter und der Fraktion DIE LINKE. – Drucksache 18/11085 – Proteste gegen und Übergriffe auf Flüchtlingsunterkünfte im vierten Quartal 2016.

Gauck Joachim, 2015,
http://www.bundespraesident.de/SharedDocs/Berichte/DE/Joachim-Gauck/2015/08/150825-Besuch-Fluechtlinge Wilmersdorf.html;jsessionid=C1B444EAFA381075156D95 72D171B6E3.2_cid379 (sondage du 26 au 29.07.2016).

Merkel Angela, 2015a, https://www.bundesregierung.de/Content/DE/Mitschrift/Pres sekonferenzen/2015/08/2015-08-31-pk-merkel.html.
Merkel Angela, 2015b, « Was nun, Frau Merkel ? » (interview), ZDF, 13.11.2015, 19h20 (https://www.youtube.com/watch?v=qIl7bQqiFA4)
Merkel Angela, 2016a, (https://www.bundesregierung.de/Content/DE/Mitschrift/Pre ssekonferenzen/2016/07/2016-07-28-bpk-merkel.html).
Merkel Angela, 2016b, « Merkel : „ Deutschland wird Deutschland bleiben" », *Süddeutsche Zeitung*, 30.8.2016.
Merkel Angela, 2016c, « Da muss man Flagge zeigen », *Wirtschaftswoche*, 26.9.2016 (N° spécial 90$^{\text{ème}}$ anniversaire).

**Sondages**

Allensbach (Institut für Demoskopie Allensbach), 2015, Vertrauen und Skepsis - Bürger und Medien, tableau A8 (http://www.ifd-allensbach.de/uploads/tx_reportsndocs/FAZ_Dezember2015_Medien.pdf)
Forschungsgruppe Wahlen, 2015, Politbarometer 2015 (http://www.forschungsgruppe.de/Umfragen/Politbarometer/Archiv/Politbarometer_2015/)
Forschungsgruppe Wahlen, 2016, Politbarometer 2016 (http://www.forschungsgruppe.de/Umfragen/Politbarometer/Archiv/Politbarometer_2016/)
GfK Verein, 2016, *Sorge um Zuwanderung erreicht Höchstwert*, 26.7.2016 (http://www.gfk-verein.org/sites/default/files/medien/359/dokumente/gfk_verein_pm_challenges_of_nations_2016_fin_dt.pdf).
Infratest dimap, 2015a, *ARD-DeutschlandTREND August 2015*, p. 6 (http://www.infratest-dimap.de/fileadmin/user_upload/dt1508_bericht.pdf).
Infratest dimap, 2015b, *ARD-DeutschlandTREND September 2015*, pp. 9 et 4 (http://www.infratest-dimap.de/fileadmin/user_upload/dt1509_bericht.pdf).

Infratest dimap, 2016a, *ARD-DeutschlandTREND Juni 2016* (https://www.infratest-dimap.de/fileadmin/user_upload/dt1606_bericht.pdf).
Infratest Dimap, 2016b, *ARD-DeutschlandTREND Juli 2016* (https://www.infratest-dimap.de/fileadmin/user_upload/dt1607_bericht.pdf).
Infratest Dimap, 2016c, *ARD-DeutschlandTREND August 2016* (https://www.infratest-dimap.de/fileadmin/user_upload/dt1608_bericht.pdf).
YouGov, 2016, Nur noch 27 Prozent sagen: „Wir schaffen das" (https://yougov.de/news/2016/07/31/nur-noch-27-prozent-sagen-wir-schaffen-das/)
Zick Andreas, Preuß Madlen [ZuGleich], 2016, *Kurzbericht zum Projekt ZuGleich – Zugehörigkeit und Gleichwertigkeit. Einstellungen zur Integration in der Bevölkerung*, Institut für Interdisziplinäre Konflikt- und Gewaltforschung (IKG) der Universität Bielefeld/Stiftung Mercator (https://www.stiftung-mercator.de/zugleich).

**Médias**

Asmuth Gereon, « Das große Geben », *taz.die tageszeitung* du 8.9.2015.
Brinkbäumer Klaus, « Das Jahr der Flüchtlinge » (éditorial), *Der Spiegel* n° 51/2015 du 12.12.2015.
De Maizière Thomas, « „Wir sind nicht Burka" », *Bild am Sonntag*, 30.4.2017.
Djahangard Susan *et al.*, 2017, « Richtig ankommen », *Der Spiegel* n°19/2017 du 6.5.2017.
Erk Daniel, Sadigh Parvin, Venohr Sascha, « Wir schaffen das, immer noch ! », *Die Zeit* n° 50/2015 du 10.10.2015.
Frey Peter, 2016, « Märchen für Millionen ? », *Die Zeit* n° 6/2016 du 4.2.2016.
Höhler Gertrud, 2016, « Merkels Masterplan », *Cicero* n° 2 (février).
Joffe Josef, 2015 « Das deutsche Wunder », *Die Zeit* n° 37/2015 du 10.9.2015.
Kaube Jürgen, 2016, « Rechtsbruch oder gar nichts Besonderes ?, *Frankfurter Allgemeine Zeitung*, 18.1.2016.

Kloeppel Peter, 2015, *Medien stehen in der Verantwortung*, communiqué du 16.9.2015 (http://www.bertelsmann.de/news-und-media/nachrichten/peter-kloeppel-medien-stehen-in-der-verantwortung.jsp).

Knobbe Martin et al., « Die guten Deutschen », *Der Spiegel* n° 34/2015 du14.8.2015.

Lobenstein Caterina et al., « Natürlich schaffen wir das », *Die Zeit* n° 35/2015 du 27.8.2015.

Maischberger Sandra, 2015, « Neue Heimat: Wie verändern Flüchtlinge unser Land? », *Menschen bei Maischberger*, Das Erste, 6.10.2015, 22h45 (https://www.youtube.com/watch?v=-iGZeYop6MI).

Nahles Andrea, « Zuwanderung ist ein Segen » (interview), *Der Spiegel* n° 37/2015 du 5.9.2015.

Reithofer Anton, 2016, « "Nicht alle AfD-Wähler sind Nazis" » (interview) *Die Welt*, 7.6.2016.

Rückert Sabine, 2015, « Freunde gesucht », *Die Zeit* n° 32/2015 du 6.8.2015.

Sloterdijk Peter, « "Das kann nicht gut gehen" », *Cicero* n° 2/2016 (février).

Soboczynski Adam, « Die Verbannten », *Die Zeit* n° 6/2016 du 4.2.2016.

Strauss Botho, « Der letzte Deutsche », *Der Spiegel* n° 41/2015 du 2.10.2015.

Ulrich Bernd, « Wer ist der arabische Mann? », *Die Zeit* n° 3/2016 du 14.1.2016.

Wagenknecht Sahra, *Menschen müssen sich wieder sicher fühlen können* (Pressemitteilung), Fraktion DIE LINKE. im Bundestag, 25.7.2016 (https://www.linksfraktion.de/presse/pressemitteilungen/detail/menschen-muessen-sich-wieder-sicher-fuehlen-koennen/).

## Bibliographie

Alexander Robin, 2017, *Die Getriebenen - Merkel und die Flüchtlingspolitik: Report aus dem Innern der Macht*. Munich, Siedler Verlag.

Beise Marc, 2015, *Wir brauchen die Flüchtlinge: Zuwanderung als Herausforderung und Chance – Der Weg zu einem neuen Deutschland*, Munich, Süddeutsche Zeitung Edition.

Berlach Michael, 2015, *Wir schaffen das nicht!: Warum Deutschland in der Flüchtlingskrise jetzt umsteuern muss*. Auto-édité sur CreateSpace Independent Publishing Platform.

Bertelsmanng Stiftung (éd.), 2012, *Deutschland, öffne dich! : Willkommenskultur und Vielfalt in der Mitte der Gesellschaft verankern*, Gütersloh, Verlag Bertelsmann-Stiftung.

Bohn Irina, Alicke Tina, 2016, *Wie kann Integration von Flüchtlingen gelingen, damit die Stimmung nicht kippt?* Schwalbach, Wochenschau Verlag.

Brühl Volker, 2016, « Die Kosten der Flüchtlingskrise in Deutschland – eine Investition in die Zukunft? », *Wirtschaftsdienst /Zeitschrift für Wirtschaftspolitik* n° 7, p. 479–485.

Decker Oliver, Kiess Johannes, Brähler Elmar, 2016, *Die enthemmte Mitte - Autoritäre und rechtsextreme Einstellung in Deutschland*. Gießen, Psychosozial-Verlag.

Di Lorenzo Giovanni, *Alles Lüge? Warum Deutschlands Medien so stark – und manchmal doch so angreifbar sind*, Dresdner Reden 3.2016 (26. Februar 2016), Dresden, Staatsschauspiel Dresden (http://www.staatsschauspieldresden.de/download/23161/dresdner_rede_giovanni_di_lorenzo_2016_final.pdf).

Dubslaff Valérie, 2016, « Crise des réfugiés et crispations identitaires : l'Allemagne en proie au national-populisme », *Allemagne d'aujourd'hui* n° 216 (avril-juin), p. 20–28

Eisnecker Philipp, Schupp Jürgen, 2016 « Flüchtlingszuwanderung: Mehrheit der Deutschen befürchtet negative Auswirkungen auf Wirtschaft und Gesellschaft », *DIW Wochenbericht* n° 8/2016 (25.2.2016), p. 158–164.

Gerhards Jürgen, Hans Silke, Schupp Jürgen, 2016, « Einstellungen der BürgerInnen in Deutschland zur Aufnahme von Geflüchteten », *DIW Wochenbericht* n° 21/2016, p. 467-474.

Grundmann Thomas, Stephan Achim (éd.), 2016, « *Welche und wie viele Flüchtlinge sollen wir aufnehmen?* » - *Philosophische Essays*. Stuttgart, Reclam.

Haller Michael (dir.), 2017, Die „Flüchtlingskrise" in den Medien – Tagesaktueller Journalismus zwischen Meinung und Information, Francfort/Main, Otto-Brenner-Stiftung, Arbeitsheft Nr. 93 (disponible en ligne : https://www.ottobrenner-shop.de/uploads/tx_mplightshop/AH_93_Haller_Web.pdf).

Heinrich Torsten, 2016, *Nein, wir schaffen das nicht!: Warum die aktuelle Flüchtlingskrise zu einer Staatskrise wird*. Auto-édité sur CreateSpace Independent Publishing Platform.

Jäger Kai, Krause Manuela, Potrafke Niklas, 2016, « Ökonomenpanel von ifo und FAZ - Ergebnisse der Februar-Umfrage 2016 », *ifo Schnelldienst* n° 5/2016 (10.3.2016), p. 38–41.

Kocka Jürgen, 2016, « Ein neuer deutscher Sonderweg », *Neue Gesellschaft/Frankfurter Hefte* n° 3/2016, p. 14–17.

Lilienthal Volker, 2013, « Social Media - eine Substitution von Qualitätsjournalismus? », *Forschungsjournal Soziale Bewegungen* n° 2 (2013), p. 20-31.

Münkler Herfried, Münkler Marina, 2016, *Die neuen Deutschen - Ein Land vor seiner Zukunft*, Berlin, Rowohlt.

Pirinçci Akif, 2014, *Deutschland von Sinnen*. Waltrop, Manuscriptum.

Pirinçci Akif, 2016, *Umvolkung: - Wie die Deutschen still und leise ausgetauscht werden*. Schnellroda, Antaios.

Sarrazin Thilo, 2010, *Deutschland schafft sich ab*. Munich, DVA.

Spahn Jens, 2015, *Ins Offene - Deutschland, Europa und die Flüchtlinge : Die Debatte*, Fribourg en Brisgau, Herder.

Söder Markus, 2015, « Wir brauchen eine Ethik der Verantwortung », in : Spahn Jens, 2015, *Ins Offene*.

Wagner Sarah, 2015, *Deutschland am Abgrund: Wir schaffen das...*. Auto-édité sur CreateSpace Independent Publishing Platform.

Wiesendahl Elmar, 2016, « Der Kulturkonflikt um die Flüchtlingskrise und die politischen Folgen », *ZSE* (*Zeitschrift für Staats- und Europawissenschaften*) n° 1, p. 53–79.

## 2.6. Les exilés allemands aux États-Unis : « Ein ständiges Geben und Nehmen »

Isabelle TERREIN,
Sciences Po Lille

L'Allemagne et l'Autriche ont été transformées de façon radicale par l'expatriation forcée d'un grand nombre de ses intellectuels, scientifiques et artistes (beaucoup d'entre eux d'origine juive), et simultanément, les pays qui ont accepté de les accueillir durant les années 1930 et 1940 ont également été transformés dans tous les domaines, comme l'art et les sciences bien sûr. Mais ces exilés ont aussi immanquablement eu un impact sur les mentalités, les traditions, etc. Ces « agents de transformation » (c'est ainsi que les nomme Julianne Brand dans un article consacré aux musiciens européens exilés aux USA) les plus identifiables sont les exilés qui avaient déjà atteint un certain degré de notoriété avant leur arrivée dans le pays d'accueil. Mais tous les anonymes qui sont arrivés sur le sol américain ont également, de par leur nombre, eu un impact culturel significatif, ou plus subtil, dans des domaines comme la gastronomie, la mode ou encore l'intérêt pour la politique internationale et l'acceptation des étrangers (Brand). Et même si ces « Allemands moyens » n'ont pas à leur actif de contributions tangibles à la culture américaine, ils ont néanmoins apporté avec eux tout un ensemble de valeurs et de comportements qui ont au moins survécu un certain temps, puisque transmis à leurs enfants et petits-enfants, que Michael Meyer décrit en 2010 comme « un sens du devoir, de la responsabilité [et des valeurs comme] la fiabilité, la ponctualité, l'exactitude, l'ordre, l'obéissance à l'autorité, la pédanterie, et peut-être, plus particulièrement la dignité[1] ».

Même si certains exilés choisirent tout d'abord de s'installer à Vienne, pour des raisons linguistiques et de proximité géographique, ou à Prague, à Paris ou en Suisse, en tout cas dans des pays frontaliers et sur le continent européen (pour les politiques et les écrivains, les USA étaient considérés comme le « *point of no return* »), une grande partie de l'élite européenne (principalement allemande, puis au plus tard à partir de 1938 également autrichienne) dut s'installer à Londres ou aux USA pour essayer de poursuivre ses travaux artistiques, littéraires ou scientifiques. Il s'agissait en majorité de Juifs qui n'avaient pas le droit de travailler en Allemagne, ou dont l'art était considéré comme « dégénéré » par les nazis. Même des prix Nobel ou d'autres personnalités importantes n'étaient pas à l'abri d'un tel traitement, seuls importaient leur religion, leur appartenance ou non à tel ou tel parti, leur statut de minorité ethnique, etc. Dans ce contexte, on a souvent parlé « du cadeau d'Hitler au reste du monde » (Trommler, 1986, p. 204), une expression qui souligne les apports de ces exilés germanophones pour le pays d'accueil, mais qui occulte l'idée de réciprocité, d'interactions, ce que Homi Bhabha appelle les phénomènes d'hybridation. « Ein ständiges Geben und Nehmen » souligne le fait qu'il s'agit d'« un enrichissement mutuel, dont l'héritage se poursuit aujourd'hui encore[2] ». On peut donc se demander ce qu'a été ce « cadeau » pour les États-Unis, c'est-à-dire quel a été l'impact de l'arrivée massive d'exilés germanophones, dont certains étaient des sommités, reconnues mondialement dans leurs domaines respectifs ? Inversement, de quelle manière l'exil et les États-Unis ont-ils influencé les nouveaux arrivants et leur descendance ? Leur pays d'origine a-t-il également été modifié, par ricochet, puisque certains de ces « agents de transformation » sont rentrés en Europe après la fin de la Seconde Guerre mon-

---

[1] « […] a sense of duty, responsibility, and dependability, of punctuality, exactitude, orderliness, obedience to authority, pedantry and, perhaps especially, of dignity. » Michael Meyer, 2010.
[2] « *Yet the effect of this interaction was unarguably one of mutual enrichment, the legacy of which continues to this day.* » Brand.

diale, un phénomène que l'on appelle la remigration ? Tous les domaines ont été concernés, mais je m'attarderai davantage sur les écrivains germanophones arrivés aux États-Unis dans les années 1930 et 1940 (et notamment sur Gina Kaus, écrivain autrichienne exilée aux États-Unis en 1939), puisque ce sont eux qui ont le plus écrit sur l'exil.

## I. L'impact de l'exil germanophone pour les USA

Tout le monde a bien sûr à l'esprit le nom d'Albert Einstein, mais il y a eu entre 1933 et 1941 quelques 90 000 réfugiés allemands de confession juive (plus ou moins pratiquants) qui ont pu fuir le nazisme et trouver refuge aux États-Unis. Au total, à partir de 1933, on compte 360 000 exilés allemands aux USA, et à partir de 1938, 140 000 pour l'Autriche, soit environ 500 000 exilés germanophones, des chiffres importants, même s'ils peuvent paraître dérisoires dans le contexte actuel. Ce sont des politiques (sociaux-démocrates, libéraux, communistes), les représentants de l'avant-garde culturelle (écrivains, artistes) et un grand nombre de scientifiques qui ont fui, mais aussi beaucoup d'anonymes, parmi lesquels des enseignants. En effet : 3 000 universitaires (Krohn, 2010) ont perdu leur poste dès 1933, soit un quart du corps enseignant, pour des raisons politiques ou à cause de leur origine « non aryenne ». Ceux qui purent trouver refuge aux États-Unis furent dispersés sur tout le territoire, de façon aléatoire, au gré de leurs réseaux de connaissances ou des offres d'emplois. Néanmoins, on distingue quelques grands centres : la Côte Est (principalement New York), Los Angeles (pour beaucoup d'écrivains) et Chicago.

### 1. Le contexte aux USA

Le contexte aux USA n'était pas favorable à cette arrivée massive de population, le pays se remettant à peine d'une grave dépression économique. Malgré la situation d'urgence, l'administration Roosevelt décida de maintenir le nombre d'immigrés allemands et autrichiens autorisés à venir aux USA au niveau des quotas de 1924, et les consuls américains avaient même pour consigne de délivrer un nombre de visas bien endeçà de ces chiffres. D'autre part, les idées nationalistes et antisémites étaient également très répandues aux États-Unis, notamment dans la plupart des grandes universités, et comme les Germano-américains approuvaient en grande partie la politique hitlérienne, ils ne voyaient pas d'un bon œil l'arrivée d'exilés juifs. Même les intellectuels, scientifiques ou artistes non-juifs n'étaient que tolérés et non véritablement acceptés, du fait que les minorités allemandes aux USA faisaient, la plupart du temps, partie de la classe moyenne où traditionnellement les ressentiments à l'encontre des universitaires étaient grands (mais aussi à l'encontre de tous ceux qui ne se fondaient pas dans le moule) (Pross, 1955, p.32). Difficile dans ces conditions de trouver du travail. Un premier emploi n'était en aucun cas synonyme de stabilité et certains exilés ont pendant plus de dix ans déménagé de ville en ville selon les propositions d'emplois qui s'offraient à eux. Les exilés qui avaient quitté des centres culturels européens foisonnants et très compétitifs sont ainsi arrivés dans des localités où l'intérêt pour la culture européenne était faible, voire quasi inexistant. Ils pouvaient s'estimer heureux quand ils avaient la possibilité de continuer à exercer leur profession, même si la plupart du temps ils ont dû comme l'indique Gina Kaus dans ses Mémoires : « repartir de zéro et tout réapprendre au milieu de la vie[3]. » Selon l'état d'esprit des exilés, cela a été ressenti parfois comme un traumatisme, parfois comme un défi à relever (Brand). Pour ces exilés habitués à une vie artistique riche et foisonnante, l'Amérique pouvait parfois paraître comme un « désert intellectuel », même si Detlev Claussen de l'Institut de sociologie de la Leibnitz Universität à Hannovre (Knorr, 1997) réfute quant à lui le mythe souvent véhiculé, selon lequel les exilés arrivaient dans un pays dépourvu de culture, qu'ils quittaient dès que possible pour retourner au pays des poètes et des penseurs.

L'attitude des Américains face à l'arrivée de ces exilés a été diverse et souvent contradictoire, notamment vis à vis des re-

---

[3] « Was uns Emigranten einigt, uns unbewusst verbindet, ist das gemeinsame Erlebnis, der große Bruch. Dass wir alle in der Mitte unseres Lebens umlernen, neu anfangen mussten. » Kaus, 1990, p. 235.

présentants du modernisme européen, ou des idées sociales des architectes du Bauhaus. En général, l'intérêt était moindre pour les anonymes, Brecht a d'ailleurs écrit :

> Et on ne voit que ceux qui sont dans la lumière,
> Ceux dans l'ombre, on ne les voit pas[4].

## 2. Le « cadeau d'Hitler aux États-Unis »

Pour les États-Unis, la situation en Europe à l'époque nazie, où toute vie culturelle fut progressivement bâillonnée, puis presque entièrement éradiquée, fut une chance unique et inespérée. Les États-Unis ont profité de cette arrivée massive de personnes (souvent hautement) qualifiées, qui ont apporté d'Europe leurs connaissances et leur savoir-faire, enrichissant ainsi tous les domaines de la vie américaine. Même si encore une fois il est très difficile, voire quasiment impossible, de cerner avec exactitude l'influence des exilés aux États-Unis, du fait du grand nombre d'anonymes. Rares sont les domaines dans les arts et les sciences à ne pas avoir profité de leurs apports. À ce propos, les mots de Walter Cook, à la tête de l'Institut des Beaux-Arts de l'Université de New York, sont restés célèbres : « Hitler est mon meilleur ami : il secoue l'arbre et je récolte les pommes[5]. » Quand Albert Einstein décida de s'installer définitivement aux USA, le physicien français Paul Langevin aurait dit :

> C'est un événement aussi grand que ne le serait le transfert du Vatican de Rome au Nouveau Monde. Le Pape de la physique déménage et les États-Unis vont devenir le nouveau centre des sciences naturelles. (Radkau, 1971, p. 58)

Les USA ont profité des connaissances et du savoir-faire des exilés. Les universités, instituts et autres organisations, également les moins prestigieux, n'avaient que l'embarras du choix

---

[4] « Und man siehet die im Lichte,/ Die im Dunkeln sieht man nicht. » Bertolt Brecht, "Die Moritat von Mackie Messer", *Die Dreigroschenoper* (1928) ("La complainte de Mackie Messer", *L'Opéra de quat' sous*).
[5] « Hitler is my best friend: he shakes the tree and I collect the apples. » Walter Cook, in : Meyer, 2010.

pour bénéficier des connaissances des scientifiques, des artistes et des spécialistes. Alvin Johnson, par exemple, le directeur de la *New School for Social Research*, ne fit pas venir les meilleurs enseignants européens par altruisme ou par pure philanthropie, mais aussi par intérêt. Il voulait donner la meilleure éducation possible aux générations futures et aux élites américaines de demain. Selon Erwin Panofsky, qui devint en 1934 un membre de l'*Institute for Advanced Study* à Princeton, les académiciens européens ne prenaient pas les places de leurs collègues américains dans les universités, au contraire, ils leur ouvraient de nouveaux horizons et indiquaient de nouvelles directions de recherches (Pross, 1955, p. 61). La vie culturelle et intellectuelle qui, pendant des siècles, avait été un monopole européen, semblait désormais se concentrer sur le continent américain. C'est pourquoi Alvin Johnson dit dès 1941 :

> Si nous profitions déjà [des savants européens] à distance, à travers des publications ou des visites ponctuelles dans des amphis, ô combien pouvons-nous profiter d'eux alors qu'ils travaillent et enseignent ici[6] ?

Les *Refugee scholars* ont contribué à mettre en place de nouvelles disciplines telles que la sociologie ou les sciences politiques, même si bien entendu les apports des physiciens allemands et autrichiens sont les plus spectaculaires. La situation fut plutôt aisée pour les scientifiques appelés par des universités. Très vite, les astronomes, médecins, physiciens, chimistes et biologistes exilés occupèrent des postes clés et dirigèrent des observatoires ou des laboratoires. Les scientifiques moins connus eurent, quant à eux, beaucoup de mal à financer leurs travaux de recherche et durent enseigner pour pouvoir survivre, ce qui entravait l'avancement de leurs travaux et les tenait à l'écart des nouvelles avancées dans leur domaine. Mais outre tous les Prix Nobel en physique notamment, il ne faut pas

---

[6] « Wenn wir von ihnen [den europäischen Gelehrten] aus der Ferne profitierten, durch gedruckte Berichte oder durch gelegentliche Besuche in ihren Vorlesungsräumen, wie viel mehr können wir damit rechnen, von ihnen zu profitieren, wenn sie jetzt unter uns arbeiten und lehren. » Pross, 1955, p. 61.

négliger les contributions des milliers d'anonymes, scientifiques, professeurs, etc. qui se sont installés dans de nombreuses universités du Middle West par exemple, ou dans les « universités noires » (*Black Colleges*) des États du Sud[7]. Leurs recherches et leurs méthodes d'enseignement ont contribué à établir un certain respect et un intérêt pour les matières scientifiques.

En ce qui concerne la musique, la plupart des exilés qui avaient une formation musicale ont pu continuer à travailler dans le même domaine, même si bien sûr ils ont dû réorienter leur activité professionnelle selon les besoins, la flexibilité étant la clé d'une adaptation réussie (Brand). Les États-Unis offraient des opportunités institutionnelles et culturelles qui étaient familières aux musiciens exilés. Depuis la Première Guerre mondiale, les échanges entre les deux continents étaient nombreux et la plupart des musiciens américains venaient traditionnellement compléter leur formation à Vienne, Berlin ou Paris. Le compositeur viennois Karl Weigl, par exemple, a pu bénéficier de l'aide de ses anciens étudiants à New York, lorsqu'il dut fuir l'Autriche (Brand).

L'intégration ne fut la plupart du temps pas trop difficile pour les artistes, puisqu'ils étaient très demandés dans l'enseignement et qu'ils purent ainsi continuer à gagner leur vie. Certains comprirent très vite que l'on pouvait absolument tout enseigner dans ce pays et ainsi facilement subvenir à ses besoins (Palmier, 1988, p.147). Beaucoup ont émigré aux États-Unis en tant qu'enseignant, car cette catégorie socioprofessionnelle n'était pas limitée par les quotas. C'est la raison pour laquelle quelqu'un comme Erwin Piscator arriva aux Etats-Unis en tant qu'enseignant et non en tant que metteur en scène.

Les riches mécènes et les grands noms du monde de l'art s'intéressaient bien sûr moins aux artistes qui auraient eu le plus besoin d'aide. La présence de ces Européens a néanmoins influencé l'architecture américaine de manière visible et a

---

[7] Les HBCU pour « Historically Black Colleges and Universities ») sont des institutions d'éducation supérieure à destination de la communauté noire créées après la guerre civile dans les anciens États esclavagistes principalement.

indirectement conduit à la « maturation » de l'art américain et à son passage vers plus d'abstraction. Parmi ceux qui ont trouvé refuge aux États-Unis se trouvaient beaucoup d'artistes et d'intellectuels qui ont transformé et façonné l'art américain, ainsi que l'architecture, et sur le plan international, contribué à faire de New York une ville incontournable dans le domaine de l'art. Certains se sont littéralement épanouis grâce à l'exil ou en tout cas grâce aux possibilités offertes sur place. D'autres au contraire se sont sentis déroutés, comme George Grosz, qui est d'ailleurs retourné en Europe après la guerre (Knorr, 1997).

On observe une influence moindre dans certains domaines, comme en histoire (sauf en histoire de l'art, discipline fondée par les exilés allemands) et en droit, du fait d'une intégration moins facile et moins rapide. Pour les historiens, la situation était plus critique, dans la mesure où ils n'avaient plus accès aux archives en Allemagne. Le sort des juristes allemands et autrichiens n'était pas non plus enviable : leurs connaissances n'étaient pas transposables aux États-Unis, c'est pourquoi ils devaient soit recommencer des études et apprendre cette fois-ci le droit américain (avec en sus les difficultés de la langue, alors qu'il y avait déjà bien assez d'avocats aux USA), soit changer complètement de métier et accepter des emplois non-qualifiés, comme ouvrier, laveur de vitres ou portier par exemple.

### 3. Les contributions des écrivains exilés aux USA

Les écrivains dont la renommée mondiale était déjà bien assise avant leur départ d'Europe furent accueillis à bras ouverts aux USA. C'était le cas pour Thomas Mann, Lion Feuchtwanger, Erich Maria Remarque ou l'Autrichienne Vicki Baum, qui disposaient déjà d'une maison d'édition et qui étaient invités à des conférences qui renforçaient encore leur renommée et leur assurait des revenus confortables. Thomas Mann, prix Nobel de Littérature, était sans doute l'écrivain allemand le plus célèbre de l'exil. Il fait partie des rares écrivains pour lesquels l'exil ne signifia pas une coupure, et qui parvint à continuer à écrire pendant toute cette période.

Les autres écrivains germanophones avaient à peine assez pour vivre et dépendaient du bon-vouloir des associations caritatives. Ils durent se plier aux règles de la culture de masse américaine et se contenter d'écrire des scénarios souvent mal payés pour l'industrie cinématographique à Hollywood. Selon eux, on accordait aux États-Unis plus d'attention aux consommateurs qu'aux « créateurs » artistiques. La culture américaine devait séduire et le divertissement, le plaisir étaient des critères primordiaux.

Les critères de la création littéraire n'étaient pas les mêmes en Europe et aux États-Unis, où dès la fin du $XIX^e$ siècle paraissaient les listes de best-sellers. Les livres étaient une marchandise, et quand il s'agissait de romans, elle était très périssable : il était préférable qu'ils soient vendus dans la même saison que leur parution, sinon on n'avait que peu d'espoir de liquider le stock. Un écrivain était jugé en fonction de son succès commercial et certains prétendaient que pour avoir du succès aux États-Unis, il fallait plutôt être un excellent homme d'affaires qu'un écrivain allemand. Des facteurs économiques contrôlaient le marché, l'économie elle-même devint finalement un sujet incontournable des romans américains. Un sujet qui correspondait aussi peu aux écrivains étrangers que les westerns. La littérature et tout particulièrement le roman étaient considérés comme des biens de consommation à part entière, comme les scénarios et les films, et n'échappaient pas à la dure loi du marché. Leur longueur était limitée, les thèmes abordés devaient être actuels et intéresser les lecteurs, mais surtout les lectrices, et leur offrir du suspense et du divertissement, en évitant soigneusement de les choquer. Les écrivains devaient s'adapter bon gré mal gré et se plier aux règles d'écriture de « l'usine à fabriquer des rêves » (Koepke, 1976, p.96-97).

Le film, comme l'opéra, est une œuvre collective. C'est le fruit d'un travail d'équipe, où chacun a son domaine de compétence spécifique. Il y a le spécialiste des gags, le spécialiste des dialogues, la personne qui doit les retravailler, etc. Un scénario n'est pratiquement jamais écrit par un seul auteur. C'est la raison pour laquelle il est si difficile d'évaluer précisément la part de travail de chacun. Très souvent, les scénaristes ne savaient pas eux-mêmes qu'ils étaient plusieurs à travailler sur le même sujet (Moore, 1976, p.25). Les Européens se retrouvèrent perdus dans un système de production qui leur était totalement étranger et opaque, et dans lequel les idées créatrices, l'art et l'originalité ne comptaient pas. Le profit primait sur l'originalité et le côté artistique, alors que selon Alfred Döblin, « ce que les auteurs exilés avaient à proposer, c'était la perception individuelle de la littérature et de l'art qu'ils avaient acquise dans le climat culturel d'Europe centrale. Ce que voulait Hollywood, c'étaient des films qui pouvaient obtenir l'approbation du plus grand nombre possible de spectateurs américains[8] ».

Il est très difficile de déterminer la part exacte du travail de chaque collaborateur, et donc l'impact des écrivains exilés allemands. Quand la contribution d'un collaborateur représentait un pourcentage trop faible du travail global, son nom n'était pas mentionné dans le générique (Brecht, 1973, Tome 1, 05.08.1942, p. 505). Parfois, lorsque l'auteur engagé avait proposé un scénario qui ne plaisait pas, il fallait engager une autre personne pour le réécrire. Bizarrement, il arrivait que ce soit uniquement le nom du premier scénariste qui apparaisse dans le générique. Un accord entre le syndicat des scénaristes (*The Screen Writers' Guild*) et les employeurs stipulait que pour avoir son nom dans le générique d'un film, il fallait une contribution d'au moins 33% pour un auteur seul, 40% pour une équipe de deux et 50% pour un réalisateur ou un producteur qui avait contribué à l'élaboration du scénario. Mais comment quantifier un tel travail (Moeller, 1976, p. 681) ?

Le célèbre scénariste et romancier américain, Francis Scott Fitzgerald, qui a connu les conditions de travail des studios de cinéma, a souvent décrit le travail des écrivains à Hollywood avec beaucoup d'amertume : « Ils [les producteurs / les studios] sabotent vos histoires. Ils massacrent vos idées. Ils prostituent

---

[8] « Was die Exilautoren zu bieten hatten, waren ihre eigenen individuellen Auffassungen von Literatur und Kunst, die sie sich im kulturellen Klima Mitteleuropas erworben hatten. Was Hollywood wollte, waren Filme, die den Beifall des größtmöglichsten Sektors des amerikanischen Publikums sichern konnten. Der Wert solcher Produktionen wurde allein vom erzielten Dollarprofit bestimmt. Filmkunst nach europäischen Maßstäben war uninteressant. » Döblin, 1949, p. 355.

votre art. Ils piétinent votre orgueil. Et que recevez-vous en échange : une fortune ! » (Masson, 1991, pp. 149). Billy Wilder, le cinéaste américain d'origine autrichienne, partageait le même point de vue : « Ecrire un scénario, c'est comme faire le lit de quelqu'un, et puis l'autre arrive, saute dedans, et vous n'avez plus qu'à rentrer chez vous. » (Masson).

## II. L'impact de l'exil aux USA pour les exilés allemands

### 1. Un processus « d'hybridation »

L'exil a eu un impact non négligeable sur la langue, c'est ce que l'on appelle l'« hybridation » de la langue, mais on peut citer d'autres types d'hybridation : l'hybridation de la culture, du style, des thèmes abordés (adaptation à un nouveau public, à la culture de masse américaine), de la forme d'expression (pour les écrivains à Hollywood : le travail d'équipe, la contribution à une œuvre collective, l'écriture de scénarios, dialogues, traductions), etc.

L'essence même de la langue anglaise, ainsi que les exigences des lecteurs et des auditeurs les obligèrent à changer leur manière d'écrire et de s'exprimer : il fallait être plus concis, plus clairs et plus précis pour espérer être entendus (Masson).

Les facteurs favorisant ou non un impact du pays d'accueil sont entre autres l'âge, le sexe, la vie antérieure (le niveau d'éducation, la famille (multiculturelle ou pas), les valeurs culturelles, etc.), les facteurs historiques, les traditions, les us et coutumes, le métier, la société, la vie politique, la situation socioéconomique, la population ethnique du quartier (s'il s'agit d'un environnement multiculturel ou d'une enclave allemande appelée « Sprachinsel »), une connaissance insuffisante de la langue anglaise liée notamment au problème de l'enseignement des langues étrangères en Allemagne centré sur le latin, le grec et le français, avec très peu de pratique, ce qui a pu constituer un frein aux contacts et donc à un impact des USA sur les exilés. Quand l'exil était compris comme une situation provisoire, il y avait une certaine imperméabilité (réelle ou illusoire) aux influences extérieures. Lion Feuchtwanger a employé à ce propos la métaphore de « la salle d'attente ».

Les stratégies adoptées par les exilés sont multiples. Il peut s'agir tout d'abord du repli : ces hybridations paraissent peu attractives, et sont souvent traditionnellement connotées de façon négative, voire diabolisées. Les écrivains, par exemple, qui en Allemagne et en Autriche jouissaient d'une certaine renommée voulaient rester fidèles à leur culture d'origine et la protéger de tout acte de profanation et de trahison. Ces « réflexes » culturels leur offraient une certaine sécurité et un réconfort dans un pays où ils se sentaient perdus. Ils ont ainsi tourné le dos à la culture majoritaire pour se réfugier dans la culture de leur pays d'origine. Souvent en raison de l'idée utopique d'une langue pure et idéalisée datant de la fin du XIX$^e$ siècle.

Il y a également le rejet ou l'hybridation : Les exilés opèrent une rupture brutale avec leur groupe ethnique d'origine dans un pays dominé par une autre culture majoritaire, ou essaient de se convaincre qu'il y a une égalité (« Gleichberechtigung ») entre les cultures qui coexistent, mais on assiste très vite à une hybridation de la culture maternelle. Pour ceux qui ont fait l'effort de s'intégrer véritablement et durablement et qui n'attendaient plus un éventuel retour dans leur pays d'origine, l'influence a été plus grande (dans les deux sens).

## 2. Effets et conséquences de l'exil aux USA

### a. Un impact jugé négatif

Plusieurs alternatives s'offrent aux exilés : entre repli, rejet et « hybridation ». Le repli est souvent suivi d'un retour en Europe. On peut citer par exemple Robert Neumann, Alfred Döblin, Heinrich Mann, Alfred Polgar, à qui on a souvent reproché une attitude pas assez « ouverte », pas assez tournée vers l'avenir, « trop centrée sur le passé glorieux d'une culture nationale bafouée par les nazis » (Krohn, 2010). Comme ils ne pouvaient pas écrire sur l'Amérique, et encore moins sur ses problèmes sociaux et politiques, le roman historique représentait pour eux une sorte d'échappatoire. Ce qui a pu renforcer encore leur lien avec leur culture d'origine, et a conduit la plupart du temps à un retour définitif en Europe.

Tout cela expliquerait selon Claus-Dieter Krohn pourquoi l'exil germanophone aurait eu un impact et un écho finalement relativement faibles en proportion du nombre d'exilés accueillis aux USA, et inversement, pourquoi les USA auraient eu un impact relativement faible sur certains exilés de langue allemande.

Mais l'impact pour les exilés n'est souvent pas assez nuancé car difficile à mesurer et à quantifier : Beaucoup d'exilés ont souffert d'une diminution de leur reconnaissance sociale et politique. Il n'était pas aisé d'accepter la « déchéance » sociale liée à leur nouveau départ aux États-Unis, où ils tombaient dans l'anonymat complet. Cette césure dans leur carrière signifiait une baisse significative des revenus. Des professeurs reconnus, qui avaient enseigné dans les meilleures universités d'Allemagne et d'Autriche, furent contraints d'enseigner dans des *Colleges* (université spécialisées dans les études courtes), où les salaires étaient plus bas, ce qui les obligeait (pour pouvoir nourrir leurs familles) à compléter leurs revenus en acceptant d'autres « jobs », « […] pour pouvoir tout simplement exister, pour pouvoir donner aux enfants une éducation décente ou pour ne pas terminer ses jours à l'assistance publique. » (Pross, 1955, p. 56).

Alors que les universitaires européens avaient souvent un savoir et des compétences supérieurs à leurs collègues américains, ils ne recevaient que rarement la considération qu'ils auraient méritée, leur présence étant considérée comme une concurrence déloyale. L'animosité à leur égard pouvait être grande, et on essayait d'« enterrer » ceux qui voulaient gagner leur vie dans l'enseignement dans des petites universités de province. De plus, les relations entre professeurs européens et étudiants américains n'étaient pas toujours très satisfaisantes. Les enseignants durent adapter leurs méthodes au public américain, mais ceux qui avaient déjà enseigné en Allemagne avant leur exil regrettaient les structures plus rigides et plus hiérarchiques auxquelles ils avaient été habitués, et ils trouvaient en général que leur public n'était pas assez mûr. Dans les universités américaines, les relations entre les étudiants et leurs professeurs étaient plus décontractées et ces derniers montraient une plus grande compréhension pour les problèmes des jeunes. Les professeurs européens étaient, quant à eux, plutôt habitués aux cours magistraux et à une ambiance autoritaire, ainsi qu'à des rapports assez distants avec les étudiants (Pross, 1955, p. 57). Le plus dur était de s'adapter à la culture de masse américaine. En Europe, ils avaient toujours eu affaire à une culture plutôt élitiste, qui reposait sur une tradition historique et s'adressait à un public cultivé, intéressé par de nouvelles expérimentations dans le domaine esthétique. Alors que les étudiants n'avaient souvent pas la moindre idée des compétences de leurs professeurs et se moquaient de leur accent ou de leur ignorance du monde américain. Le directeur de la *New School for Social Research* raconte, par exemple, que les étudiants s'étonnaient du fait qu'Erwin Piscator parlât si mal l'anglais, ne connût pas les règles du base-ball et ne sût pas conduire (Palmier, 1988, p. 288).

### b. Un impact jugé positif

Il s'agit du phénomène du rejet ou de l'hybridation : ce sont principalement des scientifiques et des artistes détachés du problème de la langue, mais aussi des écrivains qui ont su faire preuve d'ouverture d'esprit et d'une certaine perméabilité aux nouvelles idées et influences américaines. Un rejet complet de son passé, de sa culture d'origine, de ses racines étant impossible, on parle plutôt d'« hybridité » ou d'« hybridation ». Les États-Unis ont accueilli les immigrés directement utiles en leur proposant des conditions d'exercice telles, que l'on peut se demander si tous les savants et autres exilés de renom auraient pu arriver au même résultat s'ils avaient continué à mener une vie « normale » en Allemagne ou en Autriche. Les États-Unis n'ont donc pas seulement offert à ces personnes la possibilité de poursuivre leurs travaux, le contact avec de nouvelles idées a également pu fournir de nouvelles impulsions. Pour certains écrivains, le climat, la nature, le mélange des peuples devinrent même une source d'inspiration. C'est en tout cas ce que prétendait l'écrivain Lion Feuchtwanger par exemple. Il affirmait qu'il puisait son inspiration dans l'exil, qui était l'essence-même de ses œuvres et qui seul pouvait permettre de les comprendre (Palmier, 1988, p. 46). Il ne faut donc pas sous-estimer les stimulations positives du nouvel environnement pour certains intellectuels, artistes, scientifiques etc. qui se sont littéralement épanouis grâce à l'exil ou en tout cas grâce aux possibilités offertes sur place. L'exil eut des répercussions plutôt positives pour les sociologues, dont les connaissances furent élargies et approfondies grâce au contact avec une autre culture (Radkau, 1971, p. 50), comme ce fut le cas pour Herbert Marcuse ou pour l'historien d'art Erwin Panofsky.

## 3. L'influence de l'exil pour les écrivains allemands

À Los Angeles, où vivaient tant de célèbres immigrés allemands, l'intérêt porté aux écrivains n'était pas très grand. Les sujets traités par les écrivains allemands exilés n'intéressaient pas toujours le public américain. Ils ne pouvaient pas écrire sur l'Amérique, et encore moins sur ses problèmes sociaux et politiques. Dans son roman autobiographie *Links, wo das Herz ist* (À *Gauche là où est le cœur*), Leonhard Frank illustre cela avec l'exemple d'un écrivain dénommé Michael :

> Il avait abandonné l'idée d'essayer d'écrire un court récit américain. [...] il n'était pas en mesure d'écrire une histoire crédible avec des acteurs américains, car la vie aux États-Unis n'avait pas grand-chose à voir avec celle en Europe et, dans une situation donnée de la vie, les Américains réagissaient différemment que les Européens. Alors qu'il avait déjà passé sept ans dans le pays, il ne connaissait pas les Américains aussi bien qu'il aurait été nécessaire pour être capable de les dépeindre avec exactitude[9].

De plus, les exilés étaient souvent considérés comme des spécialistes de l'Europe, c'est pourquoi on leur confiait plutôt des thèmes en rapport avec l'ancien continent, ce qui leur laissait peut-être trop peu de chances de découvrir de nouveaux horizons. Le succès des livres allemands reposait ainsi sur un

---

[9] « Den Versuch, eine amerikanische Kurzgeschichte zu schreiben, hatte er aufgegeben. [...] er war nicht imstande, eine ernst zu nehmende Geschichte zu schreiben mit Amerikanern als handelnden Personen, da in Amerika das ganze Gefüge des Lebens anders war als in Europa und der amerikanische Mensch auf alle Dinge des Lebens anders reagierte als der Europäer. Obwohl er schon sieben Jahre im Lande war, kannte er den Amerikaner nicht annähernd so durchgehend, wie er ihn hätte kennen müssen, um ihn wesensecht gestalten zu können. » Leonhard Frank, 1957, p. 614-615.

parallélisme fortuit entre les besoins du marché et les centres d'intérêts de l'écrivain. Wulf Koepke (1976) souligne la bonne volonté des lecteurs américains qui ont (à chaque fois que cela ne leur demandait pas un effort trop grand) accueilli avec bienveillance les livres européens publiés sur leur sol, même si les sujets abordés pouvaient parfois leur sembler étrangers ou singuliers. Mais il conclut son article de façon plutôt pessimiste, mettant en doute une éventuelle interaction entre les États-Unis et les écrivains allemands :

> Cependant, rien ne prouve que la présence des auteurs exilés n'ait influencé de façon fondamentale l'image de l'Allemagne, des Allemands et de la littérature allemande chez les Américains, et l'on ne peut pas affirmer non plus que le séjour d'écrivains allemands réputés aux États-Unis n'ait changé l'image que les Allemands ont de l'Amérique[10].

Il est difficile d'écrire dans un contexte qui n'est pas le sien. De nombreux écrivains germanophones ne parvinrent pas à sortir du contexte austro-allemand (Hershan, 1991). Selon Johann Holzner (1990), des réminiscences de l'Autriche peuvent être décelées dans toutes les œuvres d'auteurs autrichiens exilés, même quand à première vue il s'agit de la description d'un tout autre monde. Cependant, il nuance les propos de Wulf Koepke, puisque selon lui, même si une certaine continuité peut être remarquée dans la thématique, le style et la forme des œuvres, il est impossible de nier le fait que la littérature a été très fortement influencée par l'exil. En effet, cette nouvelle situation a marqué le quotidien des écrivains, qui ont essayé de retranscrire par écrit leurs angoisses et leurs espérances : « Le nouveau pays dans lequel nous vivons influence le

---

[10] « Dennoch: nichts deutet darauf hin, dass die Anwesenheit der Exilschriftsteller das amerikanische Bild von Deutschland, den Deutschen und der deutschen Literatur wesentlich beeinflusst hat, und man kann kaum behaupten, dass der Aufenthalt prominenter deutscher Schriftsteller in den USA das Amerikabild Deutschlands verändert hat. » Köpke, p. 116.

choix de nos sujets ainsi que la forme littéraire. Le paysage extérieur du poète modifie son paysage intérieur[11].

La plupart des écrivains dut se résoudre à écrire pour « le tiroir », comme Bertolt Brecht, mais aussi Gina Kaus ou Carl Zuckmayer : « C'est la première pièce que j'écris pour le tiroir. Elle ne va jamais être jouée, mais je dois le faire[12]. » Metteurs en scène, écrivains et acteurs se rendirent très vite compte qu'à Hollywood, la rentabilité et la recherche du profit étaient bien plus importantes que la qualité et le savoir-faire. Rares furent ceux qui purent se permettre de ne pas tenir compte de ces règles fondamentales du marché américain. La majorité dut s'y plier, ne serait-ce que pour des raisons financières, et accepter un compromis avec cette forme de la culture qu'ils trouvaient pervertie. L'exil ne nécessite pas seulement des facultés d'adaptation, mais un réapprentissage complet car, pour beaucoup, il s'agissait d'un nouveau départ dans la vie... voire d'une deuxième vie, qui n'avait plus grand-chose à voir avec l'existence qu'ils avaient menée auparavant en Europe.

Alfred Döblin qui a bénéficié immédiatement après son arrivée aux États-Unis (tout comme Alfred Polgar, Hans Lustig, Walter Mehring et bien d'autres encore) d'un contrat d'un an plutôt par acte de charité que pour ses compétences dans le domaine de l'écriture de scénarios[13] était plutôt pessimiste quant à son impact réel :

> Nous autres, dans les studios de cinéma, avons vite remarqué que les compagnies avaient juste voulu faire acte de charité et n'étaient pas sérieusement intéressées par notre travail. Peu importait ce que nous écrivions. C'était une industrie. Le goût des producteurs,

---

[11] Lion Feuchtwanger, Arbeitsprobleme des Schriftstellers im Exil, Fischer, Francfort/Main, (1943) 1982, p. 27, in : Primus-Heinz Kucher, *Sprachreflexion - Sprachwechsel im Exil*, http://www.literaturepochen.at/exil/media_texte.html.
[12] « Das ist mein erstes Stück [*Des Teufels General*], sagte ich, das ich für die Schublade schreibe. Es wird nie gespielt werden, aber ich muss es tun. » Zuckmayer, 1966, p. 535.
[13] Alfred Döblin profita du 8 octobre 1940 au 7 octobre 1941 d'un de ces contrats d'un an dans une compagnie de cinéma d'Hollywood obtenu grâce à l'action du « Film Fund » pour permettre à des écrivains renommés de venir aux USA. (Bond Johnson, 1976, pp. 141.)

orienté à celui de la masse des spectateurs, ainsi que l'opposition des professionnels de longue date rendaient tout effort illusoire[14].

Comme beaucoup d'exilés qui travaillèrent pour les studios hollywoodiens, Brecht dut se soumettre à des tâches mécaniques, presque industrielles pour « fabriquer[15] » (Brecht, 1973, Tome 2, 25.10.1942, p. 536) des scénarios et ainsi gagner assez d'argent pour subvenir à ses besoins. Il dut se plier aux règles, matérialistes et avilissantes pour un écrivain, de la loi de l'offre et de la demande. À cette époque, beaucoup d'exilés (principalement ceux qui, en Europe, avaient été dramaturges, écrivains ou journalistes) essayaient de gagner leur vie en travaillant pour les compagnies cinématographiques à Hollywood et inondaient les studios de nouveaux scénarios. Les producteurs n'avaient donc que l'embarras du choix. Un grand nombre de ces scénarios sont restés inutilisés dans les archives des grandes compagnies hollywoodiennes. Brecht, déçu de ne pas être accueilli à bras ouverts dans le milieu cinématographique hollywoodien, développa une véritable animosité à l'encontre de ce milieu et de ses conditions de travail qu'il jugeait contre-productives, et déplora « l'influence quasi nulle des écrivains sur leurs productions [...][16]. »

---

[14] « [...] Wir in den Filmstudios merkten bald, die Gesellschaften hatten nur Wohltätigkeit üben wollen und meinten es nicht ernst mit unserer Arbeit. Wir konnten schreiben, was wir wollten. Es war eine Industrie. Der Dutzendgeschmack der Producers und die Barriere der eingesessenen Professionellen machte jede Bemühung illusorisch. » Alfred Döblin, 1949, p. 355.
[15] « selbst die routiniertesten hollywoodschreiber, die seit 10 jahren ein script nach dem andern fabrizieren, verspüren in einer gewissen phase eines jeden scripts immer wieder die hoffnung, diesmal könnten sie etwas besseres, nicht ganz so niedriges durchbringen, durch diese oder jene list, dank dieses oder jenes glückzustands. diese hoffnung wird immer enttäuscht, aber ohne sie könnten sie ihre arbeit nicht machen - und die niedrigen und schmutzigen films entstünden nicht. » Brecht, 1973, Tome 2, 25.10.1942 (p. 536).
[16] « [...] die einflußlosigkeit der schreiber auf ihre produkte, der ruhm nur unter den schreibern selber, dann die leidenschaftlichen handlungen, die plots, die neuen milieus, die politischen interessen usw; usw. die unterstützungen durch den adel hören eben auf, das boxoffice wird entscheidend [...]. » Brecht, 1973, tome 2, 07.07.1943 (p. 581).

D'autres contraintes plus particulières à cette époque ont pesé lourdement, comme le Code Hays et le maccarthysme. En quelques années, dix œuvres de Gina Kaus furent adaptées au cinéma, mais les histoires durent être modifiées à cause, entre-autre, du « code moral » américain, qui était plus sévère que celui en vigueur en Europe. Il ne fallait pas seulement américaniser ses romans, c'est-à-dire les adapter à la réalité américaine en modifiant par exemple le nom des personnages et des villes, mais également procéder à des changements plus en profondeur, si bien que parfois le scénario n'avait plus grand-chose à voir avec l'histoire originale.

Le film « The Night Before the Divorce » (tiré du roman *Demain, neuf heures* de Gina Kaus, publié en 1932 et traduit en anglais dès 1933 sous le titre *Tomorrow We Part*) a été expurgé de tout ce qui pouvait éventuellement heurter la morale du public américain. Il était par exemple interdit de montrer des couples en train de s'enlacer ou de s'embrasser trop longuement ou avec trop de fougue. Les positions ou les gestes ambigus étaient à éviter absolument, ainsi que les relations amoureuses entre personnes blanches et noires. Il était interdit de montrer la naissance d'un enfant de façon directe ou indirecte (c'est-à-dire par un jeu d'ombres), les meurtres brutaux, les vols et les cambriolages ne devaient pas être expliqués en détails. Certains mots comme « Dieu » et « Jésus » (utilisés comme jurons), « vierge » (sauf en référence à la Sainte Vierge), « enceinte », « rapport sexuel », « prostituée », « avortement », etc. étaient à bannir impérativement. Ce film illustre les adaptations et arrangements nécessaires pour transposer un récit dans la réalité du public ciblé, en l'occurrence le public américain. Il résulte de toutes ces mesures un appauvrissement considérable des films, dans lesquels on ne retrouve pas les tensions psychologiques et érotiques présentes dans les romans de Gina Kaus.

# Conclusion

Dans ses Mémoires, Carl Zuckmayer a décrit la « maladie de l'exil[17] » et l'impossible retour aux sources de la manière suivante :

Le départ pour l'exil est *the journey of no return*. Celui qui fait ce voyage en rêvant du retour est perdu. Il se peut qu'il revienne – mais le lieu qu'il trouve alors n'est plus le même que celui qu'il a quitté, et lui n'est plus le même que quand il était parti[18].

Dans la plupart des catégories socio-professionnelles, le taux de retour a atteint tout au plus 20 à 25%. C'est-à-dire que peu d'exilés sont rentrés finalement. Il y a une exception cependant chez les hommes politiques, qui sont retournés massivement en Allemagne, et qui ont apporté avec eux des idées qu'ils ont essayé de mettre en œuvre, comme la mise en place d'un test d'aptitude pour les candidats à la fonction publique, inspiré du modèle américain (Zuckmayer, 1966, p. 461). On le voit bien, les interactions ont été multiples et le sont encore, c'est ce qu'indique très bien la formule « ein ständiges Geben und Nehmen », qui souligne les échanges qu'il y a entre les exilés, le pays d'accueil et le pays d'origine. Les exilés prennent, digèrent, laissent, adaptent ou abandonnent, se muent pour au final donner naissance à quelque chose de nouveau, d'hybride, et ce faisant, ils transforment par ricochet le pays d'accueil, mais souvent aussi leur pays d'origine.

La culture américaine profita des apports européens, mais elle enrichit également (ou tout du moins influença) les nouveaux arrivants. Les contributions des exilés germanophones, considérés pourtant pendant la Deuxième Guerre mondiale comme des « enemy aliens » (étrangers ennemis), et de leurs descendants sont inestimables. En effet, qu'ils le veuillent ou

---

[17] Il s'agit d'une expression utilisée par Alma Mahler-Werfel dans ses Mémoires : « L'émigration est à elle seule une grave maladie… et que nos amis nous aient tous quittés si tôt n'a rien d'étonnant. » (Mahler-Werfel, 1960, p. 343, 12 novembre [1943] – Ceterum censeo).
[18] « Die Fahrt ins Exil ist *the journey of no return*. Wer sie antritt und von der Heimkehr träumt, ist verloren. Er mag wiederkehren – aber der Ort, den er dann findet, ist nicht mehr der gleiche, den er verlassen hat, und er ist nicht mehr der gleiche, der fort gegangen ist. » Carl Zuckmayer, 1966, p. 461.

non, ils ont toujours apporté quelque chose à leur pays d'accueil, même inconsciemment (Wust/Moos, 1983, p. 111). Les exilés et les Américains apprirent à mieux se connaître et parvinrent à déconstruire de nombreux préjugés. Tout dépend bien sûr de la force de caractère et de la volonté de chacun. Beaucoup ont longtemps pleuré leur patrie, mais même ceux qui ne pensaient qu'à quitter les États-Unis durent à un moment ou à un autre se soumettre aux règles de la vie américaine. Le contact quotidien avec cette nouvelle culture éclipsa les comportements typiquement européens. Et souvent, on s'apercevait bien trop tard de l'avancée inexorable du processus d'américanisation. Alors, un retour en Allemagne ou en Autriche n'était plus que difficilement envisageable, ces pays (mais aussi les exilés eux-mêmes) ayant tant changé que toute identification devenait impossible. Entre-temps, beaucoup étaient devenus des étrangers dans leur pays d'origine. À leur retour, après la guerre, certains furent accueillis avec joie et reconnaissance, d'autres durent affronter une hostilité et une jalousie latente envers ces concitoyens qui avaient eu la chance de ne pas connaître la guerre. Les exilés, eux, ne se sentaient pas comme des déserteurs qui avaient abandonné leur pays en des temps difficiles, mais comme des représentants à l'étranger de la culture de leurs pays respectifs. Beaucoup d'entre eux avaient attendu la fin de la terreur en Europe en se préparant le mieux possible à soutenir leurs compatriotes. C'est aussi grâce aux exilés qu'on ne reproduisit pas les erreurs commises au lendemain de la Première Guerre mondiale. Le gouvernement américain voulant éviter tout découragement de la population civile, ainsi qu'une arrivée massive d'immigrants, accorda pour cette raison des aides et des crédits substantiels pour la reconstruction de l'Europe.

Les exilés ont beaucoup insisté sur leur rôle de « médiateurs » entre les deux continents (Pross, 1955, p. 55). Ils pensaient avoir acquis une distance suffisante pour pouvoir juger de façon critique et objective les événements en Europe. Ils appelèrent, par exemple, les Américains à aider les Allemands sans aucun ressentiment, ce qui provoqua une grande vague de solidarité sous forme d'envois de colis, de parrainages et d'aides financières à la reconstruction :

> Après la guerre, ils tendirent les mains par-delà l'océan Atlantique et aidèrent à la reconstruction des universités allemandes ; et aujourd'hui [1983], plus d'une centaine d'accords entre universités allemandes et américaines sont le fruit de leurs initiatives[19].

Dans son Bestseller *The Closing of the American Mind* (1987), Allan Bloom regrette que la culture américaine ne soit devenue « une version Disneyland de la République de Weimar[20] » (Krohn, 2010), ce qui semble indiquer que les exilés allemands ont marqué de leur empreinte les États-Unis. D'autre pensent que les USA, grâce à leurs ressources matérielles, seraient aujourd'hui également une puissance incontournable dans le domaine scientifique, même sans l'arrivée de ces exilés. Toujours est-il que les intellectuels, scientifiques, professeurs allemands et autrichiens sont arrivés aux USA à un moment opportun. Au moment où les États-Unis s'apprêtaient à devenir une grande puissance intellectuelle, le savoir des exilés allemands, leurs idées ont indéniablement contribué à un véritable « *brain gain* » (Krohn, 2010).

## Bibliographie

*Adorno in America : German Exiles And The American Experience.* Symposium at the GHI, December 9, 2003. Co-sponsored by the Heinrich Böll Foundation and the GHI. Conveners: Keith Alexander (GHI), Helga Flores-Trejo (Heinrich Böll Foundation). Speakers: Detlev Claussen (Uni-*versity of Hannover), Jeffrey Herf (University of Maryland College Park)*, *(http://www.ghidc.org/fileadmin/user_upload/GHI_Washington/Publications/Bulletin34/34.228.pdf)* (dernière consultation le 07/10/2016)

---

[19] Lau, 1983, p. 203.
[20] « Dadurch sei die amerikanische Kultur zu einer Art *Disneyland version of the Weimar Republic* geworden. » Krohn, 2010.

Brand Juliane, « The Dispersion of Hitler's Exiles: European Musicians as Agents of Cultural Transformation », *(orelfoundation.org/index.php/journal/journalArticle/the_dispersion_of_hitlers_exiles_european_musicians_as_agents_of_cultural_t/)* (dernière consultation le 07/10/2016)

Brecht Bertolt, 1973, *Arbeitsjournal*, Tome I: 1938-1942. Ed. par Werner Hecht, Francfort/Main, Suhrkamp.

Brecht Bertolt, 1973, *Arbeitsjournal*, Tome II 1942-1955. Ed. par. Werner Hecht, Francfort/Main, Suhrkamp.

Bond Johnson E., 1976, *Der Europäische Film Fund und die Exilschriftsteller in Hollywood*. In : Spalek John M. / Strelka Joseph P. (éd.), *Deutsche Exilliteratur seit 1933*. Tome I : Californie, Berne/Munich, Francke Verlag.

Döblin Alfred, 1949, *Schicksalsreise. Bericht und Bekenntnis*, Francfort-sur-le-Main/Leipzig Joseph Knecht.

Farges Patrick, 2009, « « *I'm a hybrid.* » *(W. Glaser)* Hybridität und Akkulturation am Beispiel deutschsprachiger Exilanten in Kanada », *Exil, Entwurzelung, Hybridität, Exilforschung. Ein internationales Jahrbuch*, vol. 27, p. 40-58.

Feuchtwanger Lion, (1943) 1982, Arbeitsprobleme des Schriftstellers im Exil, Francfort/Main, Fischer. In: Primus-Heinz Kucher, *Sprachreflexion - Sprachwechsel im Exil*, http://www.literaturepochen.at/exil/media_texte.html.

Frank Leonhard, (1948) 1957, *Links, wo das Herz ist. Autobiographischer Roman*. In : *Gesammelte Werke*, Berlin, Aufbau-Verlag.

Hershan Stella K., 1991, *A Memoir of Nazi Austria and the Jewish Refugee Experience in America*, in: *American Jewish Archives. A Journal Devoted to the Preservation and Study of the American Jewish Experience* (Cincinnati, Ohio) 43, n° 2, p. 197. (In: Müller-Kampel, Beatrix (éd.), Lebenswege und Lektüren. Österreichische NS-Vertriebene in den USA und Kanada, Niemeyer, 2000. « Germanistik als Erinnerung, Mahnung und Heimat. Österreichische NS-Vertriebene in den USA und Kanada » : http://www.literaturepochen.at/exil/media_texte.html.)

Holzner Johann, 1990, *Österreichische Literatur im Exil*, http://www.literaturepochen.at/exil/. (Johann Holzner /

Sigurd Paul Scheichl / Wolfgang Wiesmüller, *Eine schwierige Heimkehr. Österreichische Literatur im Exil 1938-1945*, Innsbruck, Innsbrucker Beiträge zu Kulturwissenschaft, Germanistische Reihe, vol. 40.)

Kaus Gina, 1990, *Von Wien nach Hollywood. Erinnerungen*. Francfort-sur-le-Main, Suhrkamp. Ed. par Sibylle Mulot-Déri avec une postface et des notes explicatives). (= *Und was für ein Leben... Mit Liebe und Literatur, Theater und Film* (autobiographie), Hambourg, Albrecht Knaus Verlag, 1979 = *Von Franz Joseph bis Nixon : Ein Mädchen aus Wien – und was für ein Leben*)

Koepke Wulf, 1976, *Die Exilschrifsteller und der amerikanische Buchmarkt*. In: Spalek John M. / Strelka Joseph P. (éd.), *Deutsche Exilliteratur seit 1933*. Tome I : Californie, Berne/Munich, Francke Verlag.

Knorr Katherine, 1997, « Exiles and Emigrés: Artists Who Fled », 11/10/1997 *(http://www.nytimes.com/1997/10/11/style/11iht-exile.t.html?pagewanted=all)* (dernière consultation le 07/10/2016)

Krohn Claus-Dieter, 2009, « Differenz oder Distanz ? Hybriditätsdiskurse deutscher refugee scholars im New York der 1930er Jahre », *Exil, Entwurzelung, Hybridität, Exilforschung*. Ein internationales Jahrbuch, vol. 27, p. 20-39.

Krohn Claus-Dieter, 2010, « Emigration 1933-1945/1950 » *(http://ieg-ego.eu/de/threads/europa-unterwegs/politische-migration/claus-dieter-krohn-emigration-1933-1945-1950, 16/09/2016)* (dernière consultation le 07/10/2016)

Kucher Primus-Heinz, 2002, « Sprachreflexion – Sprachwechsel im Exil », Österreichische Literatur im Exil, Universität Salzburg, 2002, http://www.literaturepochen.at/exil/lecture_5011.pdf (dernière consultation le 24/05/2016).

Lau Alfred, 1983, *Deutschland-United States of America : 1683-1983*. Bielefeld, Univers-Verlag.

Wust Klaus / Moos Heinz, 1983, *Dreihundert Jahre Deutsche Einwanderer in Nordamerika 1683-1983 : Ihre Beiträge zum Werden der Neuen Welt*. Munich, Heinz Moos Verlag.

Mahler-Werfel Alma, 1960, *Mein Leben*. Francfort/Main, S. Fischer Verlag.
Masson Alain (éd.), 1991, *Hollywood 1927-1941. La propagande par les rêves ou le triomphe du modèle américain*, Paris, Autrement, Série Mémoires.
Meyer Michael. *The German-Jewish Legacy in America*, Indiana University, Bloomington, Indiana (USA), 2010 (http://www.indiana.edu/~jsp/docs/Legacy%20Indiana.pdf) (dernière consultation le 07/10/2016)
Moeller H.-B.,1976, *Exilautoren als Drehbuchautoren*. In: Spalek John M. / Strelka Joseph P. (éd.), *Deutsche Exilliteratur seit 1933*. Tome I : Californie, Berne/Munich, Francke Verlag. p. 681.
Moore Erna M., 1976, *Exil in Hollywood : Leben und Haltung deutscher Exilautoren nach ihren autobiographischen Berichten*. In: Spalek John M. / Strelka Joseph P. (éd.), *Deutsche Exilliteratur seit 1933*. Tome I : Californie, Berne/Munich, Francke Verlag.
Palmier Jean-Michel, 1988, *Weimar en exil : Le destin de l'émigration intellectuelle antinazie en Europe et aux USA*. Paris, Payot (en 2 tomes).
Pross Helge, 1955, *Die deutsche akademische Emigration nach den Vereinigten Staaten 1933-1941*.Berlin, Duncker und Humblot.
Radkau Joachim, 1971, *Die deutsche Emigration in den USA. Ihr Einfluß auf die amerikanische Europapolitik 1933-1945*. (In : *Studien zur modernen Geschichte*, éd. par Fritz Fischer, Klaus-Detlev Grothusen, Günter Moltmann, Université de Hambourg, tome 2), Düsseldorf, Bertelsmann Universitätsverlag.
Terrein Isabelle, 2005, *Gina Kaus : femme de lettres, égérie et émigrée. Une femme dans le siècle,* thèse de doctorat sous la direction d'Eva Philippoff, Université Charles de Gaulle - Lille III.
Troller Georg Stefan, 2009, « Sprache und Emigration. Vom Überleben der deutschen Künstler in erzwungener Fremde », *Lettre international* 87, p. 94-99.
Trommler Frank (éd.), 1986, *Amerika und die Deutschen. Die Beziehungen im 20. Jahrhundert (Bestandsaufnahme einer*

*dreihundertjährigen Geschichte)*. Opladen,Westdeutscher Verlag.

Zuckmayer Carl, 1966, *Als wär's ein Stück von mir. Horen der Freundschaft.* Vienne/Francfort-sur-le-Main, S. Fischer.

# 3. COLONIES

# 3.7. Identités et frontières en Syrie au prisme du Printemps arabe

Zakaria TAHA,
Université Grenoble Alpes, ILCEA4

Si la destruction de la ligne de démarcation Sykes-Picot (16 mai 1916) entre l'Irak et la Syrie par l'État islamique, permettant la proclamation le 29 juin 2014 d'un Califat sur des territoires à cheval entre ces deux pays, relève plus de la mise en scène et de la propagande anti occidentale que d'une véritable contestation des frontières instaurées par les puissances mandataires et coloniales (Daech propose un modèle d'État basé uniquement sur le lien confessionnel sunnite excluant toute autre communauté qui n'adhère pas à son projet), elle met l'accent sur la fragilité de ces frontières et pose de nouveau la question de leur légitimité dans un Proche-Orient en crise notamment depuis le Printemps arabe déclenché fin 2010 en Tunisie.

Bien qu'expression de revendications d'ordre politique et socioéconomique (liberté, dignité, fin de la dictature et de la corruption, multipartisme, réformes économiques...), les Printemps arabes ont été une opportunité pour des communautés ethniques et confessionnelles longtemps marginalisées (Berbères en Libye et au Maroc, Chiites à Bahreïn, Houthites au Yémen, Kurdes en Syrie...) de réclamer des droits linguistiques et culturels, voire de remettre en cause les frontières nationales.

En Syrie, l'autonomie de fait obtenue par les Kurdes au nord de la Syrie fin 2011 témoigne d'une volonté de renégocier les frontières en remettant en cause le modèle d'État jacobin centralisateur hérité de la période mandataire française sur la Syrie (1920-1946). Sous le Baath depuis 1963, la Syrie était pourtant considérée comme l'un des États les plus unitaires de la région. À la différence du Liban ou de l'Irak post Saddam, elle n'érige pas le communautarisme politique en système de représentativité (pas de quotas communautaires dans la vie politique). L'intégrité territoriale et l'unité nationale constituent le fondement du discours officiel du régime Assad au pouvoir depuis 1970, un discours qui puise sa source de légitimité dans l'idéologie panarabe du parti Baath.

Si ces dynamiques identitaires peuvent s'expliquer par des décennies de règne d'un régime autoritaire (Baath et Assad) qui érige l'arabisme comme culture et identité nationales, leurs racines remontent à la formation même de l'État nation arabe et semblent aujourd'hui encouragées par un contexte géopolitique favorable (fragilité des États, guerre contre le terrorisme, retour de la Russie, rivalités entre puissances régionales, confessionnalisation des conflits...).

Ces mutations sont-elles alors conjoncturelles ou marquent-elles une nouvelle configuration du paysage politique syrien ? La mise en cause des frontières étatiques entraine-elle pour autant une nouvelle cartographie de la Syrie et de la région ? Le fédéralisme prôné par les kurdes, perdants des accords Sykes-Picot, garantirait-il la stabilité du pays ? Nous essaierons à travers cet article d'envisager la question des frontières dans le contexte syrien non seulement à travers le prisme étatique mais aussi à travers l'analyse de la logique et de la stratégie des acteurs, leurs discours, leurs revendications, leurs modalités d'organisation et de mobilisation face au pouvoir et aux enjeux régionaux et internationaux. Dans un premier temps, nous mettrons l'accent sur la construction des frontières de l'Etat syrien à travers le discours du parti Baath et des régimes politiques. Dans un deuxième temps, nous nous intéresserons à la question kurde, à nouveau soulevée par un contexte régional favorable.

# Le Baath et la notion de frontières : du temps idéologique au temps politique

Le parti Baath, né dans les années 1940[1] dans un contexte de lutte contre la domination étrangère et dans un monde formé après la Seconde Guerre mondiale, considère le partage des provinces arabes de l'empire ottoman par la France et l'Angleterre comme une volonté de dominer les peuples arabes au travers du morcellement. Ce découpage répond davantage aux intérêts coloniaux qu'aux réalités humaines ou aux aspirations des populations concernées. Jusqu'au début du XX$^e$ siècle, la *wilayat* « province » de Damas s'étendait jusqu'à la Jordanie, celle d'Alep comprenait des territoires turcs, et le Sandjak de Deir al-Zor faisait partie de la *wilayat* de Mossoul en Irak. Ainsi des groupes humains auparavant liés par des rapports économiques ou familiaux se sont trouvé séparés et dispersés sur plusieurs pays. Le projet de royaume arabe unifié avec Damas pour capitale, promis par les puissances européennes au chérif Hussein, prince de la dynastie hachémite en contrepartie de son soulèvement contre les Ottomans, est avorté[2].

Les Arabes forment selon le Baath une seule nation, une unité politique et culturelle, économique indivisible. La doctrine baathiste, considère chaque pays arabe comme étant une région *quṭr* dont l'ensemble forme la « nation arabe », *al-'umma al-'arbīya*, une unité territoriale indivisible qui s'étend de « l'Atlantique au Golfe » et aucun pays arabe ne peut réaliser ses conditions de vie loin de l'autre (Constitution du parti Baath). Cette conception territoriale et utopique de la « nation arabe » suppose la mise en cause de l'intangibilité des frontières héritées de l'ère coloniale, des frontières qualifiées à la fois d'« artificielles » et « provisoires ».

---

[1] Fondé par plusieurs personnalités (Michel Aflaq, Salah al-Bittar, Wahib al-Ghanem, Jalal al-Saïd). Le premier Congrès national du Baath, dit Congrès fondateur, a eu lieu dans le café al-Rachid à Damas, entre les 4 et 7 avril 1947 en présence de 217 participants venus de Palestine, du Liban, d'Irak, de Jordanie, de Tunisie et d'Algérie.

[2] La Société des Nations confie à la France le 25 avril 1920 à San Remo un mandat « A » sur la Syrie et le Liban, le même type de mandat ayant été confié à la Grande-Bretagne sur la Palestine et l'Irak.

Ainsi, pour sortir de cet état de fragmentation imposé *al-tağzi'a*, le Baath préconise la réunification des pays arabes *al-wiḥda al-'arabīya*. La question de « l'Unité » se trouve donc au centre de la préoccupation de la doctrine baathiste. L'unité permettrait l'établissement d'une nation forte capable de contrer les menaces extérieures (impérialisme et entreprise colonialiste) et intérieures (forces réactionnaires et mentalités régionalistes). Cet « unité » doit primer sur toute autre considération régionaliste car elle constitue le but final pour chaque pays arabe.

Ainsi, la création de la Ligue arabe le 22 mars 1945 par les pays arabes nouvellement indépendants est fortement critiquée par le Baath (Qārqūṭ Ḍūqān, 2006 : p. 160). La charte de la Ligue arabe qui réaffirme et garantit l'indépendance de ses États membres entérine, selon le Baath :

> « Le morcellement actuel de la nation arabe et favorise les ambitions personnelles des dirigeants des différents pays membres de la Ligue. Dans son ensemble, elle [la Ligue arabe] témoigne d'une politique de soumission au fait accompli, qui facilite la capitulation des États membres devant les ambitions étrangères dans certaines parties de la nation » (Aflaq Michel, 1945, p. 127).

Le projet d'unification selon lequel les pays arabes constituaient une unité territoriale autour d'une langue, une histoire et une religion étend son audience dans nombre de pays arabes qui luttent alors pour l'indépendance. Le Baath se voit créer des branches en Jordanie (appelée royaume de Transjordanie en 1948), au Liban en 1951, au Yémen en 1952, en Libye en 1954 et parvient à prendre le pouvoir en Irak[3] et en Syrie.

Toutefois, sa conception de « l'unité » et des frontières ne suscitent pas pour autant l'enthousiasme des régimes arabes. Si l'aboutissement de l'union de l'Égypte et de la Syrie (la République Arabe Unie 1958-1961 dont la présidence est confiée à Nasser) est pour le Baath un premier pas qui « facilitera l'accession à un stade supérieur d'une unification plus étendue et plus importante » (Aflaq Michel, 1962, p. 126), la divergence

---

[3] En Irak, le Baath (qui arrive pour la première fois au pouvoir le 8 février 1963) gouverne sans interruption de juillet 1968 jusqu'à l'invasion de l'Irak par les Etats-Unis en 2003 qui met fin au régime de Saddam Hussein.

et les rivalités entre ces régimes convoitant un leadership arabe (rivalités entre Baath irakien et Baath syrien, entre Nasser et le Baath) conduisent à son échec. D'autant plus que la sécession, le 28 septembre 1961, vient des Baathistes syriens défenseurs de la nation arabe. Les États arabes évoluent alors vers plus de souveraineté et d'indépendance. La légitimité de l'État régional *al-dawla al-quṭrīya* n'est pas récusée et ses frontières deviennent progressivement un marqueur d'identité et un cadre pour la carrière politique de ses dirigeants (Dakhli Leyla, 2009, p. 18). Les politiques des régimes vont alors dans le sens d'un renforcement des identités et des frontières régionales. L'autonomie des États est d'autant plus affirmée qu'ils entrent dans une logique de concurrence économique et politique. Jusqu'en mars 1950, la Syrie et le Liban étaient liés par un accord d'unité douanière hérité de la période mandataire. L'État syrien dont la classe dirigeante est issue de la bourgeoisie industrielle se trouve dans l'obligation de faire transiter ses marchandises via le port de Beyrouth et se voit privé de revenus douaniers. Le premier ministre de l'époque Khaled al-Azm décide de rompre l'union douanière et de moderniser le port de Lattaquié (1950-1956) afin de concurrencer Beyrouth (Seale Patrick, 1996, p.131).

Les divergences idéologiques des régimes politiques arabes (panarabisme, panislamisme, socialisme libéralisme...), les rivalités personnelles (Nasserisme, baathisme, Kadhafisme...) ainsi que les luttes intestines (Baath irakien contre Baath syrien) rendent l'unité arabe caduque ; autrefois mobilisatrice, elle ne suscite plus qu'indifférence même si elle continue à figurer dans le discours officiel des régimes nationalistes (Baath en Syrie notamment).

En Syrie, le pragmatisme baathiste des Assad, au pouvoir depuis 1970, accorde une importance particulière aux éléments régionaux et locaux dans une « rhétorique territoriale syrienne » (Ababsa Myriam, 2006) et cela à travers la valorisation des personnalités historiques et nationales issues de différentes composantes de la société syrienne sans pour autant mentionner leurs ethnicités (Saladin, vainqueur des Croisés, Yussef al-Azma, ministre de la défense du gouvernement arabe sous le roi

Faysal, mort le 24 juillet 1920 à la bataille de *Maiysalun* contre l'armée française, sont honorés comme des héros nationaux et non en tant que kurdes). Saleh al-Ali, alaouite, Ibrahim Hanano, kurde, Sultan Pacha al-Attrach, druze, sont présentés comme des héros nationaux de la grande révolution syrienne (1925-1927) contre l'occupation française. Cette orientation est officiellement affichée par le $10^{ème}$ Congrès régional du parti Baath tenu entre les 6 et 9 juin 2005 où l'on insiste sur la nécessité de reconstruire la conception de « l'unité arabe » en prenant en considération les réalités régionales des pays arabes[4]. Prendre en considération les caractéristiques régionales propres à chaque pays arabe, refonder le lien entre l'aspect national et régional de la nation arabe de sorte que la dimension régionale fonde la réalisation de l'unité arabe.

## Les aspirations identitaires, un sujet de manipulation

Si le projet territorial panarabe du Baath attire plus facilement des composantes confessionnelles de la société, étant donné que celles-ci, à l'exception des Arméniens, sont arabes, l'adhésion des communautés ethniques non arabes (Kurdes, Turcomanes, Tcherkesses...) s'avère plus problématique. La consécration de l'arabisme comme culture et identité nationales suppose la « marginalisation » de ces dernières à moins qu'elles ne s'assimilent. Il est certain que le Baath fonde sa conception de l'identité sur le lien historique entre islam et arabisme, ce qui peut être interprété comme une démarche visant le ralliement des composantes non arabes tels que les Kurdes qui partagent la foi de l'islam avec les arabes. Michel Aflaq considère l'islam comme la meilleure expression de la nation arabe et l'élément le plus précieux de l'arabité (Aflaq Michel, 1943), invitant tous les Arabes y compris les chrétiens à en prendre conscience.

Toutefois, cette conception de l'identité n'entraine pas pour autant une reconnaissance officielle d'autres groupes ethniques qu'arabes et ne mentionne à aucun moment de dispositions

---

[4] C'est-à-dire arabophones, comme dans le reste du texte.

concernant les spécificités linguistiques ou culturelles des minorités ethniques non arabes.

Pour les régimes baathistes successifs en Syrie depuis 1963, l'abandon de ces spécificités est la condition préalable à l'intégration à l'idéal national et territorial tel que défini par le Baath. La conception jacobine de l'État-nation qui s'affirme avec l'adoption du socialisme et de l'arabisme, va dans le sens d'un renforcement de l'orientation identitaire arabe de la Syrie officiellement affichée en 1961 à travers le nom de « République Arabe Syrienne » qui supplante celui de République de Syrie. Aussi la politique d'arabisation et d'homogénéisation entamée sous la République Arabe Unie et renforcée sous le Baath notamment entre 1966 et 1975 touche-t-elle très largement les kurdes. Ceux-ci subissent des mesures d'assimilation coercitive (recensement exceptionnel du mohafazat d'al-Hassaka et retrait de la nationalité syrienne en 1962[5], interdiction de donner des noms non arabes aux enseignes commerciales, arabisation des toponymes des villages kurdes, plan de « ceinture arabe » autour des territoires kurdes, devenu projet des « fermes modèles de l'État », restrictions des droits linguistiques et culturels...) (Pérouse Jean-François, 1997, p. 79 ; Ababsa Myriam, 2006, p. 241). Ces mesures ne sont pas sans rapport avec les revendications territoriales des Kurdes en Irak et les révoltes de Mustafa al-Barzani (1961-1963 puis 1974-1975). En octobre 1963, le régime baathiste syrien n'hésite pas à envoyer des troupes militaires pour prêter main forte au régime irakien contre la rébellion kurde.

Ainsi, la légitimité des frontières étatiques du Proche-Orient sera mise en cause notamment par les Kurdes qui se considèrent à la fois comme les victimes de Sykes-Picot et du nationalisme

---

[5] Effectué le 5 octobre 1962 conformément au décret législatif n° 93 du 13 août 1962 et publié en 1965, le recensement exceptionnel prive de la nationalité syrienne près de 120 000 Kurdes faute de document d'état-civil prouvant leur présence en Syrie avant 1945. Suite au mouvement de contestation de mars 2011 et dans l'objectif de neutraliser les Kurdes, le régime de Bachar al-Assad promulgue le décret législatif n° 49 du 7 avril 2011 permettant la restitution de la nationalité syrienne aux Kurdes inscrits comme « étrangers » (*Ağānib*) dans les registres de l'état-civil du Mohafazat al-Hassaka.

arabe. En Syrie, l'instrumentalisation de la question kurde par le régime des Assad permet de canaliser les aspirations nationalistes kurdes en Syrie (Tejel Gorgas Jordi, 2009, p. 83) et de calmer toute contestation liée aux revendications territoriales (Boulanger Philippe, 2001, p. 26). Cette politique se traduit par une démarche d'incorporation des personnalités religieuses et politique kurdes (Aḥmad Kuftārū[6], Muhammad Saʿīd Ramaḍān al-Būṭī[7], Marwān Šiḫū[8]). Aussi Hafez al-Assad exploite-il la dimension transnationale de la question kurde en établissant des alliances avec les partis politiques kurdes d'Irak et de Turquie (alliance avec le PKK d'Abdullah Öcalan de 1980 à 1998, engagement des Kurdes syriens militants du PKK dans la guérilla sur le sol turc, fondation de l'Union Patriotique du Kurdistan UPK de Ǧalāl Ṭalabānī à Damas en 1975…). La « politique kurde » du régime syrien a pu empêcher toute revendication territoriale kurde en Syrie au moins jusqu'à la fin des années 1990.

Si cette stratégie à l'égard des Kurdes garantit une stabilité politique pendant toute la période de Hafez al-Assad (1970-2000), elle ne doit pas être interprétée comme une réussite d'intégration des Kurdes au projet national et territorial baathiste. L'expulsion d'Abdullah Öcalan de Syrie, le 9 octobre 1998, ainsi que l'amélioration des relations avec la Turquie (2000-2011) constitue la rupture entre les Kurdes et le régime syrien (rassemblements publics en 2002 et 2003, soulèvements en 2004 et 2008[9]). Si les questions liées à la liberté

---

[6] Kurde de Damas, Mufti de la République depuis 1964 jusqu'à sa mort en 2004, Aḥmad Kuftārū devient très proche du Président Hafez al-Assad. Son institution d'enseignements religieux, Abū al-Nūr s'attire le soutien du régime politique. Aujourd'hui appelée Académie du cheikh Aḥmad Kaftārū. Voir le site : http://www.abunour.net/ (consulté le 17 mai 2017).
[7] Kurde et professeur à la Faculté de Charia à Damas, Muhammad Saʿīd Ramaḍān al-Būṭī est une personnalité notoire en matière de religion. Il est proche du régime et très médiatisé. Il donnait des prêches à la mosquée des Omeyyades de Damas, à la mosquée de Dinkiz et d'al-Iman. Il présentait une émission religieuse hebdomadaire populaire à la télévision nationale. Il est mort le 21 mars 2013 dans une explosion à la Mosquée al-Iman.
[8] Marwān Šiḫū, député, est mort le 6 août 2001.
[9] A l'origine des événements, un affrontement entre supporters lors d'un match de foot 12 mars 2004 entre l'équipe arabe de la ville de Deir al-Zor et

d'expression, aux droits de l'homme et à la démocratie en Syrie sont évoquées, les revendications particulières des Kurdes font désormais partie de leur discours politique (reconnaissance des droits culturels et linguistiques, restitution de la nationalité syrienne aux Kurdes « apatrides » issus du recensement exceptionnel d'al-Hassaka en 1962, retrait du décret n° 49 lié à l'interdiction des achats et ventes de biens immobiliers dans les régions frontalières). Le soulèvement syrien contre le régime de Bachar al-Assad (15 mars 2011) permet aux Kurdes de revendiquer leurs droits territoriaux sur les zones de peuplement kurde. Alors que leurs revendications se limitaient aux droits culturels et linguistiques, ils revendiquent aujourd'hui une reconnaissance constitutionnelle en tant que deuxième ethnie du pays, la reconnaissance de la langue kurde comme deuxième langue officielle, le droit à l'autodétermination ainsi qu'une nouvelle reconfiguration de l'État syrien.

## La territorialisation de l'identité kurde en Syrie : la légitimation par le discours historique

C'est la Ligue *Khoyboun*[10] « être soi-même » et le mouvement autonomiste d'al-Jazira (1936-1939)[11] qui jettent les bases

---

celle kurde de Qamichli qui tourne à l'émeute. La violente répression par les forces de l'ordre provoque des manifestations qui s'étendent jusqu'à Damas et Alep et oblige les autorités syriennes à reconnaitre officiellement, pour la première fois, l'existence d'un problème kurde en Syrie et la nécessité de régler notamment le problème des Kurdes déchus de leur nationalité à la suite du recensement exceptionnel de 1962. Lors d'une interview avec le quotidien londonien *al-Hayat* le 21 mai 2004, Bachar al Assad rompt avec le discours officiel qui considère les Kurdes comme issus de l'exode de Turquie entre 1924 et 1938, précisant qu'il n'y a pas de différence entre un Arabe et un Kurde, et « qu'il existe un nombre de Kurdes qui sont Syriens et qui ont droit à la nationalité syrienne ». Ce faisant, pour tenir les Kurdes à l'écart du soulèvement, Bachar al-Assad promulgue le 7 avril 2011 le décret législatif n° 49/2011 stipulant l'octroi de la nationalité syrienne aux « étrangers d'al-Hassaka » déchus de leur nationalité après le recensement de 1962.
[10] Une organisation pan-kurde fondée en 1927 au Liban qui appelle à l'unité et à l'indépendance de tous les Kurdes. Malgré son caractère élitiste et ses liens avec les tribus kurdes originaires de Turquie et refugiées en Syrie, le

d'une conscience identitaire kurde en Syrie. Cette région jouissait d'une liberté culturelle et politique à l'époque du mandat français sur la Syrie (1920-1946) attirant des personnalités kurdes de Turquie (Tejel Gorgas Jordi, 2009, p. 206). C'est ainsi qu'en 1928, la Ligue *Khoyboun* rédige les premières demandes d'autonomie politique issues des milieux kurdes en Syrie. La revendication autonomiste des Kurdes syriens est explicitement énoncée par des notables kurdes, chefs de tribus, le 23 juin 1928 à l'occasion de la réunion de l'Assemblée constituante syrienne (Michel Seurat, 1980, p. 89). Ces revendications se centrent sur trois points : la reconnaissance de la langue kurde comme langue officielle au même titre que l'arabe dans les régions majoritairement kurdes, la préférence pour les fonctionnaires kurdes dans les régions kurdes, et un enseignement en langue kurde dans les zones de peuplement kurde. L'attitude favorable de certains chefs kurdes à l'égard de la politique mandataire, leur revendication autonomiste et le rejet de la légitimité du pouvoir central sur leurs territoires sont fortement dénoncés par les nationalistes arabes qui y voyaient un obstacle à la construction de l'État-nation arabe. Ainsi en 1939, le Bloc national, principale force politique, décide de retirer au Hadjo Agha, chef de tribu de Heverkan, sa subvention en tant que chef tribal à cause de ses activités au sein du mouvement autonomiste de la Jazira (1936-1939) et le « menace d'extradition vers la Turquie, pays qui voulait le juger pour ses activités nationalistes kurdes » (Tejel Gorgas Jordi, 2009/1, p. 164). Malgré le terme mis au mouvement autonomiste en Haute Jazira, l'aspiration nationaliste kurde crée une méfiance chez les nationalistes syriens à l'égard de toute revendication identitaire kurde. Ḥassan Hadjo, député kurde pour la région de la Haute Jazira jusqu'à la fin des années 1950 n'ose pas évoquer les droits politiques et culturels des Kurdes. De plus, la dimension

---

*Khoyboun* investit progressivement les Kurdes d'al-Jazira syrienne Il disparait en 1944.

[11] Le mouvement autonomiste d'al-Jazira, bien que rassemblant la majorité des tribus kurdes, englobe des alliés chrétiens et revendique un statut autonome comparable à celui accordé par l'administration mandataire aux druzes et aux alaouites.

transnationale de la question kurde, qui fait de la revendication territoriale des Kurdes sur la Syrie une partie d'un Kurdistan, est considérée comme une menace à l'identité et à l'unité territoriale de la Syrie.

Si la montée du nationalisme arabe dans les années 1960 (République arabe Unie, Baath) marginalise le mouvement national kurde (interdiction des partis politiques kurdes, mesures coercitives, arabisation...), la région d'al-Jazira reste le principal foyer du nationalisme kurde en Syrie. Cette région, qui regroupe une importante population Kurde de Syrie, constitue pour les kurdes, une continuité géographique du grand Kurdistan, d'autant plus que les Kurdes d'al-Jazira, d'origine rurale et tribale, proches géographiquement des zones kurdes turque et irakienne où le sentiment de nationalisme kurde est fort, sauvegardent leur entité nationale, culturelle et linguistique.

La région d'al-Jazira devient alors le lieu d'une polémique nationaliste autour de son origine, entre nationalistes arabes et kurdes. Alors que le discours baathiste irakien entre 1969 et 1974 a essayé de construire une base commune identitaire entre Arabes et Kurdes en mettant en avant l'identité mésopotamienne de l'Irak, le discours panarabe du Baath syrien tend à donner une image homogène de la Syrie par l'affirmation du caractère arabe. La confirmation de cette vision officielle se manifeste à travers le discours historique et la lecture de l'histoire archéologique, et l'affirmation d'une « continuité de l'histoire des Arabes, dans le temps et dans l'espace » (Valter Stéphane, 2002, p. 184), faisant de la Syrie le berceau de la civilisation et le cœur de l'arabisme. Sur le plan historique, al-Jazira contient un héritage archéologique considérable qui témoigne de nombreuses civilisations anciennes et islamiques (sites tels que Mari, Doura-Europos, Resafa...). La région jouit d'une mixité ethnique et confessionnelle (Assyriens, Arméniens, Arabes et Kurdes, chrétiens, juifs et musulmans).

Le discours baathiste syrien présente les Arabes comme les descendants des anciennes civilisations anciennes akkadienne et assyrienne au $4^{ème}$ millénaire, amorite et cananéenne au $3^{ème}$ millénaire, nabatéenne et palmyrénienne à la fin du $1^{er}$ millénaire. La région d'al-Jazira occupe une place importante dans ce discours panarabe puisque c'est la région syrienne qui concentre la plus importante communauté non arabe, en l'occurrence kurde. Ainsi, elle est présentée par le discours baathiste comme « l'une des provinces les plus anciennes de la Syrie vers laquelle les Arabes auraient émigré dès avant la prédication islamique » (Valter Stéphane, 2002, p. 183) et qui « aurait été habitée par des Arabes dès le 1$^{er}$ millénaire avant notre ère » (*Ibid*, p. 185). Ce qui lui donne une identité arabe à même d'estomper toute revendication territoriale des nationalistes Kurdes.

Si l'affirmation du caractère arabe d'al-Jazira dans le discours officiel baathiste ne nie pas la présence kurde, les Kurdes d'al-Jazira seraient issus, pour la majorité, de l'exode de Turquie entre 1924 et 1938. Cette vision de l'histoire est également défendue par certains intellectuels arabes tels que Suhaīyl Zakkār, Munḏir al-Mūṣallī ou 'Abd al-Qādir 'Aīyāš qui expliquent toute présence kurde dans cette région par les vagues migratoires des Kurdes provenant de Turquie. Un mouvement commencé dans les années 1920 avec la montée du nationalisme turc, afin d'échapper à la répression kémaliste en réponse à la rébellion du cheikh Sa'īd en 1924, et où des familles et des tribus kurdes entières ont émigré de Turquie vers la région d'al-Jazira au nord de la Syrie. Ce n'est qu'en 2004 que Bachar al-Assad reconnait officiellement pour la première fois lors d'une interview avec le quotidien londonien *al-Hayat* le 21 mai 2004, l'existence d'un problème kurde en Syrie où il consent à restituer la nationalité syrienne aux kurdes « apatrides », sans pour autant suivre d'effets ses déclarations.

Le discours nationaliste kurde qui rejette la réappropriation et la réécriture de l'histoire par les historiens arabes, revendique l'appartenance à cette région depuis l'Antiquité. Pour les Kurdes, al-Jazira est la terre historique sur laquelle les kurdes ont toujours vécu. La chute de Saddam Hussein en 2003 et l'autonomisation du Kurdistan irakien, mais aussi la pression américaine sur le régime syrien et son isolement après le meurtre du premier ministre libanais Rafiq al-Hariri en 2005, favorisent la généralisation d'un nouveau discours nationaliste qui vise à légitimer le droit des Kurdes syriens sur « leurs territoires » dans une perspective historique. Pour légitimer ces revendications, ils s'appuient sur les travaux des orientalistes et des kurdologues occidentaux[12] mais aussi kurdes[13] de la fin du XIX$^e$ et du début du XX$^e$ siècles, et font alors remonter leurs origines à de nombreux envahisseurs et migrants établis dans la région (Hourrites, Lullubis, Kurtis, Gutis, Mèdes, Mardes, Carduchis, Mitanni, Kassites) et arguent que leur territoire, le Kurdistan, a été envahi et gouverné par les Assyriens, les Akkadiens, les Grecs, les Romains, les Byzantins, les Arabes, les Mongols et les Turcs, sans compter la brève colonisation française et britannique (Tāğ al-Dīn Aḥmad, 2001, p. 15).

Les zones de peuplement kurde en Syrie sont alors considérées comme le prolongement naturel des territoires kurdes de Turquie et d'Irak, désormais appelées « Kurdistan occidental » ou « Kurdistan de Syrie ». Ce discours qui vise à légitimer les revendications « autonomistes » de la région kurde en Syrie est destiné avant tout à l'intérieur, c'est-à-dire aux Kurdes ; il représente un discours d'unité nationale qui donne une réalité et une légitimité concrète à l'idée de peuple kurde syrien toute comme à ses nouvelles projections territoriales, en renforçant l'unité symbolique de l'espace kurde syrien.

## Les enjeux régionaux et internationaux au cœur des reconfigurations territoriales

Contrairement aux Kurdes irakiens qui rejettent dès les années 1940 les frontières et le modèle unitaire de l'Irak et qui étaient en guerre quasi permanente contre le pouvoir central (des révoltes armées dans les régions kurdes contre le pouvoir central sont lancées par Mustafa Bârzânî, un chef tribal kurde), les kurdes syriens acceptaient l'État Syrien. Si le soutien apporté à leurs frères irakiens et turcs se fait au nom d'une cause commune, le mouvement kurde syrien, jusqu'au milieu des années 1990, est resté silencieux concernant la politique restrictive

---

[12] Pour exemple, Pierre Rondot (1904-2000), Roger Lescot (1914-1975).
[13] Djeladet Bedir Khan (1893-1951) travaille sur la latinisation de l'alphabet kurde sorani.

du régime baathiste d'al-Assad vis-à-vis des droits des kurdes en Syrie. Certes les partis politiques kurdes n'étaient pas autorisés, mais ils pouvaient se manifester « dans le cadre d'une expression publique contrôlée et codifiée par le régime ». La non reconnaissance officielle des partis politiques kurdes permet au régime de contrôler leurs activités et d'arrêter leurs leaders en fonction des jeux régionaux.

Ce qui caractérise le mouvement kurde syrien est sa subordination idéologique et politique aux mouvements kurdes d'Irak (PDKI, parti démocratique du Kurdistan en Irak de Barzani) et de Turquie (PKK parti des travailleurs du Kurdistan d'Öcalan). Le PDKS, parti démocratique du Kurdistan en Syrie, premier parti politique qui porte les revendications nationalistes des kurdes en Syrie, créé le 14 juin 1957 était étroitement lié au PDKI d'Irak. Le mouvement kurde syrien est traversé depuis 1965 par de multiples divisions et subdivisions qui reflètent d'une part les crises internes du mouvement kurde irakien (PDK de Barzani et UPK-Union Patriotique Kurde- de Talabani), d'autre part la divergence idéologique entre ces derniers et le PKK. Le PYD, parti de l'union démocratique, créé en 2003 par le kurde syrien Saleh Muslim n'est qu'une émanation du PKK, dont le leader même est un ancien militant du PKK.

C'est surtout les conjonctures régionale et internationale qui vont façonner et moduler les aspirations territoriales des Kurdes syriens. La coopération américaine avec les Kurdes d'Irak durant l'embargo sur l'Irak (1990-2003), l'invasion américaine et la chute du Baath irakien (2003), l'autonomisation des Kurdes d'Irak, ne sont pas sans effet sur les populations kurdes des états voisins qui voient dans l'expérience kurde irakienne (le gouvernement régional du Kurdistan irakien) un modèle. Les Kurdes syriens profitent du contexte de lutte contre le terrorisme devenue une priorité pour la communauté internationale, suite à la montée en puissance de Daech (prise de Raqqa, établissement d'un califat en Irak et en Syrie en 2014), et à l'accroissement des menaces jihadistes sur l'Europe (attentats de Paris). C'est notamment le PYD qui va tirer profit de cette situation. Réticents à la livraison d'armes aux groupes armés syriens arabes et sunnites et hostiles au déploiement d'hommes au sol pour lutter militairement contre Daech, les États-Unis trouvent dans les Kurdes du PYD et ses milices YPG « Unités de protection du peuple » et les Forces démocratiques de Syrie FDS[14] un partenaire privilégié. Ainsi, en dépit de ses liens avec le PKK, considéré comme une organisation terroriste, et ses rapports ambigus avec le régime de Bachar al-Assad, le PYD s'impose comme un acteur incontournable et un interlocuteur crédible sur le terrain. On note en particulier la réception d'une délégation du PYD à l'Elysée (8 février 2015), l'ouverture de bureaux de représentation de Rojava en Russie (10 février 2016) et en France (23 mai 2016). Les rivalités et jeux régionaux dans le cadre de la lutte contre le terrorisme ainsi que le succès du PYD dans la libération de Kobané « Ain al-Arab », permettent au PYD, complétement méconnu avant 2011, de se projeter sur la scène internationale et de tenir une position hégémonique sur l'ensemble du mouvement national kurde, n'hésitant pas à arrêter ses rivaux du CNK pour administrer directement les territoires de peuplement kurde abandonnés par le régime syrien.

## Conclusion : le système fédéral au moyen orient, une solution

Avec l'affaiblissement des pouvoirs centraux des régimes autoritaires arabes et les éclatements identitaires et régionalistes ou tribaux (en Syrie, au Yémen, en Libye, en Irak) provoqués par les printemps arabes, le fédéralisme est proclamé comme solution à même de garantir la paix, la stabilité et la prospérité du monde arabe. Le PYD autoadministre depuis 2011 les zones kurdes au nord de la Syrie et proclame unilatéralement un système fédéral dans ce qu'il appelle Rojava (nord-Syrie) formé par trois zones appelées « canton », Afrin, Kobane et al-Jazira, territoire acquis grâce au soutien aérien américain dans le cadre de la lutte contre Daech. Aussi, lors de son deuxième Congrès tenu à Qamichli les 11 et 12 janvier 2013, le CNK, Conseil na-

---

[14] Bien qu'elles regroupent des combattants arabes, turcomans et syriaques, les forces démocratiques de Syrie sont contrôlées par les Kurdes du PYD.

tional kurde (rival du PYD) revendique-t-il la reconnaissance constitutionnelle de la langue et des droits nationaux du « peuple kurde », l'adoption d'un système fédéral dans lequel les zones de peuplement kurde seraient considérées comme unité territoriale où les kurdes jouissent d'une autonomie. L'opposition syrienne considère les revendications kurdes d'un système fédéral comme un prétexte pour l'autonomisation des kurdes et la partition de la Syrie et préfère parler des kurdes comme étant une « composante » du peuple syrien et non comme un « peuple ».

Toutefois, contrairement au Kurdistan irakien qui est relativement homogène du point de vue ethnique, les territoires proclamés par les Kurdes syriens ne jouissent pas d'une continuité géographique. Les trois régions de peuplement kurde (Afrin et la montagne des Kurdes Kurd Dagh au nord-ouest, Ain al-Arab au nord-est d'Alep et la Haute Jazira au nord-est) sont séparées par des zones à majorité arabe, ce qui rend difficile la mise en place d'une région. C'est ainsi que les Kurdes revendiquent un territoire continu. Pour légitimer leur projet d'auto administration dans ce qu'ils appellent le Rojava, le PYD prétend associer à ce projet fédéral d'autres composantes ethniques de la région (arabes, turcomans, assyriens). Toutefois, il est majoritairement dominé et contrôlé par les kurdes. Si cet enthousiasme pour le fédéralisme peut être encouragé par l'expérience autonome des kurdes irakiens, mais également par la situation des autres pays arabes (Yémen, Libye), ce processus n'entraine pas pour autant une remise en question des frontières externes des États et des frontières héritées de l'ordre colonial. La région autonome du Kurdistan irakien ne prétend pas se fondre dans un projet unitaire transnational à la façon d'un « Grand Kurdistan » préconisé notamment par le PKK (projet abandonné par ce dernier au profit d'une autonomie et d'une reconnaissance des droits linguistiques et culturels). Les revendications territoriales des kurdes de la région ne mettent pas en cause les frontières étatiques externes définies par Sykes-Picot.

La revendication fédéralistes des Kurdes n'est pas exclusivement motivée par les sentiments d'appartenance identitaire. La région d'al-Jazira, située à l'Est de l'Euphrate est d'une importance économique considérable pour la Syrie. C'est la plus importante région agricole du pays : elle produit la quasi-totalité du blé syrien et du coton, mais aussi de l'électricité grâce aux barrages hydroélectriques, et concentre également la majorité de la production du pétrole syrien.

## Bibliographie

ABABSA Myriam, 2006, « Idéologie spatiale et discours régional en Syrie », *in* Alessia de Biase, Christina Rossi (dir.), *Chez nous : identités et territoires dans les mondes contemporains*, Paris, Editions de la Villette, p.235-249.

AFLAQ Michel, 15 avril 1945, « notre position vis-à-vis de la charte de la ligue arabe », in *Fī sabīl al-Ba't 4 (Dans la voie du Baath 4$^{ème}$ partie)*, Dār al-ḥurīya li-l-Ṭibā'a. *s.l*, p.126-129. http://albaath.online.fr/

AFLAQ Michel, 5 avril 1943, « Ḏikrā al-rassūl al-'arabī » (A la mémoire du Prophète arabe), in *Fī sabīl al-Ba't 1 (Dans la voie du Baath 1$^{ère}$ partie),* Dār al-ḥurīya li-l-Ṭibā'a. s.l., p. 141-150. http://albaath.online.fr/

AFLAQ Michel, février 1962, « Le désastre de la sécession », in *Fī sabīl al-Ba't 2 (Dans la voie du Baath 2$^{ème}$ partie)*, Dār al-ḥurīya li-l-Ṭibā'a. *s.l.*, p. 225-233. http://albaath.online.fr/

BACZKO Adam, DORRONSORO Gilles, QUESNAY Arthur, 2016, *Syrie : Anatomie d'une guerre civile*, Paris, CNRS Editions.

BALANCHE Fabrice, hivers 2004, « La prise en compte du facteur communautaire dans l'analyse spatiale : l'Etat, l'espace et les communautés en Syrie », *Géographie et cultures, Lieu et internationalité*, Paris, L'Harmattan, n° 52, p. 5-22.

BOULANGER Philippe, 2001/1, « Les Kurdes tarot noir du Proche-Orient », *Etudes*, t. 394, p. 19-28. URL : http://www.cairn.info/revue-etudes-2001-1-page-19.htm

BOZARSLAN Hamit, 2003/4, « Le nationalisme kurde, de la violence politique au suicide sacrificiel », *Critique internationale*, n° 21, p. 93-115. URL :

http://www.cairn.info/revue-critique-internationale-2003-4-page-93.htm

Chris Kutschera, *Le Défi kurde ou le rêve fou de l'indépendance*, Paris, Bayard Editions, 1997, p. 31-43.

DAKHLI Leyla, 2009/3, « Arabisme, nationalisme arabe et identifications transnationales arabes au 20e siècle », *Vingtième Siècle. Revue d'histoire*, n° 103, p. 12-25. URL : http://www.cairn.info/revue-vingtieme-siecle-revue-d-histoire-2009-3-page-12.htm

GHALI Boutros, 1968, « La crise de la Ligue Arabe », *Annuaire français de droit international*, vol. 14, p. 87-137. http://www.persee.fr/docAsPDF/afdi_0066-3085_1968_num_14_1_1482.pdf Consulté le 22/02/2016.

LUIZARD Pierre-Jean, 2015, Le piège Daech. L'Etat islamique ou le retour de l'Histoire, Paris, La Découverte.

MIGLIORINO Nicola, 2006, « Kulna Suriyyin ? The Armenian community and the State in contemporary Syria », *Revue des Mondes Musulmans et de la Méditerranée, La Syrie au quotidien : Cultures et pratiques du changement*, Sylvia Chiffoleau (dir.), Aix-en-Provence, Edisud, n° 115-116.

MORE Christine, 1984, *Les Kurdes aujourd'hui : mouvement national et partis politiques*, Paris, L'Harmattan.

PEROUSSE Jean-François, 1997, « Les Kurdes de Syrie et d'Irak : dénégation, déplacements et éclatements », *Espace Population Société, Les populations de l'Orient arabe*, Université Lille I, n° 1, p. 73-84.

QARQŪṬ Ḏūqān, 2006, *Fī tārīḫ al-umma al-'arabīyya al-ḥadīṯ* (*De l'histoire moderne de la nation arabe*), Le Caire, Maktabat Madbūlī.

SCALBER-YÜCEL Clémence, 2007/1, « Le peuplement du Kurdistan bouleversé et complexifié : de l'assimilation à la colonisation », *L'Information géographique*, Vol. 71, p. 63-86. http://www.cairn.info/revue-l-information-geographique-2007-1-page-63.htm

SEALE Patrick, 1965, al-Ṣira' 'alā Sūrīya : dirāsa li-l-sīyāsa al-'arabīyya ba'da al-ḥarb 1945-1958 (The Struggle for Syria : A Study of Post-War Arab Politics 1945-1958), London/New York, Oxford University Press, traduit en arabe par Samīr 'Abdū et Maḥmūd Fallāḥa, 7ème éd., Damas, Dār Ṭlaṣ, 1996.

SEURAT Michel, 1980, « Les populations, l'Etat et la société », in André Raymond (éd.), *La Syrie d'aujourd'hui*, Paris, CNRS Editions, p. 87-141.

TĀǦ AL-DĪN Ahmad, 2001, *al-Akrād : tārīḫ ša'b wa qaḍīyyat waṭan* (*Les Kurdes : histoire d'un peuple et cause d'une patrie*), Le Caire, al-Dār al-Ṯaqāfīyya.

TAHA Zakaria, 2012, *La problématique de la laïcité à travers l'expérience du parti Baath en Syrie*, thèse de doctorat en sciences politiques, CETOBAC-EHESS, Paris.

TAHA Zakaria, 2016, « La construction nationale syrienne face aux dynamiques identitaires et communautaires », in Anna Bozzo et Pierre-Jean Luizard (dir.), *Vers un nouveau Moyen-Orient? États arabes en crise entre logiques de division et sociétés civiles*, Rome, RomaTrE-Press, p. 129-146.

TAHA Zakaria, 2016, *La Syrie*, Bruxelles, De Boeck.

TEJEL GORGAS Jordi, 2006, « Les Kurdes de Syrie, de la dissimulation à la visibilité ? », *RMMM, La Syrie au quotidien : cultures et pratiques du changement*, de Sylvia Chiffoleau (dir.), Aix-en-Provence, Edisud, n° 115-116, p. 117-133.

TEJEL GORGAS Jordi, 2007/6, « La Ligue nationale kurde Khoyboun. Mythes et réalités de la première organisation nationaliste kurde », *Études kurdes*, Fondation-Institut kurde de Paris, n° 3, hors-série, 158 p.

TEJEL GORGAS Jordi, 2009, *Syria's Kurds: History, Politics and Society*, New York, Routledge.

TEJEL GORGAS Jordi, 2009/1, « Repenser les nationalismes « minoritaires » : le nationalisme kurde en Irak et en Syrie durant la période des Mandats, entre tradition et modernité », *A contrario*, n° 11, p. 151-173. http://www.cairn.info/revue-a-contrario-2009-1-page-151.htm

TEJEL GORGAS Jordi, 2009/11, « Les territoires de marge de la Syrie mandataire : le mouvement autonomiste de la Haute Jazira, paradoxes et ambiguïtés d'une intégration « nationale » inachevée (1936-1939) », *RMMM, Le monde rural dans l'occident musulman médiéval*, Mohamed Ouerfelli et Elise Voguet (dirs), n° 126, p. 205-222.

# 3.8. Tracer les frontières au temps des colonies : l'exemple du Togo allemand et du Dahomey français

Isabell SCHEELE,
Université Aix-Marseille et Universität Tübingen

Dans le sillage du *spatial turn,* l'intérêt accordé aux notions de territoire et de territorialisation a vu naître une réflexion importante sur le lien entre espace géographique, politique et culturel. Au début de son ouvrage *Das Ordnen von Räumen*, Ulrike Jureit définit la territorialisation comme « la création d'espaces politiques », liée ou parfois identique au « processus de création d'États »[1]. Au sein de cette réflexion, la création des frontières coloniales occupe évidemment une place centrale, notamment en Afrique où, du moins en apparence, les frontières ont été créées *ex nihilo* à la fin du XIXe siècle.

À l'exemple de deux territoires ouest-africains, le Togo allemand et le Dahomey français, le présent chapitre traite de la délimitation frontalière au temps des colonies, à la fin du XIXe siècle. Il s'interroge notamment sur la marge de manœuvre réservée aux populations africaines dans le processus de partage et de soumission de leur pays à l'une ou l'autre puissance coloniale. Est-ce que les Africains, ou plus exactement leurs dirigeants politiques, leurs rois, chefs, sultans et notables,

---

[1] Traduction de l'auteure. Texte original : „Herstellung politischer Räume [...] die historisch zwar nicht durchgängig, aber häufig mit Staatsbildungsprozessen verknüpft und manchmal auch mit ihnen identisch ist" Jureit Ulrike, 2012, *Das Ordnen von Räumen: Territorium und Lebensraum im 19. und 20. Jahrhundert*, Hamburg, Hamburger Edition, HIS, p. 16.

avaient le choix d'être soumis à la domination allemande plutôt qu'à la française, à la britannique plutôt qu'à l'allemande ; pouvaient-ils, à défaut de rester indépendants, au moins choisir leur colonisateur ?

La question centrale de ce chapitre est la suivante : quel poids les agents coloniaux accordèrent-ils aux préférences africaines, aux motions locales pour demander ce qu'on appelait alors la « protection » de l'une ou l'autre puissance européenne ? Autrement dit : dans quelle mesure des acteurs africains ont-ils pu influer sur le tracé frontalier qui risquait de diviser leurs ethnies, pays, villages et exploitations agricoles ?

Homi Bhabha explique qu'il faut chercher à lever le voile sur les « forces inégales et inégalitaires de représentation culturelle qui sont à l'œuvre dans la contestation de l'autorité politique et sociale au sein de l'ordre mondial moderne »[2]. Le postcolonialisme se focalise ainsi, résume Pierre Boizette, sur « une critique de l'européanocentrisme [sic] de l'Occident, qui tend [...] à réduire au statut d'objet d'analyse le reste du monde » et devient un outil de pensée visant à dépasser les « structures mentales héritées du clivage centre/périphéries »[3]. La grille postcolonialiste permet ainsi d'interroger les notions du centre et de la périphérie, du *self* et du *other,* elle met l'accent sur l'interpénétration culturelle entre la colonie et la métropole[4]. À l'instar des théoriciens postcolonialistes, nous cherchons à donner la parole à des acteurs africains au moment où leur pays allait être soumis à la domination européenne[5]. Cette démarche n'aboutit que partiellement, car les sources écrites rédigées par des acteurs africains sont relativement rares,

---

[2] Bhabha Homi K., 1994, *The location of culture*, London; New York, Routledge, p. 171.

[3] Boizette Pierre, 2013, « Introduction à la théorie postcoloniale », *Revue Silène,* Centre de recherches en littérature et poétique comparées de Paris Ouest-Nanterre la Défense, http://www.revue-silene.com, page consultée le 6/4/2016, p. 2.

[4] Friedrichsmeyer Sara, Lennox Sara et Zantop Susanne, 1998, *The Imperialist Imagination: German Colonialism and Its Legacy*, s. l., University of Michigan Press, p. 3.

[5] Spivak Gayatri Chakravorty, 1988, *Can the Subaltern Speak?* Basingstoke, Macmillan.

en comparaison avec le volume de documents laissés par les administrateurs coloniaux. C'est pourquoi nous sommes souvent contrainte de nous appuyer sur des sources de seconde main, sur des citations, rumeurs et réactions rapportées par les agents de l'administration coloniale.

Les études postcoloniales montrent que les transferts culturels se sont effectués dans les deux sens, de la métropole vers les colonies, mais également de l'outre-mer vers l'Europe. Elles retracent l'influence des colonisés sur les cultures européennes, relèvent que les cultures des peuples soumis ont à leur tour marqué les sociétés colonisatrices et restituent ainsi aux populations colonisées leur statut de sujet actif[6]. Mais nous ne cherchons pas, comme le font par exemple brillamment Joachim Zeller et Ulrich van der Heyden, à montrer les répercussions de la colonisation sur les métropoles coloniales[7]. Nous restons focalisée sur l'histoire locale, sur des acteurs locaux, colonisateurs et colonisés ; nous traitons des relations entre ces territoires encore indépendants qui allaient devenir le Togo allemand et le Dahomey français, car nous postulons l'importance des relations sur le terrain pour l'histoire locale et le rôle des relations trans-impériales pour les colonies respectives[8]. Évidemment, nous ne pouvons faire abstraction des

---

[6] Conrad Sebastian, Randeria Shalini et Sutterlüty Beate, 2002, *Jenseits des Eurozentrismus: postkoloniale Perspektiven in den Geschichts- und Kulturwissenschaften*, Frankfurt am Main; New York, Campus.

[7] van der Heyden Ulrich, Zeller Ulrich, 2002 *Kolonialmetropole Berlin: eine Spurensuche*, Berlin, Berlin Edition ; voir aussi : Conrad Sebastian, Osterhammel Jürgen, « Einleitung », dans Conrad Sebastian, Osterhammel Jürgen (éd.), 2004, *Das Kaiserreich transnational: Deutschland in der Welt 1871-1914*, Göttingen, Vandenhoeck & Ruprecht, p. 7-28, p.10.

[8] L'étude des relations trans-impériales reste un sujet d'actualité de la recherche historique, notamment pour le champ du franco-allemand, où il n'existe pour l'instant quasiment aucune étude sérieuse. Voir par exemple l'appel à communication de la Freie Universität Berlin : In-Between Empires: Trans-imperial History in a Global Age, 15.09.2017 – 16.09.2017 Berlin, in: H-Soz-Kult, 19.02.2017, <www.hsozkult.de/event/id/termine-33307>.

Ulrike Linder emploie non pas le terme de trans-impérial, mais de trans-colonial, qui restitue mieux l'idée d'une circulation entre deux colonies limitrophes et de la relative autonomie des acteurs locaux vis-à-vis du reste de ou des empires concernés. Lindner Ulrike, *Koloniale Begegnungen*

relations hiérarchiques entre les centres du pouvoir en Europe et les colonies ; mais cet aspect est délibérément relégué à l'arrière-plan. Ce faisant, nous nous rapprochons des méthodes de la micro-histoire[9]. Les présentes analyses figurent ainsi comme un exemple du jeu complexe entre divers acteurs locaux dans le contexte du partage colonial et de la délimitation frontalière.

Dans le corps du présent chapitre, nous déterminerons d'abord les normes et conventions internationales qui réglaient le partage territorial en Afrique. La liste n'est pas très longue et les normes fixées restent vagues ; sur le terrain, les agents des différentes puissances colonisatrices ont pourtant mis en avant des preuves, des normes et règles bien précises, qui auraient fixé leur droit à coloniser un territoire donné plutôt que la puissance concurrente. La deuxième partie traitera l'un de ces arguments mis en avant par les hommes sur le terrain, à savoir les motions et demandes de protectorat adressées à une puissance européennes par un dirigeant africain et habilité à formuler une telle demande ; d'une façon plus générale, nous chercherons à déterminer l'impact des préférences que les notables et populations locales ont exprimé pour l'une ou l'autre puissance. La troisième partie enfin s'intéresse plus clairement aux points de vue des dirigeants africains : quels objectifs politiques et géopolitiques poursuivaient-ils ? Quels intérêts voyaient-ils à s'allier à l'un ou l'autre colonisateur ? De quelle marge de manœuvre disposaient-ils, pouvaient-ils mettre à profit la concurrence entre les puissances européennes ?

## 1. Les conceptions et conventions internationales réglant la délimitation des frontières coloniales

Depuis les clarifications apportées notamment par Henri Brunschwig, il est désormais admis que la Conférence de Berlin

---

*Deutschland und Großbritannien als Imperialmächte in Afrika 1880 - 1914*, Campus, 2011, p. 21.
[9] Voir notamment : Revel Jacques, 1996, *Jeux d'échelles: la micro-analyse à l'expérience*, Paris, Gallimard : Seuil, 1996, p. 1-10.

n'a pas dans le détail consacré le partage de l'Afrique[10]. L'objectif de la conférence de 1884-1885 était double : d'une part, créer la plus vaste zone de libre échange mondiale au Congo ; d'autre part, décider grossièrement des sphères d'influence respectives et fixer des normes pour limiter les conflits futurs à des négociations diplomatiques. La délimitation précise des frontières s'est décidée sur le terrain, dans des interactions complexes entre différents acteurs locaux, en premier lieu les fonctionnaires français et allemand, mais également des notables africains[11].

Est-ce que les colonisateurs européens étaient tenus de respecter les préférences des chefs et rois africains ? La réponse est négative. L'acte final de la Convention de Berlin, signé le 26 février 1885, réglait les modalités de la prise de possession coloniale. Mais les puissances signataires ne se sont accordées que sur des termes vagues, sur des normes peu nombreuses : seuls deux articles sur 38 y sont consacrés. Ils forment le chapitre IV, intitulé « Déclaration relative aux conditions essentielles à remplir pour que des occupations nouvelles sur les côtes du continent africain soient considérés comme effectives »[12]. L'article 34 imposait aux colonisateurs l'envoi d'une notification aux autres puissances, lesquelles pouvaient s'opposer à la prise de possession du territoire concerné. L'article 35 engageait les Européens à instaurer « une autorité suffisante » dans leurs colonies[13]. Ni l'un ni l'autre article ne

---

[10] Brunschwig Henri, 1993, *Le Partage de l'Afrique noire*, Paris, Flammarion, p. 64.
[11] Les différentes formes d'organisations politiques dans l'Afrique précoloniale incluent des royaumes, parmi lesquels le plus grand est celui du Danxomé, des sultanats (surtout dans le Nord) et des chefferies. Les appellations employées pour et par les personnes qui gravitaient autour du pouvoir dans ces différents régimes étaient encore plus nombreuses. C'est pourquoi nous nous limiterons dans cet article aux termes de notables, dirigeants ou parfois de rois.
[12] Acte final de la Conférence de Berlin, articles 34 et 35, dans : de Gemeaux Christine et Lorin Amaury (éd.), 2013, *L'Europe coloniale et le grand tournant de la Conférence de Berlin: 1884-1885*, Paris, Manuscrit, annexe, p. 407.
[13] *Ibid.*

mentionnent la volonté des Africains, qui n'avaient donc aucun droit légal pour décider de leur appartenance.

Les Européens ont ainsi partagé le continent africain sans la nécessaire prise en considération de la volonté de ses habitants. Ils se justifiaient par la théorie du *herrenloses Land* (terre sans maître). L'idée centrale de cette théorie revenait à prétendre que les chefs africains n'étaient pas des souverains, et que l'Afrique était composée de terres sans maître. Les Européens auraient ainsi un droit supérieur à s'élever en maîtres sur des territoires qui n'en avaient pas encore, et cette notion servait à justifier la colonisation d'un point de vue moral et juridique. Le juriste français René Lobstein, qui étudia la notion du *herrenloses Land* en 1902 dans sa thèse de doctorat, la présentait comme une création des partisans allemands de la colonisation[14]. Elle était toutefois basée, précise-t-il, sur la notion plus ancienne de *terra nullius*, c'est-à-dire un « territoire qui n'est soumis à aucune souveraineté quelconque »[15]. Puisque les rois et chefs africains n'étaient *a priori* pas considérés comme des souverains, les Européens prétendaient au droit de saisir leurs territoires sans autre forme de procès. Certes, André Chéradame affirme dans son étude de 1905 que les puissances coloniales avaient discuté la « capacité des indigènes à posséder, dans certaines conditions, des droits de souveraineté » à Berlin en 1884-1885[16]. Mais dans les faits, il n'était pas prévu qu'un peuple pût rester indépendant. Les Européens considéraient la colonisation comme un devoir moral pour lutter contre les coutumes traditionnelles de l'Afrique.

Sur le terrain, la question des préférences exprimées par les dirigeants africains pour l'une ou l'autre puissance colonisatrice prit néanmoins une certaine importance. Les administrateurs accordaient du poids aux demandes de protectorat et motions émanant des notables locaux. En 1885, le commissaire impérial Falkenthal éleva la motion africaine au niveau d'une condition

---

[14] Lobstein René, 1902, *Essai sur la législation coloniale de l'Allemagne*, Paris, A. Chevalier-Maresco & cie, p. 111.
[15] *Ibid.*
[16] Chéradame André, 1905, *La colonisation et les colonies allemandes*, Paris, Plon-Nourrit, p. 145.

incontournable à l'établissement d'une puissance dans un territoire donné :

> La prise de possession d'un pays, habité par des tribus non civilisées est accomplie de fait, quand, par suite de la motion d'un chef indigène, l'agent plénipotentiaire d'une puissance Européenne a proclamé publiquement et formellement la position du pays sous le Protectorat de son État et a arboré le Pavillon de guerre dans le chef-lieu du pays sur une place publique[17].

## 2. La valorisation des préférences africaines par les agents coloniaux

Sur quelles bases juridiques fallait-il partager l'Afrique, à partir de quelles normes internationales revendiquer un territoire comme revenant à la France plutôt qu'à l'Allemagne, ou inversement ? En l'absence de conventions détaillées, de règles claires et précises, les agents européens avancèrent en tâtonnant. Ils mirent en avant un certain nombre de preuves et d'arguments récurrents, notamment les suivants, rangés par ordre d'importance qui leur était accordée : les traités signés avec un dirigeant local ; l'intégrité géographique des chefferies, royaumes et sultanats africains ; enfin, les demandes de protection adressées par les dirigeants locaux à une puissance européenne. Si ces arguments furent de façon récurrente mis en avant, notamment dans les lettres de protestation adressées aux concurrents lors d'une déclaration de protectorat, ils ne prévalurent pas nécessairement dans les négociations diplomatiques, car, encore une fois, ils n'avaient pas de valeur juridique internationale. Ou, pour le dire autrement : les diplomates français et allemands décidèrent finalement de faire table rase des traités et négociations locales et d'imposer comme frontière entre le Togo et le Bénin une ligne idéale : le méridien de Bayol[18].

---

[17] Le commissaire allemand Falkenthal à M. Piattes, traduction des services français, Togo le 29/7/1885, Archives Nationales d'Outre-Mer (ANOM), FR ANOM 2006 COL 11.

[18] Le méridien de Bayol fut décidé comme frontière le 25 décembre 1885, mais seulement jusqu'au 7° parallèle nord, puis étendu, en juillet 1897,

## a. Les motions formulées par des dirigeants africains, un argument instrumentalisé dans les négociations de partage territorial

Pendant les années précédant l'accord diplomatique conclu en Europe, les hommes de terrain, qu'ils fussent allemands ou français, s'appuyèrent dans leurs correspondances sur les préférences africaines. Ils se prévalurent de ces préférences comme d'un argument moral afin de protester contre l'établissement d'une autre puissance sur un territoire convoité, mais aussi pour faire pression sur leur propre gouvernement, qu'ils pressèrent à déclarer le protectorat[19]. La situation était parfois dépeinte comme dramatique, tel que par exemple à Petit-Popo, l'une des principales villes portuaires du golfe de Bénin, et que les agents français, anglais et allemands désiraient déclarer comme leur. En 1885, les commerçants allemands de Petit-Popo envoyèrent une demande de protection à Berlin en insistant sur le sort des Africains[20]. Selon leur description, les chefs venaient s'enquérir presque tous les jours de l'arrivée prochaine d'un navire de guerre allemand et d'une réponse éventuelle à leur demande de protectorat. Ils souffraient des pressions françaises, ne voyaient pas d'autre issue possible et n'étaient plus en mesure d'assurer l'ordre, leur population étant préoccupée par la situation incertaine.

Les descriptions n'étaient pas moins dramatiques du côté français, et elles dépréciaient fortement les concurrents européens. Il était question du « joug des Anglais » et du « joug des Allemands » que les Africains redoutaient et dont la France se

---

jusqu'au 11° parallèle nord (ce qui correspond environ à l'étendue septentrionale actuelle). Des rectifications à la frontière furent apportées en 1909 et 1913 (cession de territoires à l'Allemagne à la suite de la seconde crise du Maroc).

[19] Voir par ex : Le résident de Grand-Popo au commissaire allemand, Grand-Popo le 9/8/1885, FR ANOM 2006 COL 11 ; Max Grumbach an L. Woermann, Vorsitzender des Syndicats für Westafrika in Hamburg, Petit-Popo le 9/2/1885, Bundesarchiv Berlin-Lichterfelde (BArch), BArch R1001/3729, p. 22-23 ; Graf Hatzfeld an den Fürsten von Hohenlohe, Kaiserl. Botschafter, Berlin le 17/4/1885, BArch R1001/3729, p. 123-132.

[20] Max Grumbach, Randad, G.Wollf et huit autres signataires, BArch R1001/3729, p. 28.

devait de les protéger[21]. Ne pas intervenir, c'était « abandonner » les Africains à un sort déplorable et rompre les promesses qui leur avaient été faites[22]. Les défenseurs de l'expansion présentaient régulièrement l'intervention de l'État et l'établissement du protectorat comme une obligation morale envers les Africains, qui nourrissaient l'espoir d'une protection coloniale. Ainsi, la colonisation était fréquemment présentée comme une aide accordée aux populations africaines, qu'il ne fallait pas décevoir.

Il est difficile de juger aujourd'hui de la sincérité d'une pareille argumentation. Dans tous les cas, il apparaît en filigrane que l'obligation éthique envers les Africains a été utilisée comme un argument pour justifier la prise de possession d'un territoire donné. L'argument moral fut complété par celui du risque d'une instabilité politique. En 1885, les maisons de commerce Wölber & Brohm ainsi que Woermann mirent par exemple en avant les attentes africaines d'une protection du Reich[23]. La déception de la population risquait, selon ces commerçants allemands, de susciter des désordres politiques ainsi

---

[21] C. F. Fabre, direction politique, sous-direction du Nord, 1er bureau, au ministre de la Marine et des Colonies, Marseille le 8/8/1884, FR ANOM 2006 COL 11 ; « Protestation du Roi Mensah de Porto-Séguro et de ses ministres contre les Allemands », 27/7/1885, in : Le résident de Grand-Popo au commissaire allemand, Grand-Popo le 9/8/1885, Annexes, FR ANOM 2006 COL 11.
[22] Traduction de l'auteure. Texte original : „im Stich gelassen", citation entière : „Wenn das deutsche Reich das Protektorat nicht übernimmt, nachdem die Erwartung der Bevölkerung demselben so sehr zueifert, so ist bei Überlassung an Andere eine ganz bedenkliche, feindselige Reaktion gegen das dortige Deutsche flammt zweifellos. England will man nicht, an Frankreich hat auch Niemand im Entferntesten gedacht und von Deutschland, auf das man gehofft, im Stich gelassen und aufgegeben, nachdem man sich begründet Anrechte glaubte erworben zu haben, giebt nur Veranlassung zu erneutem Streit und Aufruhr nach allen Richtungen." BArch R1001/3729, p. 37.
[23] Woermann, Vorsitzender des Syndikats für West-Afrika, an den Fürsten v. Bismarck, Hambourg le 4/4/1885, BArch R1001/3729, p. 44-45 ; Wölber & Brohm an Seine Durchlaucht dem Fürsten von Bismarck, Hambourg 19/2/1885, BArch R1001/3729, p. 34-41.

qu'une « réaction très problématique et hostile » contre les ressortissants allemands[24].

Durant les nombreux conflits d'intérêts, les deux partis soulignèrent l'amitié du chef, des notables et de toute la population pour la France ou respectivement pour l'Allemagne. Une fois le conflit d'intérêt réglé, ces mentions disparurent presque toujours. La population d'un territoire donné, une fois que celui-ci avait été définitivement cédé à une puissance rivale, fut généralement abandonnée à son sort. Les archives révèlent par ailleurs que les motions africaines n'ont pas toujours été prises en compte. Par exemple, le chef du village de Sogoda demanda, sans résultat, à être placé sous le régime français vers 1893[25]. Sogoda était situé dans le nord du Togo, près de la frontière, à l'ouest du méridien de Bayol, qui avait été fixé comme ligne de partage entre les deux colonies. Lorsque la commission mixte de délimitation franco-allemande vint sur place et constata l'appartenance du village au Togo, le chef de Sogoda protesta. Il se plaignit à Louis Colson, le chef de la mission française, d'avoir été placé sous le protectorat allemand sans avoir été consulté et sans avoir signé aucun traité. Il demanda à être français, ayant fait des démarches personnelles auprès du résident de Grand-Popo. Colson refusa sa demande de soutien et écrivit dans un rapport :

> Les sentiments de la population seraient plutôt sympathiques à la France. C'est ainsi qu'en particulier, le chef du village refusait tout d'abord d'accepter les cadeaux du docteur Grüner. C'est sur mon insistance la plus discrète possible qu'il s'est décidé. Je craignais que les Allemands ne fassent des suppositions sur ma ligne de conduite vis-à-vis des populations situées réellement dans leur

---

[24] Traduction de l'auteure. Texte original : „eine ganz bedenkliche, feindselige Reaktion" ; suite de la citation : „England will man nicht, an Frankreich hat auch Niemand im Entferntesten gedacht und von Deutschland, auf das man gehofft, im Stich gelassen und aufgegeben, nachdem man sich begründet Anrechte glaubte erworben zu haben, giebt [sic] nur Veranlassung zu erneutem Streit und Aufruhr nach allen Richtungen." Wölber & Brohm an Seine Durchlaucht dem Fürsten von Bismarck, Hambourg 19/2/1885, BArch R1001/3729, p. 34-41.

[25] Sans date, village de Sogada, FR ANOM 50 COL 65 (Dossier Colson, 1893-1897).

sphère d'influence. Du reste, à part sa situation pour le commerce d'Atakpamé, je ne vois pas trop ce que Sogada rapporterait[26].

Les priorités de Colson apparaissent clairement. Il voulait en premier lieu éviter un conflit avec les Allemands, et le village ne lui paraissait pas assez précieux pour demander sa cession, il ne voyait pas ce qu'il « rapporterait ». Les intérêts politiques et économiques primaient ainsi le respect des motions africaines.

Dans le cas de Petit-Popo, les administrateurs européens espéraient contrer les projets d'expansion de la puissance adverse, ils cherchaient à se distinguer en agrandissant la propre colonie au détriment de leurs concurrents. Dans l'exemple de Sogada, les diplomates à Paris et à Berlin avaient d'ores et déjà trouvé un accord, la ligne de délimitation était fixée, il paraissait superflu de mettre en avant une motion africaine pour protester contre les revendications allemandes. Il apparait donc, et c'est l'hypothèse de ce chapitre, que les préférences africaines n'intéressaient pas fondamentalement les agents de la colonisation, mais qu'elles étaient instrumentalisées dans la mesure où elles permettaient de protester de façon argumentée contre une prise de possession territoriale de la puissance adverse. Il faut ici distinguer deux temps : premièrement, celui des conflits d'intérêts sur le terrain, entre les acteurs locaux ; deuxièmement, celui des pourparlers entre les diplomates européens, qui aboutirent majoritairement à des accords sur des lignes de partage idéales, telles que le méridien de Bayol.

### b. Une course à la popularité ?

Les préférences africaines n'ont finalement pas ou que rarement été prises en compte. Cependant, les premiers temps du partage sur le terrain comportaient des aspects d'une course à la popularité. Il ne s'agissait pas de gagner la sympathie de la population ni même des notables dans leur globalité, mais uniquement du chef ou de quelques notables assez puissants pour asseoir le pouvoir européen.

---

[26] *Ibid.*

La stratégie pour augmenter la propre popularité correspondait souvent à une campagne de dénigrement du rival. Les agents coloniaux se plaignaient sans cesse d'intrigues secrètes et de campagnes de dénigrement menées contre eux par les agents de la puissance voisine. La récurrence de ces plaintes nous amène à penser qu'elles n'étaient pas toujours infondées. Selon les rapports, les agents européens nouaient des intrigues avec les chefs, auxquels ils faisaient diverses promesses. En échange, les chefs entreprenaient d'agiter les esprits de la population et de les dresser contre une puissance européenne rivale. En juillet 1885 par exemple, le représentant français accusa directement les Allemands d'utiliser de tels procédés, qui étaient à la limite de la légalité. Le commissaire Falkenthal répondit en soulignant sa loyauté et en repoussant « comme indigne de nous, chaque pensée à une agitation des esprits de la population par des intrigues secrètes, bien que l'esprit public des indigènes nous aurait fourni facilement l'occasion pour cela »[27]. Il rejeta la faute sur les habitants de Petit-Popo, auxquels il aurait prescrit de « s'abstenir de toute agitation pour ou contre et d'attendre tranquillement et en paix la décision venant d'Europe »[28].

De leur côté, les Allemands accusaient les Français de mensonges et d'espionnage[29]. Dans l'affaire de Petit-Popo en 1885, les Français auraient ainsi tout fait pour détériorer l'image de l'Allemagne auprès des Africains[30]. Les agents français auraient même prétendu que le *Reich* allait être contraint de céder les territoires de la côte et que tous les Allemands seraient prochainement chassés. Le commerçant Max Grumbach parlait

---

[27] Le commissaire allemand à M. Piattes, signé : Falkenthal, traduction des services français, Togo le 29/7/1885, FR ANOM 2006 COL 11.
[28] *Ibid.*
[29] Voir : „[...] dass zwei Deutsche hier bereits geradezu infiltriert wurden." Max Grumbach an L.Woermann, Vorsitzender des Syndicats für Westafrika in Hamburg, Petit-Popo le 9/2/1885, BArch R1001/3729, p. 22-23.
[30] Voir : „[...] und thut Alles, die Leute in Stimmung gegen Deutschland zu bringen." Max Grumbach an das Syndikat für West-Afrika in Hamburg, Petit-Popo le 24/2/1885, BArch R1001/3729, p. 47.

d'«intrigues et d'«acharnement» qui rendaient la vie presque insupportable aux Allemands dans la région de Petit-Popo[31].

## 3. Regards africains sur les rivalités coloniales

### a. Les rivalités intra-africaines

Les défenseurs de l'extension coloniale se gardaient bien d'éclaircir certains aspects qui rendaient la situation politique locale et les conditions préalables au partage européen nettement plus complexes, en particulier les rivalités intra-africaines. Les notables des différentes communes ne formaient en toute logique que rarement un front uni. À Petit-Popo par exemple, deux clans rivalisaient pour le pouvoir au début des années 1880. Dans sa monographie sur la famille Lawson, l'historien Adam Jones a retracé minutieusement le déroulement des événements[32]. Après la mort du roi George A. Lawson II en 1881, la faiblesse de l'interrègne conduisit différents partis à revendiquer le pouvoir politique ainsi que le monopole sur les douanes. Trois notables, à savoir le roi de Glidji, le chef Pedro Quadjo ainsi que le caboceer Jehowey projetèrent une alliance avec les Français contre les Lawson[33]. Le clan Lawson, qui gardait de très bons contacts avec les autorités de la Côte-de-l'Or, était plutôt pro-britannique. D'aucuns les accusèrent d'intriguer avec Samuel Rowe, gouverneur de la Côte-de-l'Or et de Lagos, afin de placer les Popos sous influence anglaise[34]. Les Lawson

---

[31] Traduction de l'auteure. Texte original : „Umtriebe und Hetzereien", citation entière : „In Folge französischer Umtriebe und Hetzereien bei den hiesigen Chiefs [sic] wird das Leben für die Deutschen hier und in Gross-Popo, abgesehen von allen geschäftlichen Unzuträglichkeiten, fast unerträglich." *Ibid.*

[32] A. JONES et P. SEBALD, *An African family archive: the Lawsons of Little Popo/Aneho (Togo), 1841-1938*, Oxford; New York, Oxford University Press for the British Academy, 2005, p. 175-181.

[33] Le terme «caboceer» - du portugais «cabociero», en français «chef» - désignait un homme de pouvoir très haut gradé, titulaire d'une fonction politique, militaire ou commerciale. Répandu sur toute la côte, depuis la Guinée jusqu'à Lagos, il atteste de l'influence portugaise et brésilienne sur les sociétés africaines installées près du littoral.

[34] *Ibid.*

étaient de plus soutenus par les nombreux marchands venus de Sierra Leone dans les années 1870 et qui avaient gardé le statut de sujets britanniques. À Petit-Popo, les Sierra Léonais furent d'ailleurs victimes de plusieurs incidents xénophobes, l'un d'entre eux fut ainsi assassiné en 1881.

Dans les années 1883-84, une nouvelle faction pro-allemande accusa les Lawson de vouloir « secrètement vendre le pays aux Anglais » alors qu'ils n'en avaient pas le droit et que le roi de Glidji Ouebo était le seul prétendant légitime au trône de Petit-Popo[35]. Les ressortissants allemands, de leur côté, craignaient une influence britannique cachée et firent pression sur leur propre gouvernement pour obtenir la protection impériale[36]. Leurs craintes étaient augmentées par l'élection et l'intronisation du jeune George Akwete Lawson III en octobre 1883. Face aux pressions allemandes, le roi Lawson III chercha un soutien auprès des Anglais, qui refusaient d'intervenir sans avoir reçu des instructions claires de Londres. Au final, la région fut cédée à l'Allemagne en décembre 1885. Ni la motion de la dynastie Lawson, ni les préférences de la population n'avaient été véritablement prises en considération lors des négociations diplomatiques.

Si, à l'instar de celles des Lawson, les revendications des notables n'ont finalement pas été prises en compte dans la délimitation des sphères d'influence, il n'en reste pas moins que le rôle des rivalités intra-africaines pour le partage colonial ne doit pas être négligé. Elles avaient un impact déterminant sur le comportement des acteurs locaux, autant sur les Européens que sur les Africains[37]. Dans plusieurs affaires, différentes factions apparurent, comme à Petit-Popo, différentes alliances se nouè-

---

[35] von Kusserow, annexe IV, demande de protection (roi et chefs de Little Popo et Greegee) adressée à l'Empereur du 8 août 1884, 26/1/1885, BArch R1001/3729.

[36] Helm Renate, 2004, *Politische Herrschaft in Togo: das Problem der Demokratisierung*, Münster, Lit, p. 20.

[37] Voir aussi : Dorat, commandant des Établissements français du golfe du Bénin, à M. le ministre de la Marine et des Colonies, Porto-Séguro le 24/12/1885, FR ANOM 2006 COL 11 ; Cantaloup, Représentant du Protectorat français, à M. Dorat, résident français de Porto-Novo, Petit-Popo le 23/11/1885, FR ANOM 2006 COL 11.

rent. Chaque parti chercha à tirer avantage des rivalités entre les camps adverses.

En 1897, les expéditions française, allemande et britannique se suivaient de près dans ce qu'on appelait l'hinterland de la Côte des Esclaves, ces territoires situés dans l'arrière-pays éloigné de la côte qui n'avaient pas encore été partagés. Chaque expédition chercha à signer des traités avec les dirigeants africains et à déclarer le protectorat colonial sur autant de régions que possible. À Mango, le sultan Nbema gardait rancune envers l'expédition française dirigée par le commandant Henri Decoeur, qui avait refusé les invitations répétées du suzerain de se loger dans la ville. Le Sultan montra à Decoeur un traité de protectorat britannique, daté du 8 août 1894 et signé par l'officier Ferguson. Les Britanniques prétendaient déjà à des droits sur le sultanat, il paraissait donc inutile d'insister. Decoeur décida de repartir de suite, Nbema fut profondément vexé par sa précipitation[38]. Trois jours plus tard, l'expédition allemande arriva à Mango, son chef Hans Gruner écouta les doléances de Nbema à propos de Decoeur et décida de rester chez le Sultan le temps de négocier un traité. Il espérait de plus obtenir de Nbema un guide ainsi qu'un émissaire pour être introduit auprès du prince du Gourma, situé plus au nord. La « colère du Sultan contre les Français » devait le servir[39]. Nbema lui promit son soutien contre les Français, « qui n'obtiendraient rien malgré leur avance », il promit à Gruner d'envoyer un messager au sultan du Gourma, son ami, pour lui demander de ne pas signer avec les Français[40]. Dans ses mé-

---

[38] Le gouverneur du Dahomey au ministère des Colonies, « Dernières nouvelles missions opérant dans boucle Niger », Ouidah le 1/3/1895, FR ANOM 1401 COL 16.

[39] Traduction de l'auteure. Texte original : „dem Zorne des Sultans auf die Franzosen", citation entière : „Das war nur mit Unterstützung durch den Sultan möglich, und diese war dank dem Zorne des Sultans auf die Franzosen zu erreichen, kostete aber Zeit." Gruner Hans, 1997, *Vormarsch zum Niger: die Memoiren des Leiters der Togo-Hinterlandexpedition 1894/95*, texte édité par Sebald Peter, Berlin, Edition Ost, p. 113.

[40] Traduction de l'auteure. Texte original : „der Franzose werde, trotzdem er voraus sei, nichts erreichen", citation entière : „Auf meine Erklärung, ich müsse sogleich hinter den Franzosen her, um sie zu überholen, versicherten

moires, Gruner affirme que le Sultan « [...] allait faire en sorte que les Français n'obtiendraient rien, il en faisait son affaire »[41]. C'est ainsi que Nbema désirait clairement s'allier aux Allemands, en leur promettant qu'il empêcherait les rivaux français d'obtenir un traité avec le royaume du Gourma. En échange, Nbema demanda un soutien politique et militaire pour régler une querelle ancienne avec le royaume voisin de Yendi. Hans Gruner fit de larges promesses au Sultan, l'assurant du soutien allemand contre Yendi, lui promettant que seule l'Allemagne était « en mesure d'exaucer son vœu », car elle seule avait signé un traité de protectorat avec Yendi[42]. Nbema espérait-il annexer Yendi avec l'aide des puissants maîtres du Togo ? Gruner ne le précise pas dans son récit, mais il indique que le Sultan avait demandé le même soutien aux Anglais, qui l'avaient déçu. Le fonctionnaire allemand de son côté espérait tirer avantage du rayonnement politique du Sultan[43]. Nbema lui semblait puissant, il paraissait d'une importance majeure pour accroître l'influence allemande sur tous les chefs et rois du nord togolais. C'est pourquoi il conseilla au service des colonies berlinois de gagner la sympathie du sultan Nbema en influençant son rival à Yendi.

**b. Regards africains sur les rivalités coloniales**

Comment les acteurs africains se sont-ils exprimés sur les conflits d'intérêts européens ? Les sources sont ici assez rares et généralement composées de paroles rapportées et contradictoires. Elles doivent être traitées avec prudence, mais elles méritent néanmoins d'être mentionnées. Deux configurations

---

sie mir, der Franzose werde, trotzdem er voraus sei, nichts erreichen." *Ibid.*, p. 114.
[41] Traduction de l'auteure. Texte original : „Außerdem wolle er schon dafür sorgen, dass der Franzose nichts erreiche, das sei seine Sache." *Ibid.*
[42] Traduction de l'auteure. Texte original : „seinen Wunsch zu erfüllen", citation entière : „Ich erwiderte ihm, nur wir seien imstande, seinen Wunsch zu erfüllen, da wir allein mit Jendi einen Schutzvertrag geschlossen hätten." *Ibid.*
[43] Dr. Gruner an die Kolonialabtheilung des Auswärtigen Amtes, Berlin le 9/10/1895, BArch R1001/3733 (1), p. 105-6.

sont à distinguer : nous pouvons relever un exemple dans lequel un notable africain affirma ne pas être au courant de l'existence de différentes nations européennes. Dans la région de Djougou (dans le nord du Bénin actuel), le roi avait accepté le protectorat allemand en 1897. Les Français protestèrent et insistèrent sur leurs prétentions contraires. Alors, le roi de Djougou affirma avoir laissé les Allemands s'implanter sur son territoire parce qu'il « croyait qu'il n'y avait qu'une seule famille de Blancs »[44]. Est-ce là un aveu d'ignorance sincère ou une formule de politesse pour apaiser la colère des Français ? Il paraît peu probable que les notables africains aient pu ne pas être au courant des rivalités européennes. Il semblerait qu'ils comptaient mettre à profit les rivalités coloniales d'une manière toute aussi rusée et hypocrite que les Européens le faisaient de leur côté.

Mais dans la très grande majorité des cas, les suzerains africains étaient parfaitement au courant des rivalités européennes et comptaient en tirer avantage, le sultan Nbema n'est ici qu'un exemple parmi d'autres. L'affaire la plus connue est celle du Danxomé, une puissance régionale majeure en Afrique occidentale et qui donna son nom à la colonie française[45]. Pour la France, le Danxomé représentait l'un des derniers verrous d'accès dans la course au Niger et au Tchad[46]. Les agents français conquirent le royaume au cours de deux guerres (21 févier – 4 octobre 1890 et 4 juillet 1892 – 15 janvier 1894) qui eurent pour point de départ un différend sur la cession de Cotonou.

Face à la menace française, Gbêhanzin, le roi du Danxomé, chercha un allié assez puissant pour repousser l'envahisseur français. Les excellentes relations qu'il entretenait jusqu'alors avec les commerçants allemands à Ouidah l'induit en erreur.

---

[44] Molex, résident du Schabé, en mission à Djougou, Djougou le 26/2/1897, dossier « Allemagne » FR ANOM 1406 COL 4.
[45] Les historiens orthographient généralement le royaume « Danxomè » afin d'employer une orthographie plus proche de la prononciation africaine et afin de distinguer son nom de celui de la colonie française (aux frontières très larges).
[46] Michel Marc, 1992, « L'armée coloniale en AOF », dans C. COQUERY-VIDROVITCH et O. GOERG (éd.), *L'Afrique occidentale au temps des Français colonisateurs et colonisés (c. 1860-1960)*, Paris, la Découverte, p. 60.

Gbêhanzin s'adressait directement à Guillaume II, l'appelant son *ever friend*, et lui fit parvenir en septembre 1891 une lettre accompagnée de cadeaux, à savoir un trône en bois et un sac en cuir décoré, mais également cinq garçons esclaves[47]. Le Roi renouvela à deux reprises son témoignage d'amitié pour l'Allemagne tout en dénonçant les agissements français. Cette correspondance pouvait s'avérer gênante pour le gouvernement impérial, qui souhaitait maintenir sa neutralité dans le conflit franco-danxoméen. Guillaume II, tout en se montrant flatté par les cadeaux, gardait ses distances, il déclina ainsi la proposition d'Abomey d'envoyer deux messagers personnels à Berlin. L'accueil des représentants danxoméens aurait probablement suscité une grande irritation à Paris.

Dans une lettre datée du 14 octobre 1892, le chef et intermédiaire de Gbêhanzin, Koussougan Chedo, s'adressa au commissaire du Togo Jesko von Puttkamer, demandant une médiation allemande dans le conflit franco-africain :

> [...] j'ai essayé bien des fois d'envoyer un message écrit au Président de France : mais l'officier commandant les vaisseaux de blocus stationnés ici, se refusait à le transmettre. Pour cette raison, je vous prie d'être le médiateur, et peut-être par l'aide de l'officier étranger le Président de France arrivera à connaître la situation réelle et véridique des affaires et à savoir que jamais il ne m'est venu à l'idée de faire la guerre à une nation européenne quelconque. Après ces explications, le très respecté Président de France arrivera à la conclusion qu'il faut envoyer ici un magistrat qui puisse juger cette affaire[48].

Koussougan Chedo demanda en vain à von Puttkamer de transmettre deux lettres, l'une adressée au Président de la Troisième République, l'autre à l'empereur Guillaume II. Au lieu d'exaucer cette prière, von Puttkamer écrivit le 5 septembre aux Affaires Étrangères à Berlin pour demander des instructions[49].

---

[47] *Ibid.*, p. 11 ; Ces objets se trouvent aujourd'hui au musée ethnologique de Dahlem (Berlin) ; voir la « Lettre du Roi Gbéhanzin à Guillaume II », Abomey, septembre 1891, in : *ibid.*, document 8, p. 156-158.
[48] Lettre du chef Koussougan au commissaire impérial J. von Puttkamer, Ouidah le 14/10/1892, dans : *ibid.*, document 11, p. 128.
[49] *Ibid.*, p. 168.

Dans le cas où Gbêhanzin venait se réfugier en territoire togolais, le commissaire impérial se voyait chargé d'interner le Roi et de le traiter sans bienveillance. Dix jours plus tard, Koussougan demanda de nouveau une médiation allemande, tout en accusant directement et pour la première fois le *Reich* d'avoir une responsabilité dans le déclenchement des hostilités. Il semblait sous-entendre que les Français, jaloux de leur sphère d'influence, n'avaient déclaré la guerre que pour couper les liens entre le Danxomé et ceux que le royaume considérait comme une puissance alliée :

> Toute cette guerre que les Français font contre moi est causée par l'amitié existant entre le Dahomey et les Allemands. Ils connaissent le bon traitement que j'ai toujours appliqué à tous les commerçants allemands qui sont sous ma protection. Tout cela les pousse à déclencher une guerre contre moi. Veuillez faire de votre mieux pour m'assister dans cette affaire ou veuillez écrire à l'Empereur d'Allemagne[50].

Au cours du mois d'octobre 1892, alors que la défaite du Danxomé contre les forces françaises apparaissait inévitable, certains notables du royaume en vinrent à envisager un protectorat allemand, une solution qui leur semblait préférable à l'occupation de la France. L'historien Adjaï Oloukpona-Yinnon a dénombré trois demandes de protectorat adressées au *Reich*, et ajoute que la rumeur de la demande de protectorat parvint jusqu'à Paris. Aussitôt, « la presse française s'en fit l'écho, avec des commentaires insidieux, si bien que les autorités allemandes manifestèrent leur irritation en confirmant la nouvelle d'une manière ironique et cynique, par le biais de la gazette 'Vossische Zeitung' »[51].

Jusqu'à la fin, jusqu'à la défaite du royaume, il espérait recevoir le concours du *Reich* et restait convaincu que l'empereur Guillaume II prendrait partie pour lui[52]. L'historien A. Olouk-

---

[50] *Ibid.*, document 12, p. 130.
[51] *Ibid.*, p. 172.
[52] Oloukpona-Yinnon Adjaï P., 1996, « Introduction », dans A.P. OLOUKPONA-YINNON (éd.), *Gbehanzin und die Deutschen: politische Korrespondenz zwischen dem KönigReich Danhome und dem Deutschen*

pona-Yinnon qualifie très justement la conviction de Gbêhanzin de grave erreur : « les autorités du Danhomê ont naïvement cru que les commerçants allemands de Ouidah reflétaient objectivement la politique officielle du Reich »[53].

À côté de l'exemple du Danxomé, qui permet d'illustrer les espoirs et déceptions de certains dirigeants africains face au jeu de rivalité et de solidarité franco-allemand, nous pouvons citer au moins un exemple où des acteurs africains ont réussi à imposer leur préférence pour l'une ou l'autre puissance : celui des habitants de Boukoumbé, un village situé dans le Nord, à proximité immédiate de la frontière franco-allemande (dans la région de Kouandé). Vers 1906, l'administration du Togo entreprit la construction d'une route carrossable depuis Kougnagou jusqu'à Birini, dans le nord du pays, sans savoir qu'une très grande partie du chemin se trouvait au Dahomey. Les habitants de Boukoumbé, le premier village après la frontière, observèrent l'avancement de la route qui devait passer près de chez eux. Des travailleurs avaient été réquisitionnés de force pour le projet de construction. Les villageois, craignant à leur tour d'être soumis au travail forcé, se précipitèrent au prochain poste français à Kouandé, demandèrent un drapeau tricolore et le hissèrent sur leur village, faisant ainsi comprendre aux fonctionnaires allemands qu'ils avaient franchi la frontière et qu'ils risquaient un conflit avec le gouvernement de la France. Les Allemands firent demi-tour et abandonnèrent la construction de la route. À Boukoumbé, les habitants ont su utiliser la présence européenne à leur avantage, la domination française leur a ainsi permis de se défendre contre une autre puissance étrangère, l'Allemagne[54]. Le récit de cet événement s'est transmis à travers les générations jusqu'aujourd'hui, et

---

Reich *(1882-1892) : deutsch-französische Dokumentation*, Berlin, Edition Ost, p. 14.
[53] *Ibid.*, p. 166
[54] Récit transmis par les habitants du village de Boukoumbé dans le pays des Bétammaribé. L'auteure remercie le guide touristique Pierre, de l'association « la Perle de l'Atacora », en collaboration avec Éco-Bénin, pour le tour guidé sur la « route allemande » le 11 août 2016 ; voir aussi la page web de l'association :
http://www.ecobenin.org/Koussoukoingou.html, page consultée le 22/11/16.

c'est là l'exemple - plutôt rare - d'une résistance réussie contre une puissance coloniale.

« La route allemande », photos prises par l'auteure, Boukoumbé, Bénin, août 2016[55].

---

[55] Village de Boukoumbé, Bénin, archives personnelles, photos prises par l'auteure le 10 août 2016.

# Conclusion

Quelle a donc été la marge de manœuvre des acteurs africains dans le partage colonial, comment peut-on résumer leur influence dans le processus de délimitation frontalière entre le Togo et le Dahomey ? Dans la course engagée localement entre les agents français et allemands, elle a joué un certain rôle. Dans le processus de délimitation entre le Togo et le Dahomey, les agents de l'administration coloniale invoquèrent un certain nombre d'autres arguments destinés à justifier leurs prétentions territoriales, au détriment de leurs concurrents européens. Les prétentions respectives se basaient en premier lieu sur les traités de protection signés avec les chefs, sultans et rois locaux, mais également sur les points suivants : le respect de l'intégrité des ensembles politiques précoloniaux, autrement dit, des frontières ethniques ; les demandes de protection formulées par des dirigeants africains ou les préférences africaines, pour la France ou pour l'Allemagne. La convoitise autour des territoires qui n'étaient pas encore tombés sous la coupe d'une puissance européenne a donné lieu à de nombreuses stratégies et intrigues, autant du côté européen qu'africain. Les agents du Togo et du Dahomey se reprochaient mutuellement de mener des campagnes de dénigrement, de manipuler les faits, les populations et les notables africains pour parvenir à leurs fins. L'accumulation d'accusations réciproques est ici révélatrice, bien qu'il soit souvent impossible de prouver ou d'invalider leur véracité.

Il n'en reste pas moins qu'ils dressaient ainsi un portrait étrange des Africains, qui apparaissent régulièrement dans leurs correspondances comme des êtres faciles à manipuler, comme des sujets qui se rebellent, non pas de leur propre initiative, mais en raison d'une intrigue nouée par des concurrents européens. Les Africains de leur côté ont pourtant et indéniablement essayé de tirer avantage des tensions entre les puissances impérialistes. Plusieurs exemples illustrent comment ils ont cherché un allié européen pour régler leurs querelles avec des rivaux anciens, pour affaiblir ou même détruire le chef d'un clan adverse.

Les exemples cités permettent d'affirmer que les agents européens sur le terrain n'ont pas pris au sérieux les éventuelles alliances avec des dirigeants africains, mais qu'ils les ont instrumentalisées en vue soit de conclure des accords commerciaux, soit de signer un traité de protectorat au détriment des concurrents européens. Le discours des agents européens était ainsi marqué d'une certaine duplicité, les promesses faites aux notables africains étaient souvent basées sur une indéniable hypocrisie. Cette duplicité n'était pas que le fait de personnalités douteuses, de fonctionnaires sans scrupules, mais découlait de l'image même qui prédominait en Europe sur l'Afrique et les Africains. Ainsi, une puissance européenne ne pouvait sérieusement envisager de conclure une alliance avec un suzerain africain contre une autre nation européenne. Une telle alliance risquait de nuire gravement à sa réputation sur l'échiquier politique international ; elle s'exposait au reproche de pactiser avec des « sauvages » contre la civilisation, de porter atteinte à la solidarité entre nations civilisées et de mettre en péril le statut d'autorité de l'homme blanc. C'était une sorte de tabou, une règle qui, dans la vision occidentale, semblait être évidente.

Peut-être certains agents coloniaux étaient-ils sincèrement attachés à faire valoir les motions des dirigeants africains, à respecter les frontières ethniques, à promouvoir les valeurs humanistes et à améliorer les conditions de vie en Afrique. Mais cet aspect était relégué loin derrière les autres ; et quand bien même les agents coloniaux auraient eu la volonté de l'appliquer, ils n'en auraient eu ni les moyens matériels, ni le temps, ni le personnel. Aussi, la frontière franco-allemande a été tracée selon une ligne artificielle, le méridien de Bayol, après des négociations diplomatiques conduites entre Paris et Berlin, en l'absence de dirigeants africains.

**Note sur les abréviations et le vocabulaire employés**
ANOM = Archives Nationales d'Outre-Mer (Aix-en-Provence)
BArch = Bundesarchiv Berlin-Lichterfelde

Les ressortissants allemands, français et britanniques seront parfois, par un souci de brièveté, désignés comme « les Allemands », « les Français », « les Britanniques ». Dans le présent chapitre, ils englobent uniquement la catégorie professionnelle des administrateurs coloniaux, qui étaient pour la plupart des fonctionnaires, en tout quelques dizaines de personnes. La désignation des populations africaines, issues d'ethnies très diverses dans les territoires qui allaient devenir le Togo et le Dahomey (actuel Bénin), pose également problème. Nous faisons ici le choix de les désigner parfois par le terme simplificateur de « les Africains ». D'autres termes sont possibles, mais également peu satisfaisants. Ainsi, lorsqu'ils se réfèrent à la population de la colonie togolaise, certains historiens parlent des Togolais. Ce terme semble quelque peu anachronique, surtout au début de la période, quand plusieurs ethnies du futur Togo venaient d'être divisées par des frontières arbitrairement tracées. Il est également possible d'écrire « les sujets allemands » du Togo pour les distinguer des « sujets français » du Dahomey. Mais ces désignations passent quelque peu sous silence la lente pénétration de la colonisation dans le Nord et les formes de résistance à la domination européenne.

**Bibliographie**

Bhabha Homi K, The location of culture, London; New York, Routledge, 1994.
Brunschwig Henri, Le Partage de l'Afrique noire, Paris, Flammarion, 1993.
Chéradame André, La colonisation et les colonies allemandes, Paris, Plon-Nourrit, 1905.
Conrad, Sebastian et Osterhammel, Jürgen, « Einleitung », dans S. Conrad et J. Osterhammel (éd.), Das Kaiserreich transnational: Deutschland in der Welt 1871-1914, Göttingen, Vandenhoeck & Ruprecht, 2004, p. 7-28.
Conrad Sebastian, Shalini Randeria et Beate Sutterlüty, Jenseits des Eurozentrismus: postkoloniale Perspektiven in den Geschichts- und Kulturwissenschaften, Frankfurt am Main ; New York, Campus, 2002.

Friedrichsmeyer Sara, Sara Lennox et Susanne Zantop, The Imperialist Imagination: German Colonialism and Its Legacy, sans lieu, University of Michigan Press, 1998.

De Gemeaux Christine et Amaury Lorin (éd.), L'Europe coloniale et le grand tournant de la Conférence de Berlin: 1884-1885, Paris, Manuscrit, 2013.

Gruner Hans, Vormarsch zum Niger: die Memoiren des Leiters der Togo-Hinterlandexpedition 1894/95, P. Sebald (éd.), Berlin, Edition Ost, 1997.

Hangula Lazarus, Die Grenzziehungen in den afrikanischen Kolonien Englands, Deutschlands und Portugals im Zeitalter des Imperialismus 1880-1914, Frankfurt am Main; New York, Lang, 1991.

Helm Renate, Politische Herrschaft in Togo: das Problem der Demokratisierung, Münster [Germany], Lit, 2004.

Heyden Ulrich van der et Joachim Zeller, Kolonialmetropole Berlin: eine Spurensuche, Berlin, Berlin Edition, 2002.

Jones Adam et Peter Sebald, An African family archive: the Lawsons of Little Popo/Aneho (Togo), 1841-1938, Oxford; New York, Oxford University Press for the British Academy, 2005.

Jureit Ulrike, Das Ordnen von Räumen: Territorium und Lebensraum im 19. und 20. Jahrhundert, Hamburg, Hamburger Edition, HIS, 2012. OCLC: 801748509.

Lindner Ulrike, Koloniale Begegnungen Deutschland und Großbritannien als Imperialmächte in Afrika 1880 - 1914., Campus, 2011.

Lobstein René, Essai sur la législation coloniale de l'Allemagne, Paris, A. Chevalier-Maresco & cie, 1902.

Michel Marc, « L'armée coloniale en AOF », dans C. Coquery-Vidrovitch et O. Goerg (éd.), L'Afrique occidentale au temps des Français colonisateurs et colonisés (c. 1860-1960), Paris, Ed. la Découverte : ACCT, 1992, p. 57-78.

Oloukpona-Yinnon Adjaï Pauliin, « Introduction », dans A.P. Oloukpona-Yinnon (éd.), Gbehanzin und die Deutschen: politische Korrespondenz zwischen dem Königreich Danhome und dem Deutschen Reich (1882-1892) : deutsch-französische Dokumentation, Berlin, Edition Ost, 1996, p. 7-18.

Oloukpona-Yinnon Adjaï Paulin (éd.), Gbehanzin und die Deutschen: politische Korrespondenz zwischen dem Königreich Danhome und dem Deutschen Reich (1882-1892) : deutsch-französische Dokumentation, Berlin, Edition Ost, 1996.

Pesek Michael et Andreas Eckert, « Bürokratische Ordnung und koloniale Praxis. Herrschaft und Verwaltung in Preussen und Afrika », dans S. Conrad et J. Osterhammel (éd.), Das Kaiserreich transnational: Deutschland in der Welt 1871-1914, Göttingen, Vandenhoeck & Ruprecht, 2004, p. 87-106.

Revel Jacques et École des hautes études en sciences sociales (éd.), Jeux d'échelles: la micro-analyse à l'expérience, Paris, Gallimard : Seuil, 1996. OCLC: 35627819.

Trotha Trutz von, Koloniale Herrschaft: zur soziologischen Theorie der Staatsentstehung am Beispiel des « Schutzgebietes Togo », Tübingen, J.C.B. Mohr, 1994.

Zurstrassen Bettina, Die Steuerung und Kontrolle der kolonialen Verwaltung und ihrer Beamten am Beispiel des « Schutzgebietes » Togo (1884 - 1914), thèse, Universität der Bundeswehr München, 2005.

# 4. IDENTITÉS

# 4.9. Nation, migration, narration : le renouveau du sentiment national allemand vu par les rappeurs allemands issus de l'immigration

David CHEMETA,
Université de Strasbourg

Dans le cadre des questionnements sur la mise à mort ou non des identités et cultures nationales par les migrations, le cas allemand semble particulièrement intéressant puisque, si le pays est soumis à une pression migratoire importante dans les dernières années, les chercheurs s'intéressant à la question notent un renouveau du sentiment national allemand depuis quelques années (cf. par exemple, Götz 2011, Klein, 2014 ou encore Piwoni, 2012). Or, l'un des lieux où s'exprime ce renouveau est la production artistique, en particulier, et cela peut paraître déroutant, la musique rap.

D'abord, quelques mots d'introduction sur le rap en Allemagne. Il s'agit d'une forme de musique née aux États-Unis où elle s'est développée à la fin des années 1970 au sein d'une culture, la culture hiphop, qui renferme d'autres formes artistiques, comme le graffiti, le Djing, des formes de danse, etc., originellement créées par des jeunes généralement issus de la minorité noire et aussi des catégories immigrées pour concurrencer les soirées officielles où ils étaient souvent refusés. De mouvement festif, une partie du hiphop s'est rapidement muée en un mouvement revendicateur, notamment (mais pas seulement) au sein des luttes pour la reconnaissance des populations issues de l'immigration (cf. Bazin, 1996 ou Burchart, 2011). En arrivant en Europe dans les années 1980, le hiphop, et surtout sa forme textuelle, le rap, a suivi un chemin analogue, de mouvement festif, puis en partie politisé à partir des années 1990, que ce soit en France ou en Allemagne. Dans les deux pays, le rap s'est imposé rapidement comme une « voix de migrants » (Putnam, 2006 : p. 69), autant parce qu'il abordait souvent des thèmes propres aux populations issues de l'immigration que parce que celles-ci étaient particulièrement représentées parmi les rappeurs. Des chercheurs comme Jannis Androutsopoulos et Arno Scholz ont estimé ainsi que 60 % des rappeurs allemands étaient issus de l'immigration, contre certes 90 % environ en France, mais seulement 32 % en Espagne et 4 % en Italie (Androutsopoulos/Scholz 2002 : p. 6). Les spécialistes du rap allemand, comme Hannes Loh et Mürat Güngör ont expliqué ce phénomène par le fait que le rap fut le premier moyen d'expression de masse mis à la disposition des populations issues de l'immigration (Güngör/Loh, 2002 : p. 22).

En Allemagne toutefois, la question de la nation fut également très vite au cœur des préoccupations des rappeurs, notamment parce que la vague de patriotisme qui a suivi la Réunification en 1990 a déclenché une onde de choc au sein du rap, où l'allemand s'est imposé à la place de l'anglais comme langue générale, certes par commodité, mais aussi par conviction nationale (Dufresne, 1997 : p. 336). D'une manière générale, les recherches ont montré la résurgence depuis quelques années d'un sentiment national en Allemagne, qui ne va pas de soi puisque pendant longtemps, le choc provoqué par les crimes nationaux-socialistes a écarté toute tentative nationaliste de masse dans ce pays : Karl Jaspers s'était même avancé à écrire en 1960 que l'histoire de la nation était en Allemagne définitivement révolue (Jaspers, 1960 : p. 52). Or, les recherches les plus récentes, comme celles de Eunike Piwoni ont montré que, malgré cette montée en puissance du sentiment national (d'après un sondage datant de 2009 par exemple, 75 % des Allemands s'estimaient fiers d'être Allemands malgré l'histoire nationale-socialiste [Klein, 2014 : p. 141]), la forme de ce sentiment national a radicalement changé : si historiquement, l'Allemagne a longtemps été, d'abord clairement, puis plus diffusément, une nation qui s'est définie sur des critères ethnoculturels, comme l'a par exemple montré Rogers Brubaker (Brubaker, 1992), le sentiment national tel qu'il s'exprime à la fois dans les lois ou dans la culture depuis une quinzaine d'années est a globalement connu une évolution « from ethnos to demos », pour reprendre le titre d'une étude de Marianne Takle (Takle 2007), c'est-à-dire d'une conception de la nation basée sur l'ethnie (le concept étant pris dans son acception large, dans la lignée de recherches comme celles d'Anthony D. Smith, et regroupe plusieurs critères : origine, couleur de peau, mais aussi langue, éléments culturels tels que la religion, etc. [Smith, 1991 : p. 21]) à une nation basée petit à petit de plus en plus sur des critères politiques (est Allemand celui qui est né en Allemagne et respecte les principes fondamentaux allemands, tels que par exemple les libertés fondamentales, etc., quelle que soit l'origine ethnique ou culturelle de l'individu).

Une telle hésitation entre critères de définition ethnoculturels et critères politiques (ou civiques) n'est pas anodine, car par essence, la définition politique/civique de la nation est plus ouverte aux populations issues de l'immigration que celles basée sur ces critères ethnoculturels. Or, partant de ces recherches sur la nation, on peut légitimement se demander ce que la « voix des migrants » qu'est le rap a pu penser de ces débats sur la question nationale, et comment les rappeurs, notamment issus de l'immigration, définiraient eux-mêmes la nation allemande. C'est précisément cette question qui servira de fil conducteur à cette contribution.

Pour répondre à ces questionnements, on a analysé les textes de rappeurs issus de l'immigration. Comme un nombre croissant de chercheurs et théoriciens des sciences sociales le préconisent (Creswell, 2009 : p. 10), il a semblé pertinent d'associer à une analyse qualitative d'exemples de textes et de rappeurs précis, nécessaire pour analyser les causes d'une résistance ou d'une adhésion à l'identité nationale, une analyse quantitative prise à partir d'un corpus vaste, pour être sûr que les exemples analysés ici ne sont pas simplement des cas particuliers, mais qu'au delà de leurs idiosyncrasies, ils peuvent être le symptôme d'un véritable changement. Le rappeur Samy

Deluxe se demande dans son autobiographie, à propos de son identité allemande retrouvée : « Qu'est-ce qui a changé dans les huit dernières années ? L'Allemagne – ou moi ? » (Bühler/Deluxe, 2009 : p. 22)[1]. C'est précisément à cette question que l'analyse quantitative permet de contribuer à répondre. Ainsi, partant d'un corpus de 20 rappeurs ou groupes de rappeurs issus de l'immigration[2], choisis parmi les plus connus ou les plus influents dans l'histoire du rap allemand, on constate que, sur 2501 chansons publiées par ces rappeurs dont on peut trouver les textes sur internet ou dans la littérature secondaire, pas moins de 715 (soit 28, 6 %, plus du quart) évoquait la question de l'immigration ou de l'identité nationale en Allemagne, et 163 textes (6,5 %) y étaient consacrés entièrement ou en grande partie, ce qui n'est pas négligeable au regard de la foule des sujets traités dans les textes (Jannis Androutsopoulos et Arno Scholz distinguent par exemple présentation de soi, discours sur la scène, critique sociale, contemplation, amour/sexe, fête/fun, drogue et autres [Androutsopoulos/Scholz 2002 : p. 4]). En sélectionnant parmi ces textes ceux qui contenaient une prise de position claire sur la question de l'identité nationale allemande, je suis arrivé à 104 textes (environ 4,16 % du total), et même si la majorité de textes prenaient leur distance envers l'identité nationale allemande (pas forcément par choix, l'explication donnée étant souvent le regard des autres plus que l'absence de volonté d'appartenance), près de la moitié (47 textes) revendiquaient une identité nationale allemande – en dépit des origines migratoires des rappeurs. On entend par là que les textes revendiquaient le statut d'Allemand, généralement de manière motivée (on parlera ici d'identité nationale allemande, même quand le terme de « nation » n'est pas employé, au sens où la nationalité fait l'objet d'une revendication).

---

[1] Citation originale : « Was hat sich in den letzten acht Jahren geändert? Deutschland -oder ich? ». Toutes les traductions depuis l'allemand sont de l'auteur de l'article.

[2] Dans le détail, et pour être plus précis, il s'agit des groupes Advanced Chemistry, Cartel, Brothers Keepers, Fresh Familee, King Size Terror, et des rappeurs Bushido, Deso Dogg, Aziza A, Samy Deluxe, Boulevard Bou, Afrob, B-Tight, Eko Fresh, Baba Saad, Alpa Gun, D-Flame, Denyo, Al Gear, Manuellsen et Haftbefehl.

On développera ici ces résultats en deux parties, la première étant consacrée à l'histoire générale de la question nationale dans le rap allemand, tandis que la seconde sera une analyse de la question nationale allemande dans les textes de rappeurs issus de l'immigration.

## Deut?chland[3] : Le rôle de l'identité nationale allemande dans l'histoire du rap en Allemagne

La question nationale a été très tôt posée dans le rap allemand. Avant la Réunification allemande en 1990, le rap était peu politisé et les textes étaient presque tous rappés en anglais. Cela a bien vite changé, et on peut peut-être dégager trois périodes distinctes dans le traitement de l'identité nationale allemande fait par le rap allemand : la période de discussions intenses suivant directement la Réunification, une période à partir de 1998/1999 avec des polémiques et des remises en question, et une période après 2006 où l'identité nationale s'impose peu à peu comme standard chez de nombreux rappeurs, y compris ceux issus de l'immigration. Ce découpage par période est, à l'origine, repris d'une proposition de Sabine Handschuck et Hubertus Schröer, et correspond à des phases dans l'histoire de la migration allemande pour les deux chercheurs (Handschuck/Schröer, 2012 : p. 27 et suivantes). Qu'il s'agisse d'une coïncidence ou non (l'analyse quantitative permettra d'esquisser un début de réponse), ces trois périodes semblent correspondre également à des phases dans le traitement des questions liées à l'immigration et à l'identité nationale par le rap allemand. Bien qu'artificiel, ce découpage n'est donc pas nécessairement dépourvu de sens, comme on aura à tâche de le montrer.

La première période est donc celle qui suit directement la Réunification allemande. Très vite, le rap surfe sur la question nationale et dès 1990, l'un des premiers CD de rap allemand, Krauts with attitudes (à traduire par Choucroutes avec fierté),

---

[3] Cette façon d'écrire « Deutschland » avec un point d'interrogation vient de l'autobiographie de Samy Deluxe (Bühler/Deluxe, 2009 : p. 19).

s'annonçait clairement comme un projet patriotique. Ce projet n'est toutefois que le premier d'une série de textes qui se consacreront à la question de l'identité nationale. Des trois périodes, c'est d'ailleurs dans celle-ci que le corpus de textes étudié révèle le plus de textes se confrontant à la question de l'identité nationale, avec ou sans lien avec la question de l'immigration : 28 textes sur les 143 de la période, soit 19,58 % des chansons traitaient intégralement ou au moins en grande partie de ce sujet. De fait, c'est sur le CD Krauts with attitudes que sont enregistrées les premières chansons en allemand, le changement annonçant une nationalisation du rap et son indépendance par rapport au rap américain (cf. par exemple Dufresne, 1997 : p. 336). Mais la réaction de populations issues de l'immigration ne se fait pas attendre pour dénoncer un patriotisme étriqué et trop excluant, et en 1992, le premier vrai succès du rap allemand, Fremd im eigenen Land du groupe Advanced Chemistry (Advanced Chemistry 1992), dont les membres sont tous issus de l'immigration, critiquera la vague de nationalisme raciste qui mènera à de nombreuses agressions xénophobes dans les années suivant la chute du mur de Berlin (Handschuck/Schröer, 2012 : p. 25). Pourtant, cela n'est pas une critique de tout nationalisme allemand, puisque les membres du groupe revendiquent dans la chanson leur appartenance à l'Allemagne en évoquant leur carte d'identité allemande (la phrase « J'ai une carte d'identité verte, avec un aigle doré dessus »[4] reviendra quatre fois dans la chanson).

Si critique il y a, donc, c'est celle de la définition ethnique de la nation, au profit d'une définition politique, symbolisée par cette carte d'identité brandie. D'autres réactions à la vague d'agressions xénophobes se feront, notamment par le groupe Cartel (dans le CD Cartel en 1995, surtout), qui revendiquent, eux, une identité nationale turque basée sur des critères ethniques, mais tout en ne répondant pas très clairement à la question d'une appartenance en parallèle à une « nation allemande » par des critères politiques : bien que nombre de

---

[4] Texte original : « Ich habe einen grünen Pass, mit einem goldenen Adler drauf. »

commentateurs y ont vu une hostilité à l'Allemagne, les membres du groupe l'ont toujours démentie (Kaya, 2001, p. 182 et suivantes), et l'un d'entre eux, Erci E, fera même une chanson quelques années plus tard pour revendiquer cette appartenance à une Allemagne multiculturelle (Erci E, 2013). Ces deux exemples (Cartel et Advanced Chemistry) se retrouvent très souvent dans la littérature secondaire, car ils sont deux exemples de positions que l'on retrouve très régulièrement, l'une revendiquant l'appartenance à l'Allemagne pour des raisons politiques, l'autre soulignant d'abord son appartenance à la nation d'origine pour des raisons ethnoculturelles.

Vers la fin des années 1990, de nouvelles polémiques apparaissent. D'abord, un collectif de rappeurs, noirs dans un premier temps, puis ouverts à différents types de rappeurs issus de l'immigration ensuite, Brothers Keepers, voit le jour en 2000 après le meurtre d'un immigré mozambicain par des skinheads : à nouveau, le rap dénonce le racisme, mais comme chez Advanced Chemistry, quoique de manière moins claire, l'analyse de leurs textes tend à montrer que tout sentiment national n'est pas écarté, du moment que celui-ci se base sur une conception civique d'une Allemagne multiculturelle (Brothers Keepers 2001). Il s'agit ici d'une initiative importante, parce qu'elle montre une volonté d'organisation et de politisation de l'antiracisme, jusque-là surtout cantonné dans les textes (à l'exception de quelques initiatives personnelles, comme la participation de Torch et Linguist, du groupe Advanced Chemistry, à l'organisation « ISD – Initiative Schwarzer Menschen in Deutschland [Yakpo Kofi, 2004]). Cette initiative donne lieu à la fois à des CD et des concerts, mais aussi à une tournée dans des écoles et des engagements extra-musicaux contre le racisme (Juice, 2005 : p. 32). La question nationale reste néanmoins au second plan sur cette période (sur 555 chansons, 52 se confrontent à la question, en lien ou non avec celle de l'immigration, soit 9,37 % des textes, un taux deux fois moins important que dans la période précédente, tandis que le taux de textes évoquant la question de l'immigration sans s'y confronter réellement reste équivalent, à environ 20 % dans les deux périodes). Toutefois, en 2005, le rappeur Fler (Jens Nowitzki), qui n'est semble-t-il pas issu de l'immigration (Son nom de famille est « Nowitzki », mais il est né en Allemagne et il n'est fait nulle part mention d'un contexte migratoire), lance un nouveau CD, accompagné d'une campagne marketing relativement douteuse avec forces allusions à la période nationale-socialiste (police d'écriture gothique sur l'album, reprise d'une citation de Goebbels sur le début de l'invasion de la Pologne pour annoncer l'album...), un nouvel album, Neue deutsche Welle (Nouvelle Vague Allemande), qui se veut clairement patriotique (Putnam, 2006 : p. 73 et suivantes). Si le rappeur refuser dans les interviews un parallèle avec le nazisme (« Je me défendrai toute ma vie contre les gens qui me traitent de nazi simplement parce que je rappe, dans mon propre pays, en tant qu'Allemand en Allemagne, le fait d'être allemand » [Juice, 2007 : p. 65][5]), les provocations entourant l'album suscitent beaucoup de réactions, et nombre de rappeurs issus de l'immigration prendront position, souvent contre l'Allemagne elle-même (le rappeur Bushido par exemple dira « niquer la vague allemande, car on n'a pas besoin d'Hitler ici »[6], faisant allusion au titre de l'album de Fler [Bushido, 2008a].

À partir de la coupe du monde 2006 en Allemagne, qu'Eunike Piwoni notamment considère comme une étape importante vers l'établissement d'un sentiment national allemand à la fois moderne et épuré de ses tendances xénophobes (Piwoni, 2012 : p. 19), une évolution semble se faire également sentir dans le rap. La période étant très récente, peu d'analyses existent dans la littérature secondaire sur le rap, et la prudence peut être encore plus de mise dans les réflexions. Cela dit, sur tous les rappeurs du corpus, et qui, jusque dans la période précédente, n'exprimaient pas forcément une identité nationale allemande, plusieurs d'entre eux ont soit commencés à revendiquer avec plus de clarté ce sentiment national, soit même certains, qui s'y étaient montrés hostiles, finissent par changer

---

[5] Citation originale : « Und ich werde mich ein Leben lang dagegen wehren, wenn mich Leute als Nazi beschimpfen, nur weil ich in meinem eigenen Land, als Deutscher in Deutschland, darüber rappe, deutsch zu sein ».

[6] Citation originale : « Fick die deutsche Welle, denn wir brauchen kein Hitler hier ».

d'avis. C'est dans cette période que, pour la première fois, le taux de chansons revendiquant la nationalité allemande de leurs auteurs (55 % environ) dépasse le nombre de celles qui prennent leur distance vis-à-vis de l'identité allemande (environ 45 %), tandis que le nombre des chansons qui évoquent les questions liées à l'immigration ou l'identité nationale explose (de 20 % environ dans les deux précédentes périodes, il passe à 31,56 %). L'un des exemples de ce changement vers une revendication accrue de l'identité allemande est Samy Deluxe, rappeur noir qui avait longtemps critiqué l'Allemagne pour son racisme et vers la fin des années 2000, multiplie les prises de positions en faveur d'une Allemagne multi-ethnique (cf. notamment Samy Deluxe, 2009 ; 2011). On peut aussi citer Bushido, père tunisien et mère allemande, qui jusqu'à cette période n'avait jamais revendiqué autre chose que ses origines paternelles et qui, dans plusieurs chansons à partir de 2006, souligne sa fierté d'être allemand (par exemple en 2008, dans une interview : « Quand en Allemagne, on parle des étrangers, je ne me sens absolument pas concerné. Je me sens allemand. » [Bushido, 2008b : p. 49][7]). C'est sans doute le cas le plus significatif, parce que Bushido répète à plusieurs reprises dans des interviews qu'il ne fait pas de politique, mais que son but est de gagner le plus d'argent possible, quitte à ne pas toujours dire ce qu'il pense (Il dira dans une interview par exemple : « Je ne suis pas Robin des Bois, je ne veux pas assumer ce poids. Je me bats pour mes fesses. Je me bats pour gagner le plus d'argent. Et je me bats pour pouvoir rendre à ma mère tout ce qu'elle m'a donné. Si je dois insulter Bush pour cela, alors je le fais. Mais je suis le dernier qui se considérerait comme politique » [Bushido, 2004 : p. 66][8]). Ces revendications, dans ce cadre, pourraient bien être le signe d'un changement de straté-

---

[7] Citation originale : « Wenn man in Deutschland über Ausländer redet, fühle ich mich überhaupt nicht angesprochen. Ich fühle mich als Deutscher ».
[8] Citation originale : « Ich bin auch kein Robin Hood, diese Last will ich mir nicht auferlegen. Ich kämpfe für meinen Arsch. Ich kämpfe dafür, dass ich das meiste Geld bekomme. Und ich kämpfe dafür, dass ich meiner Mutter alles wiedergeben kann, was sie mir gegeben hat. Wenn ich dafür Bush auf die Fresse hauen muss, dann mache ich das. Aber ich bin der Letzte, der sich als politisch einstufen würde. ».

gie économique, donc qu'il pense que la société a changé et que c'est ce que son public attend.

En résumé donc, le sentiment national allemand a rythmé l'histoire du rap en Allemagne, et si un nombre non négligeable de rappeurs surtout issus de l'immigration réagissent au racisme en considérant que l'Allemagne est une nation basée sur des critères ethniques et qu'ils ne peuvent donc en faire partie à cause de leur origine migratoire, beaucoup utilisent aussi des polémiques sur le racisme pour revendiquer au contraire une identité allemande basée sur des critères civiques/politiques. Après avoir procédé à une analyse quantitative et dégager des tendances générales, il semble maintenant pertinent de passer en revue les différentes positions présentes.

## Les modèles d'identité(s) nationale(s) allemande(s) dans le rap allemand

Comme annoncé en introduction, le corpus analysé est de 2501 textes, dont 104 qui proposent une réflexion claire et prennent position sur la question de l'identité nationale allemande. On commencera par une rapide présentation des résultats de l'analyse des 104 textes, puis on analysera trois modèles d'identité allemande : l'identité allemande basée sur des critères civiques/politiques, l'identité allemande basée sur des critères ethnoculturels et une identité que l'on peut qualifier de post-nationale, au sens où elle est revendiquée comme non seulement choisie, mais aussi mouvante et hybride (l'identité allemande devenant donc une identité parmi d'autres possibles, sans que l'identification à un pays ne soit unique ou définitive).

Dans ces 104 textes, 47 revendiquent une identité nationale allemande et 57 prennent distance vis-à-vis d'une identité allemande. Néanmoins, sur les 47 textes revendiquant l'identité allemande, seuls 15 se basaient sur des critères politiques/civiques, 6 sur des critères culturels, (soit parce que l'Allemagne était vue comme par essence une culture multiculturelle, soit parce que le rappeur se considérait comme germanisé, parce qu'il maîtrise la langue ou qu'il fête Noël et Pâques, par exemple [Eko Fresh, 2014]) et 21 se faisaient sur des critères inclassables (généralement parce que la revendication n'était pas argumentée, ou que l'identité allemande se basait sur le simple critère que le rappeur aimait le pays et les conditions de vie, sans autre explication). Des 57 textes où il était clair que le ou les rappeurs ne se considérait pas comme allemands, 8 n'était pas argumentés, et dans 42 cas (la grande majorité) le refus de l'identité nationale se faisait sur des critères ethniques (couleur de peau ou origines des parents), même si en fait, beaucoup regrettaient de devoir se considérer comme non-Allemands pour ces raisons : Afrob par exemple chante dans une chanson « Je ne me suis jamais senti étranger à l'intérieur, ce sont les autres qui me le rappelaient »[9] (Afrob, 2016), ce qui permet de souligner que bien souvent, l'absence d'identification à l'Allemagne est subie (mais il semble difficile de dire dans combien de cas).

S'agissant de l'analyse d'exemples, le cas le plus fréquent de revendications d'une identité allemande, est l'″identité allemande basée sur des critères civiques/politiques, avec le texte d'Advanced Chemistry, Operation Artikel 3. Dans ce texte fondateur du rap allemand, le groupe propose une « opération » visant à imposer l'application de l'article 3 de la Constitution, prévoyant l'interdiction des discriminations notamment ethniques, en Allemagne, et dont un passage est cité sous forme de rap presque fidèlement. Ici, l'identité nationale est soulignée subtilement. Dans le texte, les rappeurs critiquent la loi sur la naturalisation qui à l'époque était encore basée sur le droit du sang : « Tu peux être né ici, avoir grandi ici, ou être venu ici petit, rien à faire, tu ne reçois pas la carte d'identité allemande automatiquement, le sang dans tes veines n'est pas aryen »[10] (Advanced Chemistry, 1994). L'allusion aux aryens est une manière de critiquer la conception ethnique de la nation. En creux, l'idée est donc que l'article 3 permettrait justement de

---

[9] Texte original : « Ich fühlte mich nie fremd im Inneren, das waren die Anderen, die mich daran erinnerten. ».

[10] Citation originale : « Denn du kannst hier geboren sein, aufgezogen sein / Oder warst du noch klein, hergezogen sein / Nichts zu machen, einen deutschen Pass kriegst du nicht automatisch / Das Blut in deinen Adern ist nicht arisch ».

faire reconnaître comme Allemands des populations issues de l'immigration. C'est bien une identité allemande basée sur le respect de la Loi Fondamentale allemande qui est revendiquée.

Cette interprétation de la chanson se confirme d'ailleurs si l'on ajoute une analyse musicale à celle du texte. En effet, comme le souligne Ayla Güler Saied, la mélodie en arrière-plan vient en fait d'une chanson pop turque très connue, dans laquelle la chanteuse déclare son amour à un homme blond (Saied, 2012 : p. 64). Etant donné le contexte de la chanson et la critique de la conception ethnique de la nationalité, il est difficile de ne pas y voir une déclaration d'amour symbolique à l'Allemagne (l'homme blond) par des personnes issues de l'immigration (turque, mais pas uniquement). La revendication de faire partie de la nation allemande est donc renforcée par la symbolique de la musicalité.

Autre type d'identité allemande, celle basée sur la culture, et en particulier ici, parce qu'elle serait multiculturelle par essence. C'est notamment souligné dans un texte de Bushido : « Das alles ist Deutschland » ("Tout ça, c'est l'Allemagne"). Le refrain provient d'une chanson de rock, mais est ré-arrangé pour souligner le caractère multi-ethnique et multiculturel de l'Allemagne : « Tout cela c'est l'Allemagne, tout cela c'est nous, il n'y a ça nulle part, seulement ici, seulement ici, tout cela c'est l'Allemagne, nous vivons et nous mourrons ici » (Bushido/Fler, 2010)[11]. Ici, l'identification à travers le « nous » a certes un but politique (il s'agit de faire reconnaître que les Allemands issus de l'immigration n'en sont pas moins Allemands), mais elle est surtout intéressante par sa forme : par ce « tout cela c'est nous », il est explicite que les Allemands avec ou sans origine de la migration forment un seul et unique tout (ils sont tous inclus dans le « nous »), et que c'est la spécificité de ce « nous » par rapport aux autres (puisqu'il « n'y a cela nulle part », selon les auteurs) : autrement dit, la spécificité de la nation allemande vient ici de ce caractère multi-ethnique et multiculturel, et c'est ce qui fonde l'identification à

---

[11] Texte original : « Das alles ist Deutschland, das alles sind wir, das gibt es nirgendwo anders, nur hier, nur hier ».

l'Allemagne. Dans sa partie, Bushido explicite d'ailleurs encore cette position en chantant : « J'aime tant mon Allemagne (…) Tu es multiculturelle, noir blanc brun, et c'était mon rêve d'être ici heureux et sans rien vouloir de plus. »[12]. Le discours national « classique » sur l'unicité culturelle et/ou ethnique de l'Allemagne est cassé, mais en même temps remplacé par un discours finalement assez analogue, puisque l'unicité de l'Allemagne est malgré tout revendiquée, aussi bien parce que ce multiculturalisme « c'est nous » (l'Allemagne forme un tout), mais aussi parce que les autres pays sont supposés être différents (ce qui est bien évidemment excessif, puisque l'Allemagne n'est pas la seule société multiculturelle et multiethnique). On retrouve donc bien une identité nationale culturelle, fondée sur le multiculturalisme et l'acceptation de la multiethnicité.

Le troisième type d'identité allemande souvent présente se base sur des critères que l'on pourrait qualifier de post-nationaux : le message est que l'époque où l'identité nationale était précise et unique est dépassée, que cette conception n'a plus de raison d'être, et qu'en conséquence il est possible de se considérer allemand tout en refusant une identité nationale rigide, « classique ». Un exemple de cette position serait le texte « Heimat » des Fresh Familee. Dans celui-ci, le groupe refuse toute catégorisation nationale précise. Ils chantent : « La Patrie. Vous la désignez d'un mot étranger qui ordonne, catalogue, déqualifie, catégorise, met de la distance. Aussi loin que possible. Vous vous dégoûtez avec. Le dégoût du menteur face à la vérité »[13] (Fresh Familee, 1994). Ici, clairement, la question du patriotisme est critiquée pour être à la fois un « mensonge », et pour faire des classements, non seulement abstraits, mais aussi dangereux car ils mettent des barrières entre les hommes. Or, en

---

[12] Texte original : « Ich liebe mein Deutschland so sehr (…) Du bist multikulturell, schwarz weiß braun, und hier wunschlos glücklich sein war mein Traum. ».
[13] Texte original : « Heimat / Ihr bezeichnet sie mit einem Fremdwort / Das einordnet, katalogisiert, abqualifiziert / kategorisiert, auf Distanz schiebt / Möglichst weit. Ihr ekelt euch mit / Der Abscheu des Lügners beim Anblick der Wahrheit. ».

creux, en critiquant cette idée que certains « n'appartiennent pas à l'Allemagne », les rappeurs de Fresh Familee revendiquent justement une appartenance à l'Allemagne (cette conception exclusive devenant même un « mensonge »). Si on ne peut pas vraiment parler de nationalisme, le refus des catégorisations et des discours de construction nationale étant clairement une position post-nationale, il s'agit néanmoins d'une revendication de l'identité allemande : l'idée est en effet de clamer l'appartenance à l'Allemagne, qui, pour les rappeurs de Fresh Familee, est évidente une fois que tombent les masques artificiels construits par les idées nationales.

**En guise de conclusion**

Si on peut légitimement se poser la question d'une fin de l'idée nationale au vu d'une évolution de l'histoire qui tend bien souvent, sinon à remettre en question, du moins à questionner et déconstruire toutes formes de « récits » (pour utiliser l'expression de Jean-François Lyotard [Lyotard, 1979]), l'exemple de l'Allemagne, et c'est particulièrement visible au travers de la « voix des migrants » que peut être parfois le rap, montre que l'identité nationale n'est pas un concept ni même un sentiment d'appartenance identitaire qui appartient au passé. Plus encore, l'exemple du rap semble bien confirmer les études qui ont été menées dans les dernières années et observent une importance retrouvée de l'identité nationale depuis une dizaine d'années au moins, quoique sous des formes bien différentes puisque cette nouvelle identité nationale est très largement fondée sur des critères civiques et non culturels et encore moins ethniques (la plupart du temps en tout cas). Surtout, et c'est encore plus intéressant, on observe à travers l'exemple du rap que l'expérience de migration n'invalide pas l'identité nationale, tout au plus en modifie-t-elle la forme, et plus encore, que cette identité nationale empruntée au pays où se fait l'expérience de migrations (ou bien où elle s'est faite si l'expérience de migration a été faite par les parents ou grands-parents) a l'air plutôt renforcée par le temps. Cela en tout cas ne peut être qu'une conclusion provisoire : peut-être ne s'agit-il que d'une conclusion valable sur des cas personnels de rappeur, ou dans le contexte de l'Allemagne des dix dernières années, ou bien encore ne s'agit-il que d'un effet de mode ou même d'une stratégie commerciale, mais cela demeure un fait troublant. Et si d'autres études pouvaient montrer l'évolution du sentiment national dans les populations issues de l'immigration dans d'autres contextes et confirmer cette hypothèse, on pourrait en conclure avec une certitude presque absolue que non seulement l'identité nationale n'est pas un concept révolu, mais qu'en plus, ce sont précisément les milieux issus des migrations qui en seraient les premiers témoins.

## Bibliographie

### A. Littérature primaire

Advanced Chemistry, 1992, Fremd im eigenen Land. MZEE.
Advanced Chemistry, 1994, Operation §3, 360°.
Afrob, 2016, « Unity », Mutterschiff, One Shotta Records
Bantu Adé, 2005, « Brothers Keepers : ein deutsches Projekt », Juice, 06-2005, p. 32-33.
Brothers Keepers, 2001, Lightkultur. Downbeat Records.
Bushido, 2004, « Interview », Juice, 11-2004, p. 60-66.
Bushido, 2008a, « Hai-Life », Heavy Metal Playback. Ersguterjunge.
Bushido, 2008b, « Interview », Juice, 11-2007, p. 48-50.
Bushido, Fler, « Das alles ist Deutschland », Flersguterjunge. Ersguterjunge.
Cartel, 1995, Cartel.
Compilation de chanteurs, 1991, Krauts with attitudes. Boombastic Records.
Eko Fresh, 2014, « Doppelleben », Deutscher Traum. Punchline.
Erci E, 2013, Deutschland sensin. Boogy Down Berlin.
Fler, 2005, Neue deutsche Welle, Aggro Berlin.
Fler, 2007, « Interview », Juice, 11-2007, p. 65-66.
Fresh Familee, 1993, « Heimat », Falsche Politik. Mercury.
Samy Deluxe, 2009, Dis wo ich herkomm'. EMI.
Samy Deluxe, 2011, SchwarzWeiß. EMI.

## B. Littérature secondaire

Androutsopoulos Jannis, Scholz Arno, 2002, « On the recontextualization of hip-hop in european speech communities: a contrastive analysis of rap lyrics », PhiN (Philologie im Netz), N° 19.

Bazin Hugues, 1995, La culture hip-hop. Paris, Désclée de Brouwer.

Brubaker Rogers, 1992, Citizenship and natioonhood in France and Germany. Cambridge/London, Harvard University Press.

Bühler Götz, Deluxe Samy, 2009, Dis wo ich herkomm. Deutschland Deluxe. Reinbek bei Hamburg, Rowohlt Taschenbuch Verlag,.

Burchart Kati, 2009, Deutsche Rapmusik der neunziger Jahre: Kulturtransfers in Mainstream. Hildesheim, G. Olms.

Creswell, John W., 2009, Research design. Qualitative, quantitative, and mixed methods approaches. London, Sage.

Dufresne David, Rap Revolution. Geschichte, Gruppen, Bewegung. Zürich/Mainz, Atlantis Musikbuch.

Götz Irene, 2011, Deutsche Identitäten. Die Wiederentdeckung des Nationalen nach 1989. Cologne, Weimar, Vienne, Böhlau Verlag.

Handschuck Sabine, Schröer Hubertus, 2012, Interkulturelle Orientierung und Öffnung. Theoretische Grundlagen und 50 Aktivitäten zur Umsetzung. Augsburg, ZIEL Verlag.

Kaya Ayhan, 2001, "Sicher in Kreuzberg". Constructing Diasporas: Turkish Hip-Hop youth in Berlin. Bielefeld, Transcript Verlag.

Klein Michael, 2014, Die nationale Identität der Deutschen. Commitment, Grenzkonstruktionen und Werte zu Beginn des 21. Jahrhunderts. Wiesbaden, Verlag für Sozialwissenschaften.

Loh Hannes, Güngör Murat, 2002, Fear of a Kanak Planet. HipHop zwischen Weltkultur und Nazi-Rap. Höfen, Taschenbuch.

Lyotard Jean-François, 1979, La Condition postmoderne. Rapport sur le savoir. Paris, Les Editions de Minuit.

Piwoni Eunike, 2012, Nationale Identität im Wandel. Deutscher Intellektuellendiskurs zwischen Tradition und Weltkultur. Wiesbaden, Springer Fachmedien.

Putnam Micheal, 2006, «Teaching controversial topics in contemporary German culture through HipHop», Die Unterrichtpraxis: Teaching German, Vol. 39, No 1, S. 69-79.

Saied Ayla Güler, 2012, Rap in Deutschland: Musik als Interaktionsmedium zwischen Partykultur und urbanen Anerkennungskämpfen. Bielefeld, Transcript Verlag.

Smith Antony D., 2006, National identity. New Reno, University of Nevada Press.

Takle Marianne, 2007, German policy on immigration – from Ethnos to Demos?. Frankfurt am Main, Peter Lang Frankfurt.

Yakpo Kofi, 2005, „Denn ich bin kein Einzelfall, sondern einer von vielen". Afro-Deutsche Rap-Künstler in der HipHop-Gründerzeit, http://www.bpb.de/gesellschaft/migration/afrikanische-diaspora/59580/afro-deutsche-rapkuenstler?p=all.

## 4.10. « Géographie personnelle » et identité allemande chez Zafer Şenocak

Marie-Noëlle FAURE,
professeur de Première supérieure au Lycée Henri IV, Paris

Dans le débat sur les frontières nationales et l'émergence d'une identité transnationale, il importe de faire entendre la voix de Zafer Şenocak, écrivain « allemand qui n'est pas seulement allemand »[1]. La littérature est d'une part un espace où s'affirment les contradictions de la société allemande et d'autre part un champ d'expérimentation, souvent en avance sur le réel.

Il nous faut tout d'abord constater que l'auteur germanophone d'origine étrangère est très souvent « migrantisé », « exotisé » contre son gré, alors que le repli communautaire est fustigé par bon nombre d'Allemands[2]. On lui dénie souvent

---

[1] Discours de Navid KERMANI lors de la cérémonie des 65 ans de la Loi Fondamentale : „Selbst in Deutschland wäre es vor noch gar nicht langer Zeit, sagen wir am 50. Jahrestag des Grundgesetzes, schwer vorstellbar gewesen, dass ein Deutscher die Festrede im Bundestag hält, der nicht nur deutsch ist." www.bundestag.de/dokumente/textarchiv/2014
« Même en Allemagne il aurait été difficilement concevable il y a peu de temps encore, disons pour le 50ème anniversaire de la Loi fondamentale, qu'un Allemand qui n'est pas seulement allemand, ait pu tenir ce discours solennel au Bundestag ».
[2] ŞENOCAK Zafer, 1993, „Ein Türke geht nicht in die Oper" In: *Atlas des tropischen Deutschland*, Berlin, p. 22 : „Selbst wenn man in ihrer [der Deutschen] schreibt, bleibt man ein Exot, ein Eindringling, wird teils bewundernd, teils misstrauisch inspiziert." « Même lorsque l'on écrit dans leur langue, on demeure un étranger, un intrus, on nous examine avec un mélange d'admiration et de méfiance ».

toute virtuosité linguistique et poétique[3], alors que se multiplient pour les étrangers les tests de langue, considérés comme passages obligés de l'intégration. L'écrivain est ainsi enfermé dans une catégorie garante de l'homogénéité de la société, alors qu'il revendique le droit d'appartenir à la société allemande tout en affirmant son statut de « transnational ». Il faut ensuite souligner que la littérature est à même de proposer un programme sociétal différent. Chez Zafer Şenocak, elle est littérature d'adhésion, une littérature élective[4], annonciatrice d'une nouvelle conception de l'appartenance allemande, définie désormais non plus par la naissance, l'origine et la langue première, mais par la volonté des citoyens à adhérer à un projet commun. Nous ne devons pas non plus sous-estimer chez un écrivain l'interpénétration et l'interaction de la réalité et de l'imaginaire. La biographie d'un auteur ne se réduit pas, selon Zafer Şenocak, à la somme de ses expériences, mais est un subtil mélange entre vécu et fictif[5].

---

[3] ŞENOCAK Zafer, 1998, *Gefährliche Verwandtschaft*, München, p. 129 : „In wissenschaftlichen Darstellungen war ich nunmehr ein türkischer Schriftsteller, der geschickt mit der deutschen Sprache umging." « Dans les présentations scientifiques j'étais désormais un écrivain turc qui maniait habilement la langue allemande ».
[4] De nombreux auteurs revendiquent le droit d'écrire en allemand, alors qu'il ne s'agit pas de leur langue maternelle, une littérature allemande qui n'est pas une simple transposition, voire traduction des motifs littéraires de leur "culture d'origine". Pour exprimer cette volonté d'adhésion, j'ai utilisé le terme de "Willensliteratur" dans „Von der Chamisso-Literatur zu der Ankunftsliteratur – die Interkulturelle Literatur und die Neubestimmung des Deutschseins", In: Anna Warakomska und Mehmet Öztürk (hrsg.), 2015, *Man hat Arbeitskräfte gerufen, ... es kamen Schriftsteller. Die Migranten und ihre Literaturen*, Peter Lang, Frankfurt am Main, et dans "Deutschwerden und Willensliteratur bei Zafer Şenocak", communication au congrès de l'AICL/ICLA à Vienne, juillet 2017.
[5] ŞENOCAK Zafer, 2001, *Zungenentfernung. Bericht aus der Quarantänestation*, München, p. 92 : „Doch die Biographie erschöpft sich nicht in der Summe der Ereignisse, die einem Menschen im Laufe seines Lebens widerfahren. Biographie ist, vor allem für den Dichter, das Erdachte, das Phantasierte, jene musische Kraft im Gedächtnis, die Erinnerungen in die Zukunft projiziert, aus Erfahrenem, eine Welt der Fiktionen formt. Das Fiktive macht die Substanz der dichterischen Biographien aus." « Cependant la biographie ne s'épuise pas dans la somme des événements vécus par un individu au cours de sa vie. Une biographie, c'est, surtout pour l'écrivain, ce

Romancier et essayiste allemand né en 1961 à Ankara, Zafer Şenocak a huit ans lorsque ses parents quittent Istanbul pour s'installer à Munich. Dans son œuvre, la frontière, quelle qu'en soit la nature, joue un rôle déterminant. Elle lui semble surtout subjective car intériorisée par les migrants tout comme par les membres de la société d'accueil. Le processus d'intériorisation de la frontière engendre souvent l'idéalisation d'une société, d'une nation, la projection d'un pays imaginaire entretenu par la diaspora ou par une société d'accueil inquiète, déstabilisée[6].

Même abolie, la frontière perdure et clive, comme il l'affirme dans son roman La Prairie dont l'histoire se déroule aux États-Unis :

Quotidiennement des milliers de personnes abolissent les frontières entre la Turquie et l'Allemagne. Au cours de tels échanges entre deux pays les frontières sont intériorisées. Tout corps humain est habité par un tracé de frontières correspondant aux frontières nationales.[7]

Cependant l'existence pérenne d'une frontière nationale chez tout individu, héritage de ses origines, n'exclut pas l'apparition et l'affirmation d'une géographie particulière qui lui est propre, telle qu'il l'évoque quatre ans plus tard, en 2001, dans un recueil d'essais, Ablation de la langue. Récit de la Quarantaine, où il décrit les mécanismes d'exclusion de la société allemande :

---

qu'il a conçu, imaginé, cette inspiration de la mémoire qui projette les souvenirs dans l'avenir, transforme le vécu en un monde de fictions ».

[6] ŞENOCAK Zafer, 1993, „Deutschland –Heimat für die Türken? Ein Plädoyer für die Überwindung der Krise zwischen Orient und Okzident", In: *Atlas des tropischen Deutschland*, Berlin „Die türkische Jugend Deutschlands" dürfe „sich nicht an die Phantasmagorie der verlorenen Heimat klammern". (S. 13) und „althergebrachte Identitäten mumifizieren", und die hiesige Gesellschaft solle den eigenen Wandel berücksichtigen (S. 15). « La jeunesse turque d'Allemagne ne devrait pas s'accrocher à la phantasmagorie du pays perdu (p. 13) et momifier des identités traditionnelles, et la société allemande devrait prendre en compte sa propre évolution » (p. 15).

[7] ŞENOCAK Zafer, 1997, *die Prärie*, Hamburg, p. 73 : „Täglich werden die Grenzen zwischen der Türkei und Deutschland von Tausenden von Menschen aufgehoben. Bei diesen Aktivitäten zwischen zwei Ländern verlagern sich die Grenzen nach innen. In jedem menschlichen Körper gibt es einen Grenzverlauf, der mit den Staatsgrenzen korrespondiert".

Tout être possède une géographie personnelle propre, le tracé de ses frontières diffère de celui d'une carte de géographie[8].

*A fortiori* chez le migrant dont la géographie personnelle, fruit d'une discontinuité biographique multiple –spatiale, linguistique et temporelle – abolit les frontières. Pour éviter tout malentendu, il me faut d'emblée préciser que Zafer Şenocak n'a jamais conçu sa propre migration comme une discontinuité biographique. Jusqu'à la fin des années 80 il l'a toujours vécue comme une continuité, comme une ramification. Le terme de « discontinuité biographique », dépouillé de toute négativité, permet cependant de souligner l'absence de linéarité et l'importance de la ramification dans l'émergence de l'identité multiple, que Şenocak désigne du terme de « Luftidentität »[9] (identité aux racines hors sol), identité rhizome[10].

L'identité rhizome de Şenocak s'est constituée au gré de ses propres migrations : d'Ankara à Istanbul, la cosmopolite, d'Istanbul à Munich, la monoculturelle, de Munich à Berlin, la seule ville cosmopolite d'Allemagne à ses yeux[11]. Il fait de nombreux séjours aux USA, terre d'immigration où à l'époque, dans les années 1990, se trouvent « si peu d'étrangers », où

---

[8] ŞENOCAK Zafer, 2001, *Zungenentfernung, Bericht aus der Quarantänestation*, München, p. 23 : „Jeder Mensch hat seine eigene persönliche Geographie, in der Grenzen anders verlaufen als auf der Landkarte".
[9] ŞENOCAK Zafer, 2011, *Deutschsein. Eine Aufklärungsschrift*. Hamburg, p. 13, p. 22 : "Es gibt viel mehr lose und wechselnde Bindungen als früher, "Luftidentitäten", die ihre Ressourcen aus transnationalen Zugehörigkeiten beziehen." " « Il y a beaucoup plus de liens lâches et changeants qu'autrefois, des identités rhizomes qui tirent leurs ressources d'appartenances transnationales ».
[10] GLISSANT Edouard, 1996, *Introduction à une poétique du divers*, p.23 : « l'identité comme facteur et comme résultat d'une créolisation, c'est-à-dire de l'identité comme rhizome ».
[11] ŞENOCAK Zafer, 2001, *Zungenentfernung. Bericht aus der Quarantänestation*, München, p. 23 : „die einzige Metropole in Deutschland. Eine Metropole im Werden. Eine kosmopolitische Stadt... ". « La seule métropole allemande. Une métropole en devenir. Une ville cosmopolite ... ».

« les quotas d'immigration sont les moins élevés »[12]. Le terme « immigré » « migrant » ne recoupe pas seulement une réalité socio-politique, mais reflète également une idéologie. Les terres dites d'immigration partagent une conception plus abstraite de la citoyenneté, fondée sur les droits naturels et les droits fondamentaux des êtres humains, transcendant ainsi toute notion de frontière. La diversité spatiale est un thème récurrent dans ses œuvres littéraires. Elle y est conçue comme une abondance de pierres, parfois autonomes, mais complémentaires d'une mosaïque, jamais comme cassure ou rétrécissement. Il n'y a ni rupture, ni dilution. L'identité multiple n'est ni dans la soustraction, ni dans la juxtaposition, mais dans l'addition, voire la multiplication.

La ville où j'ai le plus longtemps vécu et qui m'a le plus durablement marqué, était Munich. Mon Ankara, mon Istanbul et mon Munich sont désormais à Berlin.[13]

C'est dans la diversité spatiale que les héros de Şenocak se construisent. Sascha Muhteschem apparaît tout d'abord dans le roman La Prairie où il découvre une vaste étendue dont l'horizon n'est borné par aucune frontière. La prairie s'inscrit dans le mythe américain de la frontière ou de l'absence de frontière, du dépassement des limites spatiales, mais également des limites personnelles. Puis il réapparait dans Parenté dangereuse – Gefährliche Verwandtschaft – dans le Berlin de l'après chute du mur, où des « murs invisibles » se dressent entre les communautés et les individus. Hamit, l'étudiant en musicologie de Pavillon, installé en Allemagne, revient pour quelques temps dans une Turquie dont il ne comprend plus les coutumes. Dans ce roman, écrit en turc (l'œuvre romanesque de Şenocak était jusqu'en 2007 essentiellement rédigée en allemand), traduit en allemand par des traducteurs et non par l'auteur, Şenocak décrit

---

[12] ŞENOCAK Zafer, 1998, Gefährliche Verwandtschaft, München, p. 131 : „... aus jenem Staat..., in dem es die wenigsten Ausländer gab, den Staat mit der geringsten Einwandererquote".
[13] ŞENOCAK Zafer, 2001, Zungenentfernung. Bericht aus der Quarantänestation, München, p. 23 : „Die Stadt, in der ich am längsten gelebt habe und die mich am nachhaltigsten geprägt hat, war München. Mein Ankara, mein Istanbul und mein München sind jetzt in Berlin".

entre autres l'incapacité des jeunes « Deutschländer » à comprendre la réalité turque, leur tendance à n'y voir que les résidus d'une société archaïque parce que devenue étrangère, sinon étrange et inaccessible. Elément constitutif de l'identité rhizome également, le plurilinguisme, dont le haut-lieu est pour le jeune enfant de huit ans Istanbul. Ce qui le frappe à son arrivée à Munich c'est le monolinguisme qui règne alors dans la capitale bavaroise. Constatant actuellement que le mouvement s'est inversé, il dénonce la turcisation grandissante d'Istanbul.

Un monolinguisme munichois qui lui est dans un premier temps inaccessible. Il ne parle pas allemand, et à la maison ses parents parlent turc. L'allemand lui est cependant phonétiquement familier et revêt une dimension mystérieuse : étudiantes à Vienne, les tantes de Zafer ont pris l'habitude lors de leurs visites en Turquie de lui lire des contes allemands en allemand. Cette dimension mystérieuse et fascinante de la langue joue également un rôle important dans la quête du grand-père, de la langue désormais inaccessible du grand-père, l'arabe.

Il apprend l'allemand auprès d'une professeure à la retraite, une Bavaroise sévère, mais au grand cœur, qui, ayant très vite repéré les talents du petit Zafer, a su éveiller en lui une relation émotionnelle à l'allemand. Les gâteaux et le café qu'elle lui offre scellent à jamais son amour gourmand de la langue allemande[14]. Quant à ses parents, ils respectent la frontière linguistique, instaurée tacitement, entre sa chambre, à laquelle est exclusivement réservé l'usage de l'allemand, son jardin secret, et les autres pièces de la maison où est parlé le turc, cette ligne de démarcation entre la réalité du quotidien et l'imaginaire[15]. Il leur est cependant reconnaissant d'avoir à

---

[14] ŞENOCAK Zafer, 2011, *Deutschsein. Eine Aufklärungsschrift*, Hamburg, p. 13 : „Bei Frau Saal schmeckten die Wörter nach Kaffee und Kuchen, genauer gesagt, nach Apfelkuchen, der fast immer auf dem Tisch stand und von dem ich kosten durfte, wenn ich fleißig gewesen war." « Chez Madame Saal les mots avaient le goût du café et des gâteaux, plus précisément du gâteau aux pommes qu'il y avait presque toujours sur la table et que j'avais le droit de déguster si je m'étais appliqué ».
[15] ŞENOCAK Zafer, 2011 *Deutschsein. Eine Aufklärungsschrift*. Hamburg, p. 14-15 : „ Mit der Zeit wurde das Kinderzimmer in unserer Wohnung immer

l'inverse su mélanger sur les rayons de leur bibliothèque les livres en allemand et les livres en turc, abolissant ainsi tout cloisonnement et toute hiérarchie entre les deux cultures. L'absence de frontière dans la bibliothèque familiale anticipe le dépassement des frontières ou l'absence de frontière dans le monde réel et romanesque de Zafer Şenocak. Dans la maison familiale, une autre pièce auréolée de mystère existe, celle où le père se retire le vendredi avec des amis pour lire des ouvrages dans une langue qui lui est inconnue et dont il est incapable de déchiffrer l'alphabet. Elle lui inspirera plus tard le titre d'un de ses recueils d'essais das land hinter den buchstaben - le pays derrière les lettres (de l'alphabet)[16]. C'est la langue du grand-père, l'arabe. Notons que Şenocak est issu d'une famille dont le modèle peut surprendre, mais était courant dans la Turquie des années 60 : la mère, femme indépendante, enseignante, est issue de la Turquie sécularisée, le père, journaliste, en quête de spiritualité, a quant à lui, quelques difficultés à accepter le passage du tout religieux de l'empire ottoman au tout laïc de la Turquie d'Atatürk. Un propos à nuancer cependant car le père vit dans un entre-deux, il s'oppose aussi bien à la radicalité de la laïcité à l'Atatürk qu'à celle des tenants de l'orthodoxie religieuse. Şenocak considère la négation du fait religieux par les kémalistes comme une des causes de l'actuel repli religieux en Turquie. Cependant cette nostalgie de l'arabe ne doit pas être comprise comme la nostalgie du passé prestigieux de l'Empire ottoman, mais comme la nostalgie d'une Histoire à jamais perdue. Depuis l'introduction de l'alphabet latin, ressentie et décrite comme une mutilation intellectuelle et

---

mehr zu einem deutschen Sprachraum, während die restliche Wohnung von der türkischen Sprache domminiert wurde. Eine zweisprachige Wohnung mit geregelten Grenzen, die mich zu einem zweisprachigen Menschen gemacht hat." «Avec le temps, la chambre d'enfants, dans notre appartement, se transforma de plus en plus en une aire germanophone, alors que le reste de l'appartement était dominé par le turc. Un appartement bilingue aux frontières délimitées qui fit de moi un bilingue ».
[16] ŞENOCAK Zafer, 2006, *das land hinter den buchstaben. Deutschland und der Islam im Umbruch*, München.

physique[17], la plupart des Turcs sont incapables de lire et a fortiori de comprendre les sources écrites de leur propre histoire. Le passé turc est souvent décrit comme un continent perdu, à la dérive. Cette première mutilation linguistique subie par les Turcs, expression d'une démarcation entre religiosité et laïcité, d'une refrontalisation dans un mouvement de renationalisation, doit être prise en compte dans la migration des Turcs en Allemagne. L'attachement à la langue maternelle est d'autant plus vif que son abandon au profit du tout allemand est souvent vécu comme une seconde mutilation :
Comment est-il possible interdire la langue maternelle ? Comment un être à qui l'on a interdit de parler sa langue maternelle, est-il capable d'apprendre une autre langue ?[18]

La première mutilation linguistique est le reflet d'une scission profonde au sein même de la société d'origine, scission que l'on retrouve ici à l'échelle familiale entre le père et la mère de Şenocak, qui toutefois a fait de lui un être pluriel. Une pluralité qui est également le signe distinctif de ses héros, Sascha Muhteschem et Hamit. Le plurilinguisme et l'appartenance multiple de Şenocak et de ses personnages ne sont pas les éléments disparates et dissonants d'une cacophonie, même s'il utilise le terme d'atonalité[19], mais les composantes d'une identité autre, d'un espace tiers (ein dritter Raum), ouvert, aux frontières indéfinissables, un espace défrontalisé. Il ne s'agit pas d'un entre-deux (ein Dazwischen), qui représenterait un pont entre deux cultures homogènes strictement délimitées, mais d'un entre-lieux[20] d'où jaillit l'identité transnationale.

---

[17] D'où la quête de la langue du grand-père, « die Grossvaterzunge ». Ici, Şenocak s'inspire en partie d'Özdamar dont par ailleurs il critique l'orientalisme, l'orientalisation de l'orient, et reprend le terme physique de « dil » qui caractérise en Turc aussi bien la langue en tant qu'organe physique et la langue en tant que langage et l'associe à « Grossvater ».
[18] ŞENOCAK Zafer, 2009 *Pavillon*, Berlin (aus dem Türkischen), p. 152 : „Wie kann man die Muttersprache verbieten? Wie kann ein Mensch, dem die Muttersprache verboten wird, eine andere Sprache lernen?"
[19] ŞENOCAK Zafer, 2011, *die atonale Welt, Wie viel Vielfalt ertragen wir?* In: Deutschsein. Eine Aufklärungsschrift, Hamburg, p. 36-58.
[20] ŞENOCAK Zafer, 1988, „Zwischen Herz und Haut. Dankesrede anlässlich der Verleihung des Adelbert von Chamisso-Förderpreises", In: *Atlas des*

C'est dans un entre-lieux que se déroule l'histoire de son héros Sascha Muhteschem dans Parenté dangereuse dont les grands-parents maternels de confession juive ont dû fuir l'Allemagne nazie et trouver refuge en Turquie alors que le grand-père paternel est un Turc qui a joué un rôle important lors de l'édification de la République et un rôle tout aussi important lors du génocide arménien. Les pistes sont délibérément brouillées : Sascha est à la fois descendant de victimes et de coupables. Il ne s'agit nullement d'une banalisation des génocides comme on a pu le reprocher à Şenocak. Lui-même s'est à multiples reprises engagé pour la reconnaissance du génocide arménien par la Turquie et les Turcs de la diaspora. Au lendemain des manifestations turques en Allemagne en juin et juillet 2016 contre la reconnaissance du génocide arménien par le Bundestag, il a apporté son soutien aux députés allemands.

L'identité multiple qui est en passe de devenir la norme échappe à une vision binaire, simplificatrice du monde. D'où la complexité de ses héros et héroïnes. Dans Der Erottomane[21], dont le titre – un jeu de mots entre « érotomane » et « ottoman », évoque l'identité multiple du héros – Tom, le procureur d'origine turque, a troqué son prénom turc contre un prénom allemand, n'est-il pas le représentant de cet État allemand en tant que procureur ? Il transgresse les frontières, nationales, sociales, morales, n'est-ce pas lui en définitive le meurtrier qu'il recherche ? Il transgresse aussi les frontières sexuelles, ne renverse-t-il pas les codes de la société patriarcale d'origine en étant le mâle dominé dans une relation sadomasochiste ? Des interrogations auxquelles le lecteur ne trouve pas de réponses, auxquelles Şenocak n'apporte aucune réponse. Une œuvre ouverte, reflet d'un être en devenir, de cette identité multiple, appelée également « Patchwork-Identität » (identité-puzzle),

---

*tropischen Deutschland*, p. 99 : „Meine Dichtung bewegt sich in einem Zwischenbereich, stellt eine Teilmenge von beiden Welten, von Innen- und Aussenwelt und ihren Sprachen dar. Sie ist ein dritter Ort." « Ma poésie évolue dans un entre-lieux, représente un sous-ensemble à cheval sur deux mondes, le monde intérieur et extérieur, et leurs langues. Elle est un lieu tiers ».
[21] ŞENOCAK Zafer, 1999, *der Erottomane*, München.

qu'illustre parfaitement le motif choisi pour la couverture du roman, un puzzle inachevé.

La diversité spatio-linguistique est très souvent accompagnée d'une discontinuité temporelle qui en réalité n'est pas propre au migrant. Dans ses essais, Şenocak brosse le tableau d'une enfance heureuse à Istanbul comme à Munich. Cependant, conscient d'avoir grandi dans un milieu « privilégié », il comprend que pour d'autres cette enfance dans un ailleurs (le pays d'origine) se transforme en paradis à jamais perdu et génère un mal-être existentiel. Il les met en garde toutefois contre ce sentiment et lutte tout particulièrement contre la transfiguration de ce paradis perdu par les jeunes générations de Turcs nés en Allemagne. Leur avenir n'est pas dans un pays imaginaire, inventé et entretenu par la diaspora, mais en Allemagne. Ce qui pour leurs parents ou grands-parents est le pays d'origine, ne peut plus l'être pour eux. Leur pays d'origine, c'est l'Allemagne, mais une Allemagne en devenir. La fiction rejoint ici la réalité. Dans la première décennie du XXI$^e$ siècle, on a constaté un « retour » important des « Deutschländer » en Turquie : en raison d'une part du boom économique turc depuis le premier gouvernement Erdogan et d'autre part du repli identitaire des Allemands depuis la Réunification.

Ce dernier événement, point d'intersection entre géographie nationale et histoire nationale allemandes, posa en effet avec acuité la question de la refrontalisation mentale consécutive à l'abolition de la frontière interallemande, bouleversant ainsi l'appréhension de la migrantude.

Dans le processus de constitution des États nationaux, tout particulièrement au XIX$^e$ siècle, mais également au XX$^e$ siècle après l'implosion du bloc communiste et de l'ex-Yougoslavie, la frontière physique et linguistique a joué un rôle déterminant. On peut rappeler entre autres la crise du Rhin qui dans les années 1840 a violemment opposé les écrivains français et allemands, le Rhin en tant que représentation parfaite, même si artificielle comme toute frontière, de la frontière physique. Contrairement au modèle français existant depuis la Révolution française, auquel Şenocak se réfère dans son recueil d'essais Deutschsein. Eine Aufklärungsschrift - être-allemand, un écrit des Lumières, l'appartenance à la nation allemande ne se définit pas par la volonté d'y appartenir. Le Reich de Bismarck n'est pas une nation élective, mais une entité monoculturelle et monolinguistique, une « Kulturnation » définie par l'ethnicisation de la langue et de la culture. C'est ce modèle d'une identité nationale homogène issue du XIX$^e$ siècle qui prévaut encore actuellement dans bon nombre de nations, dans l'Allemagne réunifiée en dépit de la réforme du code de la nationalité tout comme dans les nations issues de la dislocation de grands blocs. C'est le modèle que veulent actuellement imposer les partis populistes et extrémistes.

La géographie nationale allemande fut fortement modifiée après la Seconde Guerre Mondiale par la perte de territoires dans l'Est de l'Empire et par la division entre deux Allemagnes antagonistes. La frontière intérieure entre la RFA et la RDA était le symbole de la fin du nationalisme allemand. Pour Şenocak, le refus du nationalisme et de tout symbole national à l'Ouest a fortement influencé l'histoire de l'immigration en Allemagne fédérale. Selon lui les étrangers « partageaient avec les Allemands le présent de l'Allemagne, mais pas son passé »[22]. Et de conclure qu'une telle étrangeté dans le rapport à l'histoire allemande fut sur le moment favorable aux immigrés, l'indifférence que leur manifestaient les Allemands, enclins au refoulement de leur passé, ayant permis leur installation. Il pense d'ailleurs que ce refus de quête identitaire a contribué à ce que lui-même soit considéré à ses débuts comme un auteur allemand, qu'il soit parfaitement intégré dans le monde littéraire munichois. Cependant, il lui faut dénoncer les conséquences négatives à long terme de ce refoulement, de cette indifférence, d'une part sur la façon d'aborder actuellement la question des étrangers et d'autre part sur les lacunes de la culture mémorielle ouest-allemande. En effet il déplore que les travailleurs immigrés qui ont également façonné le visage de la RFA soient exclus du discours constitutif de la République fédérale, comme s'ils ne pouvaient être perçus que comme éléments exogènes,

---

[22] ŞENOCAK Zafer, 2006, „Ein Türke geht nicht in die Oper", In : *Atlas des tropischen Deutschland*, p. 20: „die Gegenwart Deutschlands teilten wir mit den Deutschen, nicht jedoch ihre Geschichte".

tolérés, mais non reconnus[23]. Une conception trop souvent relayée par les médias et les politiques simplistes qui privilégient une vision binaire de la société. Ainsi, en 1990, la Réunification a réactualisé la question de l'identité allemande. L'abolition de la frontière intérieure allemande s'accompagne d'un regain d'intérêt pour les questions identitaires, d'autant plus fort que ces dernières ont été refoulées pendant plus de quarante ans. La chute du mur signifie en quelque sorte la chute d'un lourd tabou, mais pour bon nombre d'étrangers installés en Allemagne, la construction de nouveaux « murs invisibles ». Dans l'euphorie de la Réunification, l'Autre redevient l'étranger. Ce rejet de l'altérité va de pair avec une définition ethnique de l'identité. Non sans un certain humour Şenocak décrit ce mouvement de retour en arrière : « Miroir, mon beau miroir, qui est le plus allemand dans tout le pays ? »[24]. L'ironie est ici accrue par l'emprunt du thème du miroir à un conte allemand, le conte de Blanche Neige chez Grimm, et par son caractère déformant : l'image renvoyée par le miroir, celle d'une Allemagne homogène du temps jadis où la culture, pour s'affirmer face à l'influence des cultures étrangères, était en voie d'ethnicisation. Cette image est désormais incompatible avec l'évolution de l'Allemagne de la seconde moitié du XX$^e$ siècle et du début du XXI$^e$ siècle.

Comme par enchantement, l'auteur de langue allemande d'origine turque devient un « auteur étranger »[25]. Sa géographie

---

[23] „'Willkommen heißen', 'anerkennen' 'integrieren' – oder einfach mal machen! Diskussionsrunde am 29.11.2013." In: Schwarz-Boenneke Bernadette (Hrsg), 2014, *Ankommen in der Gesellschaft der Vielfalt*, Freiburg - Basel – Wien.
[24] ŞENOCAK Zafer, 1998, *Gefährliche Verwandtschaft*, p. 90 : „Spieglein, Spieglein an der Wand, wer ist am deutschsten im ganzen Land?"
[25] ŞENOCAK Zafer, 1998, *Gefährliche Verwandtschaft*, München, p.129 : „Wie sehr hatte ich gestaunt, als mein einziges literarisches Werk mit dem Titel *Veronika. Bericht über eine Liebe in unseren Tagen*, das lange nicht rezipiert worden war – so nennt man Bücher, über die keiner spricht-, plötzlich innerhalb der „Ausländerliteratur" entdeckt wurde." « Quel ne fut pas mon étonnement lorsque mon unique œuvre littéraire *Veronika. Récit d'un amour présent,* passée longtemps inaperçue– c'est ce que l'on dit de livres dont personne ne parle-, rencontra soudain du succès en tant qu'œuvre littéraire étrangère ».

personnelle, sa biographie sont instantanément balayées. Et Şenocak d'avouer qu'à ce moment-là il a pris pleinement conscience, mais dans sa négativité, de sa discontinuité biographique[26]. À cet auteur allemand à l'identité multiple, qui assume les différentes composantes de son identité transnationale comme un tout, on oppose alors des figures restrictives : en le qualifiant de « Migrantenautor » (auteur issu de l'immigration), ou de « Möchtegern-Deutscher » (pseudo-allemand)[27], on rétablit les frontières abolies. On le renvoie à une origine déterminée et unique. Son individualité est niée[28]. Essentialisé, il devient malgré lui le représentant, voire le porte-parole d'une communauté[29]. L'homme et l'auteur sont réduits à la fracture, à la rupture. Pire, on le fige dans le temps, on ramène l'adulte qu'il est devenu à l'enfant qu'il était à 8 ans. La quête d'une identité allemande homogène tend à ce que l'autre soit aussi considéré comme membre d'un groupe homogène. Il lui est alors demandé de se conformer à un modèle unique, en niant ce « sowohl ... als auch ... »[30], qui le constitue mais qui échappe à

---

[26] ŞENOCAK Zafer, 1998, *Gefährliche Verwandtschaft*, München, p.128 : « Sind Sie Ausländer?» wurde ich gefragt, wenn ich meinen Namen buchstabierte. Früher buchstabierte ich ihn ohne diese Frage.» « Etes-vous étranger me demandait-on lorsque j'épelais mon nom. Autrefois je l'épelais sans que la question me fût posée ».
[27] ŞENOCAK Zafer, 1998, *Gefährliche Verwandtschaft*, München, p.130.
[28] ŞENOCAK Zafer, 2001, *Zungenentfernung. Bericht aus der Quarantänestation*, München, p.98 : „Man liest nicht die Texte des Autors, sondern seine ihm auf den Leib geschriebene Biographie. Herkunft ersetzt die Biographie." « On ne lit pas les textes de l'auteur, mais sa biographie écrite sur son corps. L'origine remplace la biographie ».
[29] ŞENOCAK Zafer, 1998, *Gefährliche Verwandtschaft*, München, p.107 : „Doch schon bald wurde mir auf Lesungen die Frage gestellt, was denn meine Texte eigentlich mit dem Leben der Türken in Deutschland zu tun hätten. Warum schrieb ich denn nicht über die Erfahrungen der Gastarbeiter? Über Fremdenfeindlichkeit?" « Cependant très rapidement on me demanda au cours de lectures publiques ce que mes textes avaient à voir avec la vie des Turcs en Allemagne? Pourquoi je n'écrivais pas sur la vie des travailleurs immigrés ? Sur la xénophobie ? ».
[30] "aussi bien ... que ...", "les deux à la fois"

toute catégorisation et génère l'inquiétude, une amputation rassurante pour les tenants de l'identité-racine unique.[31] Et c'est justement contre cette quête mortifère d'homogénéité, prônée par les extrémistes politiques et intégristes religieux qu'il renvoie dos à dos, que Şenocak livre un combat. Il part d'un constat : le monde a évolué, au gré des migrations politiques, économiques, individuelles et s'est en quelque sorte pour reprendre la terminologie d'Edouard Glissant « créolisé » (Glissant, 1996). Şenocak n'intitule-t-il pas un recueil d'essais *Atlas des tropischen Deutschland* – Atlas de l'Allemagne tropicale en référence à l'opposition établie par Elias Canetti entre la forêt allemande et la forêt tropicale ? Cette créolisation, qu'il refuse d'amalgamer au « multiculturalisme » car cela signifierait le maintien de communautés culturelles cloisonnées et homogènes, caractérise l'identité rhizome du « Nouvel Allemand ». Le « Neuer Deutscher » est à la fois l'Allemand, lui-même en devenir car ouvert aux autres, à l'hétérogénéité et au processus d'hybridation de la société, qui conçoit désormais « l'être-allemand » (das Deutschsein), non plus comme figé mais comme un « devenir-allemand » (das Deutschwerden), et le migrant qui dépasse lui aussi la réduction à ses seules origines ethniques et culturelles pour adhérer à un nouveau projet allemand, la fondation d'une nation élective, d'une nation d'adhésion. L'identité du « Nouvel Allemand » surgit de l'interaction entre deux groupes autrefois étanches. Elle n'est plus statique, ne s'affirme plus dans une essence figée ou une essentialisation mutilante, mais dans le devenir. C'est une identité transnationale qui nécessite une défrontalisation non seulement géographique mais également mentale.[32] Elle comporte une prise de risques puisque, d'une part, le sujet devient autonome et s'affranchit des a priori qui jusqu'à présent lui servaient de lignes de conduite mais l'emprisonnaient et, d'autre part, parce que cette identité transnationale multiforme

---

[31] GLISSANT Edouard, 1996, *Introduction à une Poétique du Divers*, Paris, p. 23 : « identité à racine unique et exclusive de l'autre ».
[32] ŞENOCAK Zafer, 2011, *Deutschsein. Eine Aufklärungsschrift*, Hamburg, p.190 : „Es gibt keinen Limes der Gedanken, wenn die Gedanken frei sind" « Aucun Limes n'arrête les pensées lorsqu'elles sont libres ».

échappant à tout cloisonnement est de par son imprévisibilité[33] anxiogène. Et Şenocak de se référer à l'universalité des valeurs des Lumières, au cosmopolitisme de Lessing et à l'exhortation de Kant à se libérer de ses chaines pour devenir, par-delà les religions, les convictions, les origines, un citoyen mature : « ose savoir ! », « sapere aude » (Wag zu denken[34]). Un citoyen mature en perpétuel mouvement dans, une république pluriethnique (eine Vielvölkerrepublik[35]), une « démocratie pluriethnique » (Glissant, 1996), ouverte, hétérogène, désormais hybride.

**Bibliographie**

Şenocak Zafer, 1993, Atlas des tropischen Deutschlands, Berlin, Babel-Verlag.
Şenocak Zafer, 1994, War Hitler Araber? Irreführungen an den Rand Europas, Berlin, Babel-Verlag.
Şenocak Zafer, 1997, Drei Kontinente. In: das Argument. Zeitschrift für Philosophie und Sozialwissenschaften 219, Berlin, Argument-Verlag.
Şenocak Zafer, 1997, die Prärie, Hamburg, Rotbuch-Verlag.
Şenocak Zafer, 1998, Gefährliche Verwandtschaft, München, Babel-Verlag.
Şenocak Zafer, 1999, der Erottomane, München, Babel-Verlag.
Şenocak Zafer, 2001, Zungenentfernung. Bericht aus der Quarantänestation, München, Babel-Verlag.
Şenocak Zafer, 2006, das land hinter den buchstaben. Deutschland und der Islam im Umbruch, München, Babel-Verlag.
Şenocak Zafer, 2009, Pavillon, (aus dem Türkischen), Berlin, Dyageli.

---

[33] GLISSANT Edouard, 1996, *Introduction à une Poétique du Divers*, Paris, p.19 : « la créolisation est imprévisible ».
[34] KANT Immanuel, 1784, „Beantwortung der Frage: Was ist Aufklärung?", In: Berlinische Monatsschrift, Berlin.
[35] ŞENOCAK Zafer, 2011, *Deutschsein. Eine Aufklärungsschrift,* Hamburg, p. 55.

Şenocak Zafer, 2011, Deutschsein. Eine Aufklärungsschrift, Hamburg, Edition Körber-Stiftung.
Şenocak Zafer, 2014, „Willkommen heißen", „anerkennen", „integrieren" – oder einfach mal machen! Diskussionsrunde am 29.11.2013. In: Bernadette Schwarz-Boenneke (Hrsg): Ankommen in der Gesellschaft der Vielfalt, Freiburg - Basel – Wien, Verlag Herder.
Arnold Heinz Ludwig (Hrsg), 2006, Literatur und Migration, München, edition text+kritik
Amodeo Immocolata / Hörner Heidrun / Kiemle Christiane (Hrsg, 2009), Literatur ohne Grenzen, Interkulturelle Gegenwartsliteratur in Deutschland - Porträts und Positionen, Sulzbach/Taunus, Ulrike Helmer Verlag.
Schaffernicht Christian (Hrsg.)1981, Zu Hause in der Fremde. Ein bundesdeutsches Ausländer-Lesebuch, Fischerhude, Atelier im Bauernhaus.
Chiellino Carmine (Hrsg.), 2000, Interkulturelle Literatur in Deutschland. Ein Handbuch, Stuttgart – Weimar, Metzler.
Glissant Edouard, 1996, Introduction à une Poétique du Divers, Paris, Gallimard.
Goffman Erving, 2010, Stigma. Über Techniken der Bewältigung beschädigter Identität, Frankfurt am Main, Suhrkamp Verlag.
Hofmann Michael, 2006, Interkulturelle Literaturwissenschaft, Paderborn, UTB GmbH.
Pörksen Uwe / Busch Bernd (Hrsg.), 2008, Eingezogen in die Sprache, angekommen in der Literatur. Positionen des Schreibens in unserem Einwanderungsland, Göttingen, Wallstein.
Anna Warakomska, Mehmet Öztürk (hrsg.), 2015, Man hat Arbeitskräfte gerufen, ... es kamen Schriftsteller. Die Migranten und ihre Literaturen, Frankfurt am Main, Peter Lang.

# LES DIRECTEURS DE L'OUVRAGE

### François GENTON

François Genton, né en 1955. Professeur de littérature et civilisation allemandes à l'Université Grenoble Alpes, directeur de l'ILCEA4 (Institut des langues et cultures d'Europe, Amérique, Afrique et Australie). Dernières publications : Direction avec Thomas Nicklas : *Soldats et civils au XVIII$^e$ siècle : échanges épistolaires et culturels*, Reims, PUR, 2016 ; « Ich selber lieb' es nicht, dies Volk... ». *Die Jüdin von Toledo und das Problem von Judentum und Macht bei Grillparzer und Feuchtwanger*. Dans: Isabel Hernández (Dir.), *Spanienbilder aus dem deutschsprachigen Exil bei Feuchtwanger und seinen Zeitgenossen*. Berne, Peter Lang, 2018, p. 103-117.

### Susanne BERTHIER-FOGLAR

Susanne Berthier-Foglar, née en 1953. Professeure de civilisation américaine à l'Université Grenoble Alpes, co-directrice de l'ILCEA4. Dernières publications : « Early Tourism in New Mexico: A Primitivist Pastime or a Tool of Integration? ». Angles. *The Cultures and Politics of Leisure*, 2017. Participation à l'encyclopédie *Les Amériques*, Robert Laffont, 2016. « Débats sur les ressources minières dans les Amériques », in Tolazzi, Sandrine, Susanne Berthier-Foglar, Franck Gaudichaud. *Ressources minières dans les Amériques : Mutations d'un continent*. IdeAs. No8. 2016 / 2017.

# LES AUTEURS

**Jacques BAROU**

Jacques Barou, né en 1949, anthropologue, directeur de recherches émérite au CNRS, laboratoire PACTE Grenoble, dernier ouvrage paru : *Islam en France, islam de France*, La Documentation française, collection Le Point sur, 2016. Dernier article paru : « Les avatars du mot diaspora : du lien créé par le malheur commun à une catégorie de l'action publique », *Sens-Dessous*, avril 2018.

**Alberto CAPOTE**

Alberto Capote, né en 1975. Enseignant-chercheur dans le Département de Géographie Humaine de l'Université de Grenade (Espagne). Dernières publications : « La población extranjera en edad escolar en España: del boom de la inmigración al cambio en el ciclo migratorio », *Revista de Geografía Norte Grande*, 67, 2017, p. 93-114; « Marocains en Espagne : de l'émigration du travail à l'installation familiale dans un contexte de crise économique », *Les Langues Néo-Latines*, Dossier Migrations et transculturation, 2016, p. 91-114.

**David CHEMETA**

David Chemeta, né en 1989. Doctorant en Études Germaniques (Université de Strasbourg) et *Kulturwissenschaften* (université de Potsdam) depuis 2015, actuellement lecteur à l'université de Ratisbonne et secrétaire de rédaction de la revue *Recherches*

*Germaniques*. Dernière publication en date : « Entre 'germanité' et 'noirceur' : l'image de l'*Afrodeutsch* à l'exemple d'Advanced Chemistry », in : Catherine Repussard, avec la participation de Christine de Gémeaux, *« Civiliser » le monde, « ensauvager » l'Europe ? Circulations des savoirs, transferts et Mimicry dans l'espace germanophone et sa sphère coloniale*, Éditions Le Manuscrit, Paris 2017. Publication à paraître prochainement : « HipHop und Postkolonialismus. Der Sprachgebrauch in den Texten von deutschen Rappern mit Migrationshintergrund », in : *Recherches Germaniques*, n. 48 (2018).

## Marie-Noëlle FAURE

Marie-Noëlle Faure, née en 1957. Professeur de chaire supérieure en allemand en khâgne et hypokhâgne BL au lycée Henri IV (Paris 05). Publications récentes: *Luther et la Réforme*. Collection Concours et Études supérieures, Paris Éditions Studyrama, novembre 2016 ; « Von der Chamissoliteratur zur Ankunftsliteratur. Interkulturelle Literatur und Neubestimmung des Deutschseins », in: Anna Warakomska / Mehmet Öztürk (Dir.): *Man hat Arbeitskräfte gerufen, ... es kamen Schriftsteller. Die Migranten und ihre Literaturen*, Peter Lang, Frankfurt am Main, 2015, p.41-56.

## Dja André Ouréga Jr GOKRA

Dja André Ouréga Junior GOKRA, né en 1979. Enseignant-chercheur en Sciences de l'Information et de la Communication à l'Université Alassane Ouattara, Côte d'Ivoire. Dernières publications : « TIC et gouvernance des collectivités territoriales en Côte d'Ivoire : le cas du conseil régional du Gbêkê », *Cahiers du GERACII* (Groupe d'Etudes et de Recherches Axées sur la Communication Internationale et Interculturelle, vol.2, n°1, Université du Québec à Montréal, pp.4-19, 2017 ; « Usages pédagogiques du numérique et performance des Universités publiques en Côte d'Ivoire : quelles articulations ? », *RESCILAC - Revue des Sciences du Langage et de la Communication*, n°5, Université d'Abomey Calavi (Bénin), pp.199-216, 2017.

## Henri OBERDORFF

Henri Oberdorff, né en 1947. Professeur émérite de droit public de l'Université Grenoble Alpes, directeur honoraire de l'Institut d'Etudes Politiques de Grenoble, membre du Centre d'études sur la Sécurité Internationale et les Coopérations Européennes (CESICE). Dernières publications : *Droits de l'homme et libertés fondamentales*, LGDJ, Lextenso, 6$^e$ éd. 2017 ; *Libertés fondamentales et droits de l'homme, Recueil de textes français et internationaux*, (avec Jacques Robert), LGDJ, Lextenso, 15$^e$ éd. 2017.

## Isabell SCHEELE

Isabell Scheele, née en 1984. ATER en civilisation allemande à l'Université de Lille, docteure qualifiée en allemand et en histoire. Dernières publications : Direction avec Jawad Daheur, *Les espaces des expériences coloniales allemandes : échanges, transferts, circulations / Die deutschen Kolonialerfahrungen: Austausch, Transfer und Zirkulation*, numéro spécial, *Revue d'Allemagne et des pays de langue allemande*, 48 (2016), 1, Université de Strasbourg, juin 2016. ; « Frobenius et la "folie humaniste française" en Afrique occidentale », in : Repussard Catherine, avec la participation de Christine de Gémeaux, *« Civiliser » le monde, « ensauvager » l'Europe ? : Circulations des savoirs, transferts et Mimicry dans l'espace germanophone et sa sphère coloniale*, Éditions Le Manuscrit, Paris 2017, p. 219-243.

## Zakaria TAHA

Zakaria Taha est docteur en Etudes Politiques de l'EHESS-Paris, spécialiste de la Syrie. Il est actuellement maître de conférences à l'Université Grenoble Alpes. Dernière publication : *La Syrie*, De Boeck, 2ème éd. 2016, Coll. Monde arabe/Monde musulman, 137 p.

## Marcel TAMBARIN

Marcel Tambarin, né en 1956. Maître de conférences à l'université de Bourgogne (Dijon), membre de l'Institut des Langues et des Cultures d'Europe et d'Amérique (ILCEA4 – EA 613). Dernières publications : « In der Presse, in der Krise. Wie deutsche Zeitungen und Zeitschriften Frankreich darstellen », in C. Demesmay, C. Pütz, H. Stark, *Frankreich und Deutschland - Bilder, Stereotype, Spiegelungen - Wahrnehmung des Nachbarn in Zeiten der Krise*, Nomos-Verlag, Baden-Baden 2016; « Du national-pacifisme à l'interventionnisme ? Le débat sur la légitimation des interventions extérieures de l'Allemagne », in D. Herbet, H. Miard-Delacroix, H. Stark, *L'Allemagne entre rayonnement et retenue*, P.U. du Septentrion, 2016.

## Isabelle TERREIN

Isabelle Terrein, née en 1976. Maître de Conférences en allemand à Sciences Po Lille, membre du laboratoire de recherche CECILLE à Lille III (axe 5, Subsidiarité et solidarité des territoires). Dernières publications : Terrein, Isabelle (2017). « L'hybridation de la langue chez les écrivains germanophones exilés aux USA », in : Meise, Helga/Nicklas, Thomas/Roques, Christian E., *Hybridisierungen, Hybridations*. Reims, Épure, p. 235-249. Terrein, Isabelle (2017). « La scène techno berlinoise, entre authenticité et rentabilité », in : Grésillon, Boris/Vannier, Sébastien (dir.), « Berlin aujourd'hui », *Allemagne d'aujourd'hui*, n°221 – III/2017, Villeneuve d'Ascq, Presses Universitaires du Septentrion, p. 210-218.

L'EUROPE

AUX ÉDITIONS L'HARMATTAN

*Dernières parutions*

**IRMA GRESE ET LE PROCÈS DE BELSEN**
**Une surveillante SS des camps de concentration condamnée à mort**
*Chauvet Didier*
Jeune surveillante SS des camps de concentration nazis, Irma Grese fut condamnée à mort par un tribunal militaire britannique en 1945 lors du procès de Belsen et pendue ensuite dans la prison de Hamelin. Ce livre retrace le parcours personnel et professionnel de cette jeune femme ordinaire qui devint, au cours de la tourmente nazie, une tortionnaire exemplaire.
*(Coll. Historiques, série Travaux, 23.50 euros, 230 p.)*
*ISBN : 978-2-343-12508-4, ISBN EBOOK : 978-2-14-004261-4*

**MILAN (1955-1965)**
**La capitale du miracle économique italien entre littérature et cinéma**
*Tassi Graziano*
À la fin des années 50, Milan devient la capitale du «miracle économique» italien. Comment les artistes et les intellectuels ont-ils perçu, analysé et représenté les bouleversements urbanistiques et socio-économiques qui caractérisent cette ville ? En confrontant les formes réelles de la ville issues des ouvrages d'histoire, d'architecture, d'urbanisme et de sociologie à leurs représentations imaginaires dans la littérature et le cinéma, l'auteur brosse un tableau de la ville où se reflète la complexité et l'ambivalence d'un processus de changement qui a marqué l'histoire de l'urbanisme italien.
*(Coll. Logiques sociales, série Etudes culturelles, 29.00 euros, 292 p.)*
*ISBN : 978-2-343-12738-5, ISBN EBOOK : 978-2-14-004331-4*

**BETWEEN RATIONALITY AND IRRATIONALITY**
**Early sociological theory in Italy**
*Andre Millefiorini et Massimiliano Ruzzeddu*
Cet ouvrage collectif retrace l'histoire de la théoie sociologique italienne d'époque positiviste à travers quelques-uns de ses représentants principaux comme Pareto, Lombroso ou encore Del Noce, etc. Mettre à disposition des chercheurs des outils scientifiques leur permettant d'appréhender toutes ces questions sociales par lesquelles s'exprime la partie irrationnelle de l'humain, tel est le but de ce travail.
*(Harmattan Italia, 27.50 euros, 176 p.)*
*ISBN : 978-2-336-31205-7, ISBN EBOOK : 978-2-14-004179-2*

**L'ÉMIGRATION ROUMAINE**
**Une question de famille**
*matichescu marius lupsa*
Si on pense aux phénomènes sociaux qui ont touché la société roumaine suite à la chute du communisme, l'émigration est sans doute l'un des plus importants. Y a-t-il un type de famille plus concerné qu'un autre par la migration ? Qui au sein d'une famille est amené à partir à l'étranger ? Quels sont les avantages et les désavantages de la migration ? Comment la famille se réorganise-t-elle après la migration d'un ou plusieurs de ses membres ?
*(19.00 euros, 184 p.)*
*ISBN : 978-2-343-12262-5, ISBN EBOOK : 978-2-14-004288-1*

**GÉOMORPHOLOGIE DE LA RUSSIE**
**Le colosse aux plaines d'argile**
*Touchart Laurent*
Ce manuel présente les formes de relief et de modelé de la Russie et les phénomènes qui les façonnent. L'étude des grandes structures précède celle d'échelle moyenne. Elle se poursuit par l'évolution des versants et les grands agents de transport et se termine par une focale sur le domaine pergélisol. Cette géomorphologie culturelle linguistique et régionale ne néglige pas les contraintes d'aménagement du territoire ni la mise en valeur du patrimoine paysager.
*(41.00 euros, 404 p.)*
*ISBN : 978-2-343-12571-8, ISBN EBOOK : 978-2-14-004268-3*

**L'EURO ET L'ASTHÉNIE FRANÇAISE**
**Histoire d'une passion malheureuse**
*Valleray Alain*
L'économie française va mal et le moral des populations est au plus bas. Le malaise est devenu international. Comment en est-on arrivé là ? Dans cet ouvrage, un large panorama économico-politique de la France contemporaine dans son environnement mondial sert de cadre à l'analyse. Il revient donc sur les causes de l'asthénie française, et est rédigé à l'attention de tout lecteur et électeur curieux d'esprit et intéressé par la vie économique et politique.
*(Coll. Questionner l'Europe, 31.00 euros, 308 p.)*
*ISBN : 978-2-343-12101-7, ISBN EBOOK : 978-2-14-003976-8*

**IDENTITÉS, DÉMOCRATIES, FRONTIÈRES**
*Sous la direction de Gilles Rouet & Maria Stoicheva*
Au sein des espaces publics européens aujourd'hui, peurs et désenchantements supplantent l'espoir et le projet collectif. Il n'est pas primordial de déterminer si les frontières sont nécessaires ou pas, mais de bien comprendre quels types de frontière s'érigent actuellement : symboliques ou coercitifs, passages ou murs. Ce volume contribue à la mise en perspective des dynamismes identitaires et des frontières mises en place alors que les citoyens aspirent à de nouvelles participations, en particulier dans des espaces numériques qui transforment les cadres de la vie sociale et politique.
*(Coll. Local et Global, 26.00 euros, 262 p.)*
*ISBN : 978-2-343-12199-4, ISBN EBOOK : 978-2-14-004008-5*

## PIERRE LE GRAND
**Tsar des Lumières ou des Ténèbres**
*Liechtenhan Francine-Dominique*
Pierre Ier de Russie n'a pas bénéficié de l'éducation d'un prince. Autodidacte, il développe très jeune une passion pour les exercices militaires et la marine. Parvenu au sommet de l'État, il s'applique à construire une armée moderne qui est aussi le champ expérimental de ses réformes politiques, économiques et sociales. Fondateur d'une capitale, Saint-Pétersbourg, il impose son nouveau mode de vie progressiste, respectueux cependant de l'essence même de la civilisation russe avec le dogme orthodoxe. Créateur de la Russie moderne, Pierre Le Grand n'a cessé de susciter des jugements antagonistes, en particulier durant son séjour en France.
*(SPM, 15.00 euros, 140 p.)*
*ISBN : 978-2-917232-65-1, ISBN EBOOK : 978-2-14-004131-0*

## LES EXILÉS POLITIQUES ESPAGNOLS, ITALIENS ET PORTUGAIS EN FRANCE AU XIXe SIÈCLE
**Questions et perspectives**
*Textes réunis et présentés par Laura Fournier-Finocchiaro/Cristina Climaco*
Ces textes étudient et analysent la question de l'exil politique dans la terre d'accueil française pour trois pays d'Europe du Sud qui ont connu plusieurs vagues de migrations au cours des XIXe et XXe siècles. À travers l'analyse de cas de proscrits et exilés volontaires espagnols, italiens et portugais, les auteurs réfléchissent sur leur apport à la création de cultures politiques transnationales, ainsi que sur les actions de propagande politique élaborées sur le sol français et diffusées ensuite dans toute l'Europe.
*(Coll. Historiques, série Travaux, 25.00 euros, 236 p.)*
*ISBN : 978-2-343-11700-3, ISBN EBOOK : 978-2-14-003883-9*

## LOUISE WEISS
**Une journaliste-voyageuse, au cœur de la construction européenne**
*Winkler Evelyne*
Si Louise Weiss est connue pour être une actrice notable de la construction européenne et de l'amitié franco-allemande, elle fut aussi une journaliste de talent et une grande voyageuse. Ainsi, en 1918, elle fonde la revue *L'Europe Nouvelle*, dont elle devient la rédactrice en chef en 1920 ; et qui exerce une véritable politique d'influence dès la fin de la Première Guerre mondiale, dans le désir de jeter les bases d'une Europe démocratique et pacifique. Cet ouvrage revient ainsi sur le parcours de cette femme, la seule à diriger alors une publication de cette envergure.
*(Coll. Biographies, série XXe siècle, 20.00 euros, 194 p.)*
*ISBN : 978-2-343-11877-2, ISBN EBOOK : 978-2-14-004018-4*

## LE PORTUGAL ET VENISE
**Une étude en psychologie collective appliquée**
*Bompard-Porte Michèle*
Pourquoi y a-t-il tant de sérieux et de grandiose au Portugal ? Pourquoi Venise montre-t-elle tant d'intelligence ? Comment les Vénitiens ont-ils évité la

tyrannie, près d'un millénaire durant ? L'auteur répond en partie à ces questions en esquissant l'histoire de l'évolution de la psychologie collective dans les deux pays. Cette étude est une contribution à l'élucidation des processus psychiques collectifs, en même temps qu'une tentative d'écoute originale de l'Histoire.
*(20.50 euros, 204 p.) ISBN : 978-2-343-12202-1, ISBN EBOOK : 978-2-14-004071-9*

### CORSE ET SARDAIGNE, ÎLES AUTONOMES ?
**Un regard croisé**
*Ferrandi Jean-François*
La Sardaigne et la Corse sont géographiquement très proches mais aucune étude de leurs rapports économiques, en dehors du problème de contrebande, n'a été faite à ce jour. Cela tient du fait qu'elles sont reliées historiquement à deux États en compétition depuis des siècles en Méditerranée, mais aussi à ces frontières invisibles, nichées souvent dans le psychisme des hommes. Ce livre tente de percer quelques fenêtres dans ce mur invisible.
*(14.00 euros, 118 p.)*
*ISBN : 978-2-343-12348-6, ISBN EBOOK : 978-2-14-003952-2*

### HISTOIRE DU THÉÂTRE SARDE
**Traduit de l'italien et du sarde par Claude Schmitt et Susy Lella**
*Masala Francesco*
Avant tout histoire du théâtre en langue sarde (*in limba*), cette histoire remonte en fait à l'époque presque fabuleuse de la civilisation dite nuragique (d'après les monuments emblématiques de la Sardaigne que sont les nuragues), avec les rituels, encore actifs de nos jours, des mammutones aux masques noirs. Sous les dominations successives qui voulurent imposer dans l'île leurs us et coutumes, court le fil rouge de la langue sarde, qui exprime l'identité d'une «nation» sarde. Cet ouvrage à la fois historique et critique, révèle l'existence de plus de 200 pièces du répertoire *in limba*.
*(Coll. Univers théâtral, 15.50 euros, 140 p.)*
*ISBN : 978-2-343-12042-3, ISBN EBOOK : 978-2-14-003919-5*

### UNE CHRONOLOGIE DE L'HISTOIRE DU PAYS DE GALLES
*Glyn E. German – Préface de Derec Stockley*
Glyn German a réuni dans un même ouvrage les dernières recherches en date pour présenter une étude chronologique, très instructive, sur l'histoire du Pays de Galles. Les lecteurs qui, au débat, feuilletteront ce livre pour y trouver une réponse pratique, se trouveront vite rattrapés par l'histoire fascinante qu'il a à raconter. Couvrant tous les aspects de la civilisation galloise, y compris les nombreuses contributions des Gallois dans le monde entier, il sert d'excellente introduction à une histoire longue et riche.
*(36.00 euros, 354 p.)*
*ISBN : 978-2-343-10846-9, ISBN EBOOK : 978-2-14-003877-8*

## Structures éditoriales du groupe L'Harmattan

**L'Harmattan Italie**
Via degli Artisti, 15
10124 Torino
harmattan.italia@gmail.com

**L'Harmattan Hongrie**
Kossuth l. u. 14-16.
1053 Budapest
harmattan@harmattan.hu

---

**L'Harmattan Sénégal**
10 VDN en face Mermoz
BP 45034 Dakar-Fann
senharmattan@gmail.com

**L'Harmattan Cameroun**
TSINGA/FECAFOOT
BP 11486 Yaoundé
inkoukam@gmail.com

**L'Harmattan Burkina Faso**
Achille Somé – tengnule@hotmail.fr

**L'Harmattan Guinée**
Almamya, rue KA 028 OKB Agency
BP 3470 Conakry
harmattanguinee@yahoo.fr

**L'Harmattan RDC**
185, avenue Nyangwe
Commune de Lingwala – Kinshasa
matangilamusadila@yahoo.fr

**L'Harmattan Congo**
67, boulevard Denis-Sassou-N'Guesso
BP 2874 Brazzaville
harmattan.congo@yahoo.fr

**L'Harmattan Mali**
Sirakoro-Meguetana V31
Bamako
syllaka@yahoo.fr

**L'Harmattan Togo**
Djidjole – Lomé
Maison Amela
face EPP BATOME
ddamela@aol.com

**L'Harmattan Côte d'Ivoire**
Résidence Karl – Cité des Arts
Abidjan-Cocody
03 BP 1588 Abidjan
espace_harmattan.ci@hotmail.fr

**L'Harmattan Algérie**
22, rue Moulay-Mohamed
31000 Oran
info2@harmattan-algerie.com

**L'Harmattan Maroc**
5, rue Ferrane-Kouicha, Talaâ-Elkbira
Chrableyine, Fès-Médine
30000 Fès
harmattan.maroc@gmail.com

---

## Nos librairies en France

**Librairie internationale**
16, rue des Écoles – 75005 Paris
librairie.internationale@harmattan.fr
01 40 46 79 11
www.librairieharmattan.com

**Librairie l'Espace Harmattan**
21 bis, rue des Écoles – 75005 Paris
librairie.espace@harmattan.fr
01 43 29 49 42

**Lib. sciences humaines & histoire**
21, rue des Écoles – 75005 Paris
librairie.sh@harmattan.fr
01 46 34 13 71
www.librairieharmattansh.com

**Lib. Méditerranée & Moyen-Orient**
7, rue des Carmes – 75005 Paris
librairie.mediterranee@harmattan.fr
01 43 29 71 15

**Librairie Le Lucernaire**
53, rue Notre-Dame-des-Champs – 75006 Paris
librairie@lucernaire.fr
01 42 22 67 13